핵심감정 시리즈 ③

핵심감정 성화

△세움북스 는 기독교 가치관으로 교회와 성도를 건강하게 세우는 바른 책을 만들어 갑니다.

핵심감정 시리즈 ③

핵심감정 성화

대요리문답으로 해석한 7가지 대죄와 성화

초판 1쇄 인쇄 2019년 3월 18일
초판 1쇄 발행 2019년 3월 22일

지은이 | 노승수
펴낸이 | 강인구

펴낸곳 | 세움북스
등 록 | 제2014-000144호
주 소 | 서울시 마포구 양화로 78, 502호(서교동, 서교빌딩)
전 화 | 02-3144-3500
팩 스 | 02-6008-5712
이메일 | cdgn@daum.net

교 정 | 김태윤
디자인 | 참디자인

ISBN 979-11-87025-40-5 (03230)

NUCLEAR FEELING

핵심감정 시리즈 ③

노승수 지음

세움북스

추천사

이 책은 도대체 무슨 책일까 싶습니다. 조직신학? 철학신학? 윤리신학? 교리해설? 심리학? 이 책은 이 모든 분야를 포괄합니다. 철저한 개혁신학을 표방하는 저자는 심리학적 접목을 통해 기독교의 전통적인 7대 죄를 해설하면서 개혁신학의 중요한 가르침인 성화의 문제를 심도 있게 다룹니다. 7대 악덕인 교만, 탐욕, 시기, 식탐, 호색, 분노, 나태를 3대 미덕인 믿음, 소망, 사랑의 틀 안에서 자세하게 살펴보면서 그리스도인들이 어떻게 성화의 길을 걸어가야 할지 친절하게 안내해 줍니다. 7대 죄를 하나씩 설명하기 위해 저자는 죄의 본질을 신학적으로 다룹니다. 원죄로 시작하여 죄책과 오염을 다루면서 죄책과 오염이 각각 칭의와 성화로 연결되는 것을 보여줍니다. 이 과정에서 저자는 자연스레 개혁신학의 인간론, 구원론, 기독론을 다룹니다. 철저한 개혁신학자인 저자는 대요리문답의 도움을 받아 죄에 찌든 인간이 어떻게 성화로 가는 길에 들어설 수 있는지를 조목조목 따져 안내해줍니다. 바로 이 지점에서 저자의 전공 분야인 심리학이 핵심감정이라는 이름을 달고 등장합니다. 본서의 중앙에는 긍정적인 측면(세 가지 미덕)과 부정적 측면(일곱 가지 악덕)에서 성화의 심리학적 구조를 다루는 신학적이고 심리학적인 대장정이 시작됩니다.

이 책의 유용성은 철저한 개혁신학적 토대 위에 성화의 문제를 인간의 마음과 성향과 연관을 지어 논의하는 데 있습니다. 특별히 일반 신자들이 일상생활에서 쉽게 걸려 넘어가는 일곱 가지 악덕들의 본질을 파헤쳐 드러냄으로써 그런 덫에 걸려 들어가지 않고 올곧게 걸어갈 수 있도록 인도합니다. 전문적인 신학적 심리학적 용어들이 많고 또한 사전적 신학 이해를 요구하는 곳들이 여기저기 보입니다. 이 때문에 책을 읽는 데 어려움이 좀 있겠지만 인내를 갖고 공부한다면, 신학 전반에 대한 이해의 폭과 인간 이해가 넓어질 것이며, 무엇보다 거룩한 삶을 향한 신앙의 길을 걷는 데 많은 도움을 받게 될 것이라 믿습니다.

류호준 (백석대학교 신학대학원 구약학 교수)

저자가 본문에서 말하듯, 신학의 꽃은 윤리라고 말할 수 있고, 이럴 때 성화는 윤리의 실천과 불가분의 관계에 있다. 기독교 상담을 전공한 저자는 상담을 올바로 이해하기 위하여 신학을 선행 학문으로써 먼저 깊이 공부하였다. 그가 말하는 핵심감정이란 그 선행된 신학에서 철학과 심리학이란 학문을 통과하며 나온 정제된 개념이다. 때로 철학적·신학적 용어들이 이 책에서 사용되는데, 이는 저자의 넓고 깊은 학문 세계를 반영하는 것이지 절대로 현학적이지 않다. 저자는 탄탄한 신학의 틀에서 성화와 핵심감정을 설명하는데 먼저 대요리문답의 관점에서 살펴보고 있다. 신학의 꽃은 윤리이기에 먼저 신학의 관점에서 살펴보는 것이다. 기독교 상담이 일반 심리학이 이해하는 인간론에 기대기 쉬운데, 저자는 탄탄한 신학 지식으로 사람에 대한 올바른 지식을 하나님에 대한 지식과 함께 반듯하게 잘 제시하고 있다.

그 후에는 교만, 탐욕, 시기, 식탐, 호색, 분노 그리고 나태라는 7가지 대죄에 대하여 살펴보고 있다. 7가지 대죄는 우리와 너무나 친숙한 대상이고, 우리를 너무나 자주 좌절케 하고 힘들게 하는 것들이다. 성도들은 이것들을 다스리고 넘어서야 한다는 당위성의 가르침을 설교와 성경공부를 통해 자주 듣고, 목사들은 설교와 성경공부를 통해 자주 강조하지만 그 구체적 방법에 대해서는 잘 드러내지 못하는 경향이 있다. 이것들을 잘 다스리지 못하는 것은 각 개인의 부족함이고 경건이 부족한 것으로 돌리기 쉬운데, 이 책은 그것들의 정체와 자라남에 대해서, 그리고 어떻게 대처할 것인지 구체적으로 말해준다. 이 책은 우리가 성화하여 가는 데 있어서 우리의 내면을 더 잘 이해하여 의미 있는 전진을 해나가게 한다.

앞으로 탄탄한 신학에 근거하여 윤리학의 다양한 분야들에 대한 논의가 더욱 활발해지기를 바란다. 이 책을 접하며 한국 신학의 성숙과 창의성을 보는 듯하여 기뻤고, 이 책이 한국 성도들의 성화에 구체적으로 크게 도움을 줄 것을 기대하며 기쁨으로 추천한다.

정요석 (세움교회 담임목사)

조선의 사대부는 사단칠정의 사상 때문에 감정을 드러내는 것을 삼갔다. 광대가 천한 직업이었던 것은 감정을 드러내는 직업이었기 때문이다. 사대부들의 초상은 한 자락도 미화하지 않고 그대로 본연을 가감 없이 그리는 것도 이런 연유다. 현대인들이 사진에 포토샵을 하는 것은 이런 감정들의 발로다. 핵삼감정은 감정을 다룬다. 그런데 "core"란 단어를 쓰지 않고 "nuclear"란 단어를 쓴다. 여기에는 근원적인 욕구와 맞물려 있는 사랑과 미움의 두 감정의 핵융합을 이끌어내는 공부라는 함축이 담겼다. 생각과 지성이 매우 중요하지만 이 융합을 이끌어내지 못하면 지성은 매우 추하게 작동한다. 프로이트는 감정을 1차 사고, 지성을 2차 사고라고 설명했다. 이 둘은 따로따로 존재하는 게 아니라 감정 위에 지성이 서 있다. 그래서 감정이 미숙하고 융합을 이루지 못한 사람은 매우 똑똑하고 지성적이더라도, 대개 그렇지 못하긴 하지만, 감정 때문에 지성이 뒤틀린다. 조선의 체면은 긍정적으로 보면 이 감정을 다스리는 나름의 방식이었을 것이다. 동일한 방식으로 죄가 자기 밖에 있다고 믿었던 바리새인들은 율법의 외향만 추구해서 회칠한 무덤이라고 주님께 비판받았다.

핵심감정은 이렇게 은밀한 핵(unclear)인 감정을 융합함으로써 지성으로 상승하는 온전한 힘을 만든다. 그리고 그것은 참된 하나님이해와 자기이해로 나아가게 한다. 핵심감정의 힘은 단지 감정을 다루는 데 그치지 않고 진정한 지성과 기독교 윤리를 실천할 내적 동력을 얻는 데 있다. 오늘날 지식은 많으나 감정적으로 미숙한 신자가 많다. 그런데 진정한 신앙은 바로 감정의 발원지인 이 내적 추동이 그 방향을 바꾸는 데서 시작된다. 겉으로 신앙과 신학적인 지식은 있어 보일지 몰라도 이 부분은 결국 감출 수가 없다. 바리새인과 헤롯당이 그날에 한편이 되어 자기 욕망 때문에 예수를 음해하고 제거하는 협잡이 되는 것은 오늘날에도 흔히 발견된다. 감정을 융합해서 2차 사고로 나가지 못한 지성을 조선의 선비들은 소인배라 지칭했다. 우리 주님은 독사의 새끼라 하셨다. 사랑은 심판과 구원, 저주와 축복, 자비와 정의가 만나는 십자가에서만 이뤄지는 것이다. 사랑과 미움이 융합할 때 비로소 십자가의 진정한 사랑을 만난다. 핵심감정 공부는 이것을 돕는 내적 공부다. 평화는 여기서부터 시작된다.

『핵심감정 성화』는 대요리문답을 중심으로 풀었다. 우리 감정과 욕망의 근원에 있는 죄로 기울어진 성향을 7가지 죄로 기울어진 성향을 통해서 살피도록 기획되었고 실제 성화에 도움이 될 수 있도록 기획했다. 제1부 대요리문답과 연관된 부분은 자칫 어려울 수 있다. 요리문답에 대한 충분한 지식이 없거나 신학적인 소양이 없으신 분들은 제2부부터 읽으실 것을 권한다. 제2부를 읽다가 제1부의 내용을 찾아보는 방식이 독서에 더 유익할 것이다. 이 책을 대하신 분이 목회자인 경우는 제1부부터 읽으시는 것을 권한다. 성화가 실제로 목회 현장에서 일어나는 방식에 관해서는 장로교회의 표준문서인 웨스트민스터 대요리문답을 기준으로 제시를 했다. 목회

자라 하더라도 요리문답에 익숙하지 않으신 분은 제2부부터 읽으실 것을 추천드린다. 이 책이 한국 교회와 개인의 성화 있는 삶에 실제적인 도움이 되기를 바란다.

2019. 2. 26.
노 승 수

Contents
차례

제2부
7가지 대죄의 관점에서 본 성화와 핵심감정 · 113

제1부

대요리문답의 관점에서 본
성화와 핵심감정

우리는 기독교 상담 및 성화에 관하여 생각할 때 우리가 서 있는 신학적 위치를 이해해야 합니다. 특히 성화는 윤리의 실천과 불가분의 관계에 놓여 있기 때문입니다. 사실 신학의 꽃은 윤리에 있다고 할 수 있습니다. 바울의 서신들은 신학적 원리에서 윤리적 실천으로 이어지기도 합니다. 이런 점에서 우리는 기독교 신학 역사에서 이 위치에 대해 간략하게나마 일별해서 볼 필요가 있습니다. 예컨대, 아퀴나스에게서 선은 욕구의 대상이고 욕구는 결국 하나님에게까지 연결되어 있습니다. 세계에 관한 이러한 이해 체계를 자연신학이라고 합니다. 이성에 기초하여 세계를 건설한 아퀴나스는 자연에 내재한 하나님을 따라가면 최고선이신 하나님께 다다를 수 있다고 믿었습니다. 아퀴나스의 자연신학은 자연이 가진 인과율 안에 하나님이 묶이게 되며, 그로 인해 하나님의 자유나 의지에 문제가 생기게 됩니다.

그래서 후기 스콜라 신학자들은 아퀴나스의 이러한 오류를 수정하려고 했습니다. 그 수정의 방식은 바로 하나님의 의지에 더욱더 신학적인 방점을 찍어서 새로이 신학 체계를 구성하는 것이었습니다. 사실 우리도 이러한 유산의 일부를 물려받았습니다. 예를 들면, 하나님의 절대주권 사상이나 자유의지 등은 이러한 후기 스콜라주의의 극단적인 주의주의의 결과물입니다. 아퀴나스가 주지주의를 극단적으로 밀어붙였다면, 종교개혁 직전의 스콜라 신학은 극단적으로 주의주의를 관철했습니다. 이런 특징을 지닌 대표적 신학 중의 하나가 바로 반펠라기우스주의입니다. 즉 구원에 있어서 하나님의 의가 주입되고 그 의를 기준으로 우리의 의지의 순종을 구원의 공로로 편입한 것이 반펠라기우스주의 입니다.

여기서 눈치를 채셨겠지만, 이에 반발한 종교개혁신학은 주지주의나 극단적 주의주의 신학이 아닙니다. 그런데 소위 성경적 상담을 보면 사실 후기 스콜라의 그림자가 드리워져 있습니다. 직면과 순종을 강조하는 그들의 상담 신학 체계는 마치 반펠라기우스적인 인간 이해를 연상시킵니다. 과연 사람이 그런 사실을 알고 믿음을 지녔다고 해서 곧바로 자신의 의지를 사용해 자기 행동을 수정하는 일이 가능할까요? 그런 점에서 성경적 상담은 일반 심리학의 인간 이해보다 더 미숙해 보입니다. 루터가 노예의지를 말한 이유는 바로 후기 중세의 극단적인 주의주의를 비판하면서 인간의 의지가 일정부분 우리 정서에 얽매여 있다는 것을 보여주기 위함입니다. 여기 작용하는 자연적인 습관이 바로 핵심감정이며, 이 습관을 깨고 하나님께 순종하게 되는 새로운 습관이 바로 믿음인 것입니다. 이 초자연적이고 신학적인 습관인 믿음은 아퀴나스와 아리스토텔레스의 가능태로부터 현실태로 이행하는 운동 개념으로 설명됩니다. 즉, 초자연과 자연을 구분하는 것에 있어서는 어거스틴과 플라톤주의로 돌아가려고 하지만, 다시 이 초자연적인 단말인 믿음이 우리 안에서 성장하는 방식은 아퀴나스와 아리스토텔레스주의를 반영합니다. 이 습관의 성질을 잘 보여주는 체계가 바로 핵심감정입니다. 감정이라고 하면 그냥 우리 욕구와 관계없이 생각하실 수도 있으나, 핵심감정은 의존적인 사랑의 욕구가 좌절되고 거기서 발생한 미움을 아직 미숙한 자아가 다룰 수 없어서 증상을 동원해서 이 미움을 억압하는 습관을 만든 체계입니다.

그러니까 개신교 신학은 하나님의 의지의 자유를 훼손하는 주지주의와 자연신학을 거부했고, 후기 스콜라 신학처럼 하나님의 구원의 일에 대한 우리의 자유를 강조하여 다시 하나님의 의지를 훼손하는 극단적인 주의주의도 거부했습니다. 그렇게 개신교 신학은 어거스틴주의로 돌아가되 인간의 부패를 더 강조했고, 다시 인간의 의지의 자유를 강조함으로써 구원의 공로를 우리 자신에게 일부 돌리는 것을 거부했습니다. 다시 말하면, 주의 주의에 무게 중심을 두지만 옛 습관에 매여 스스로 선을 행할 수 없는 의지에 기초한 신학을 구성한 것입니다. 그런 점에서 개신교 신학에서의 선은 욕구의 대상이 아니라 믿음의 대상입니다. 선은 우리의 욕구로 관철되지 않고 믿음에 의해 실현되는 구조를 가지고 있습니다.

개신교 신학은 타락을 단지 원의가 부재하는 상태로 이해한 것이 아니라 우리의 의지가 죄로 인해 기울어진 욕구의 상태로 이해했다는 점에서 중세 신학과 구별됩니다. 선은 이런 육적인 욕구와 단절되었고 초월의 영역에만 남아 있습니다. 개신교 신학은 아퀴나스나 아리스토텔레스적인 내재주의를 배격하고 초월주의를 채택한 것이죠. 초월적 최고선이신 하나님을 추구하는 데 있어서 믿음이라는 초자연적인 습관이 필요하고, 이것이 주입되어 그리스도와 연합을 일으키면서 최고선과 맞닿게 됩니다. 이처럼 선은 주체 밖에 있게 됩니다. 이런 종교개혁신학의 구조는 칸트 철학에도 그대로 반영되어 있습니다. 칸트의 『순수이성비판』은 우리가 스스로 이성을 검토해 볼 때 하나님을 알 수 없다고 이야기 합니다. 그래서 칸트를 흔히 불가지론자라고 표현하는데, 이는 사실 반쪽만 알고 있는 것입니다. 이성을 검토할 때, 칸트는 하나님뿐만 아니라 물 자체(Ding an sich)도 인식할 수 없다고 봅니다. 그리고 우리가 아는 시간과 공간은 물리적 대상으로서 세계가 아니라 우리 인식의 주관적 범주로 해석합니다. 이 해석은 아인슈타인에 의해서 확대되는데, 시간과 공간은 중력이나 속도에 의해 달리 인식되는 것입니다.

그런 칸트가 『실천이성비판』에서는 당위로서 하나님을 요청합니다. 이것은 전형적인 개신교 윤리 체계입니다. 개신교에서 선은 주체의 믿음이 주체 밖의 선을 지향하는 것입니다. 그것이 윤리로 드러납니다. 믿음은 최고선이신 하나님을 지향하고, 그 은혜의 수단을 통해서 초월의 영역에 계신 그리스도의 능동적이며 수동적인 순종의 의에 우리가 접붙여집니다. 그 반응의 결과, 믿음에 의해 사랑이 열매를 맺게 됩니다.

핵심감정 시리즈에서 언약적인 인격 주체는 이와 같은 개념입니다. 그리고 최고선을 지향하는 주체의 의지는 바로 믿음의 추동으로 인한 결과입니다. 이렇게 초자연적으로 주입된 습관이 믿음입니다. 이 믿음은 최고선이신 하나님을 지향하면서 사랑이라는 결실을 이룹니다. 그러므로 사랑이란 행위의 열매는 구원의 공로가 아니라 구원의 결과로서의 열매인 것입니다. 조직신학이 죄와 그 세력에 대한 보편적인 설명을 통해 우리의 이해를 돕는다면, 핵심감정 공부는 구체적이면서 개인적으로 한 사람이 지닌 죄의 세력을 규명해주는 심리학적인 틀로써 죄 문제에 대한 이해를 돕습니다. 이 틀을 제대로 이해하게 되면 신자의 성화에 어떤 영향이 미치는지를 고찰할 수 있습니다. 이 책은 성화가 해결하고자 하는 죄의 세력에 대한 구체적인 설명과 이 세력이 인간 내면에서 어떻게 작동하는지에 대한 고찰을 담고 있습니다. 이하에서는 원죄와 구원에 대한 대요리문답의 진술을 중심으로 이 문제를 살펴볼 예정입니다. 아무쪼록 이 연구를 통해 신자들이 진실하게 그리스도와 연합하고 거룩함의 열매들을 맺는 데 도움이 되기를 바랍니다.

CHAPTER 01
원죄와 핵심감정

죄의 정의와 요소들

종교개혁자들은 죄책(*culpa haereditaria*)과 오염(*corruptio haereditaria*)을 구분하여 죄를 이해했습니다. 원죄(*peccatum oriainale*)도 원 죄책(original guilt)과 원 오염(original pollution)으로 구분해서 이해했습니다. 죄책은 형벌이라는 법적 책임의 성격을 지닌 죄의 측면을 설명하는 것이라면 오염은 모든 죄인이 겪는바 죄인에게 내재하는 실제적인 오염 상태이며 부패라고도 표현되는 죄의 세력을 설명합니다. 그런데 이런 이해는 중세 신학과 차이가 있습니다. 역사신학에서 원죄 교리의 효시는 어거스틴(Augustine)이라 할 수 있습니다.[1] 어거스틴과 펠라기우스와의 논쟁이 이 교리의 실질적인 출발점이었습니다. 이렇게 출발한 원죄 교리에는 어거스틴, 아퀴나스(Aquinas), 종교개혁 직전의 후기 스콜라 신학에 이르기까지 오염과 같은 개념이 없었습니다. 원죄란 단지 원의의 부재라고만 이해되었습니다. 그럼 인간의 정욕은 어떤 식으로 설명했느냐 이렇게 물을 수 있는데, 그것을 자연 상태라고 본 것입니다. 그리고 원의가 없어서 인간의 정욕이 조절이 안 되는 상태를 죄라고 이해한 것이죠. 그래서 중세 신학에는 죄책 개념만 있었고 죄인의 고유한 자질을 의미하는 범책(*reatus culpa*, potential guilt)과 죄의 값을 지불해야 하는 의무를 의미하는 벌책(*reatus poenae*, actual guilt)으로 구분해서 설명했습니다.[2] 아담의 최초의 죄에 빗대어 설명하자면, 아담이 선악을 알게 하는 나무의 열매를 따 먹는 일이 범책이고, "반드시 죽으리라"는 벌책에 해당합니다. 이 구분은 반율법주의를 경계하기 위한 목적도 있습니다.[3] 이는 아리스토텔레스(Aristotle)의 운동 개념이 스콜라 신학에 영향을 준 것입니다. 이런 이해가 중요한 이유는 성경을 정교하고 체계적으로 해석해주는 해석적인 틀이 되기 때문입니다. 이 구조는 인간론적인 이해뿐만 아니라 구원론적인 이해와도 연결되어 죄와 구원을 정교하고 체계적으로 해석하도록 도와줍니다. 죄 개념은 당연히 구원 개념과 연결되어 있습니다. 중세 신학은 칭의와 성화의 구분이 없이 "의화"라는 개념으로 이해했습니다. 따라서 원죄가 전달되는 방식도 부모로부터 유전하는 것으로만 이해했습니다. 눈치가 빠른 분들은 이미 알아차리셨겠지만 죄 문제는 구원 문제와 밀접하게 연결되어 있으며 정교하게 설명합니다. 예컨대, 종교개혁 이후의 신학에서 죄책(guilt)은 칭의(Justification)를 통해서 해결되고 오염(pollution)은 성화를 통해서 해결됩니다. 그래서 원죄에 관한 이해는 원죄뿐만 아니라 구원의 문제와 함께 이해되어야 하며, 구원을 성취하시는 그리스도의 사역과도 함께 이해되어야 합니다. 인간론, 구원론, 기독론이 서로 맞물려 있는 정교한 시스템의 해석학이 바른 조직신학입니다. 이 각각의 개념은 성경 해석을 위한 개념 블록이라 할 수 있습니다. 이 블록들은 서로 연결되어 있어서 어느 하나를 따로 뺄 수 없으며 전체가 유기적으로 연결되어 있습니다. "전체는 부분의 합보다 크다"(The whole is more than the sum of its parts)[4]라는 아리스토텔레스의 『형이상학』에 등장하는 명제처럼, 해석학적인 시스템으로 조직신학이 보여주고자 하는 것은 각각의 개념 이해가 아니라 전체 성경(*Tota Scriptura*)을 이해하는 것입니다. 보통의 경우는 조직신학을 배워도 이것들을 파편적으로 이해하는 경우가 대부분입니다. 그렇게 해서는 성경을 전체적이고 체계적으로 해석할 수가 없고, 그런 파편적 이해는 결국 진리의 훼손과 결손으로 이어진다는 점을 주의하셔야 합니다.

죄 이해는 구원 방식의 이해와 서로 맞물립니다. 중세 신학은 그리스도의 십자가의 대속, 곧 그리스도의 수동적 순종의 의가 "주입"되어서 중생한 그리스도인은 의를 행할 수 있는 상태가 되었다고 보았습니다. 십자가의 대속은 아담이 지은 벌책의 문제를 해결하지만, 여전히 아담이 선악을 알게 하는 나무의 열매를 따먹은 범책은 해결되지 않은 채 남아 있습니다. 왜냐하면, 율법의 요구에 순종하신 그리스도의 능동적인 순종의 의는 주입된 것이 아니기 때문입니다. 그것은 의를 주입받은 신자가 순종을 통해서 성취해야 하는 것으로 인식되었습니다. 그래서 후기 중세 신학을 반펠라기우스주의라고 말하는 것도 이것 때문입니다. 믿음으로 "의를 주입" 받았지만 이 의를 가지고 다시 율법의 순종이라는 공로를 채워야만 구원을 받기 때문에, 시작은 은혜였으나 끝은 행위 구원으로 귀결되고 만 것입니다. 이것은 현재 한국교회의 신학적 논의들과 밀접한 관련이 있습니다.

예컨대, 정통 개혁신학은 그리스도의 수동적인 순종이 벌책의 대가를 지불했을 뿐만 아니라 그리스도의 능동적인 순종이 범책의 대가를 지불하셔서 우리의 구원의 공로 모두를 그리스도께서 성취하셨고, 그렇게 성취한 의는 그리스도 안에만 있다고 말합니다. 페스코는 "간단히 말해서 표준문서는 소수의 입장을 받아들이지 않았고 그리스도의 능동적 순종의 전가를 단언한다"라고 말합니다.[5] 아담은 행위 언약을 순종하는 일에 실패했지만 그리스도는 이 행위 언약의 성취자이신 것이죠. 로마서 5장이 순종의 문제로 아담과 그리스도를 대비시키는 것도 이 때문입니다. 중세 신학이 행위구원론으로 기울었던 과오를 반복하지 않기 위해 종교개혁신학은 우리 구원의 공로 전체를 그리스도께서 성취하셨다고 설명하기 시작했습니다. 그리고 그렇게 그리스도께서 다 이루셨기 때문에 "주입"의 필요도 없어진 것이죠. "주입"이란 개념은 "우리의 순종"을 의도한 것이고, 이것이 행위 구원으로 경도되기 때문에 구원의 문제에 있어 종교개혁자들은 이 개념을 거절했습니다. 그 대신 그들은 구원의 공로가 우리에게 적용되는 방식으로 "전가"라는 해석학적인 개념을 사용하여 설명하기 시작합니다. 동시에 이것이 우리에게 적용되는 방식을 법적 개념으로만 설명하고 이를 위해 언약 개념이 동원됩니다. 종교개혁신학에서 칭의는 죄인에 대해 율법의 모든 요구가 충족되었음을 선언하시는 하나님의 법적인 행위입니다.[6] 그런 점에서 그리스도의 순종은 우리에게는 은혜 언약이지만 그리스도 자신은 행위 언약에 대한 순종으로 이해됩니다.

하지만 이렇게 구원의 공로를 전적으로 그리스도께 돌리고 나니 신자의 삶에서 이 구원을 어떻게 확인하느냐 하는 인식론적이며 실제적인 문제가 발생했습니다. 2005년 제2차 세계대전이 종전된 지 60년 만에 87세, 83세의 일본군이 필리핀 민다나오 섬의 산악 지역에서 일본인 목재 사업가에 의해 발견되었습니다.[7] 71년 괌, 74년 필리핀에 이어 일본군의 세 번째 생환입니다. 이 사례를 말씀드리는 이유는 법적으로 일본이 패전하고 항복문서에 서명했음에도 불구하고 실제 이 군인들에게는 60년이 지나도록 아무런 효력을 발휘하지 못했다는 사실입니다. 이는 구원의 공로가 인간에게 돌려지는 것을 방지하기 위한 법과 실제가 분리된 방식의 문제를 보여줍니다. 이 문제를 해결하기 위해서 종교개혁신학은 죄책 개념을 기술적인 측면에서 둘로 구분했습니다. 범책과 관련해서는 그리스도께서 능동적인 순종으로 구원의 공로를 다 성취하셨다고 정리하고, 범책 개념에서 자기 인격이 더럽혀짐(clefiling)으로 인해 인간 본질이 오염되는 개념으로 확장해서 실제 종래의 이해대로 생식에 의해 부모로부터 후손에게 전달된다는 방식을 취했습니다. 이 오염 개념을 해결하는 구원론적인 방식이 성화입니다. 성화는 생식에 의해 부모로부터 전달된 부패를 해결하는 일입니다. 곧 영혼과 몸에 퍼져 있는 오염의 문제를 해결하는 하나님의 사역입니다. 성령께서 그리스도의 대속과 순종을 신자에게 적용하심으로 영혼의 거룩한 성향이 강화되고 거룩한 실천들이 증대되며 새로운 생명의 과정이 창출되고 촉진되는 하나님의 행위입니다.[8] 이렇게 아담의 범죄로 인한 타락과 거기서 비롯된 원죄는 구원론뿐만 아니라 기독론, 곧 그리스도의 사역과도 직접적으로 연결되어 있습니다. 그렇다면 대요리문답은 원죄를 어떻게 설명하는지 살펴 봅시다. 대요리문답 25문은 다음과 같이 설명합니다.

원죄의 개념과 구성 요소

25문. 사람이 타락하게 된 죄의 상태는 무엇으로 구성되어 있나요?

답. 사람이 타락하게 된 죄의 상태는 **아담의 첫 범죄에 따른 죄책과**[1] 그가 지음 받았을 때 지녔던 **의를 잃어버린 것**과 또 그에 따른 **본성이 부패한 것**에 있습니다. 이 때문에 사람은 모든 영적 선을 전적으로 싫어하고, 행할 수 없으며, 거역하게 되고, 모든 악에 완전히, 기울어지며, 계속적으로 그렇게 됩니다.[2] 이것을 보통 원죄라고 하며, 또한 원죄로부터 모든 실제적인 범죄가 시작됩니다.[3]

1) 롬 5:12, 19 2) 롬 3:10-19, 엡 2:1-3, 롬 5:6, 롬 8:7-8 3) 약 1:14-15, 마 15:19

25문은 원죄의 개념과 요소, 그리고 그것이 미치는 구체적인 영향을 진술하고 있습니다. 원죄 교리는 우리에게 익숙하지만 사실 우리가 제대로 이해하는 경우는 드뭅니다. 우리가 25문을 읽을 때 주의해야 할 점이 있습니다. 첫째, 아담의 첫 범죄와 원죄를 구분하는 것입니다.[9] 25문의 "타락하게 된 죄의 상태"라는 표현은 원죄를 풀어서 쓴 것입니다. "첫 범죄에 따른 죄책"이란 답은 죄책과 첫 범죄를 구분하고 있습니다. 그래서 "아담의 원죄"라는 표현은 틀린 표현입니다. 아담의 원죄는 첫 범죄와 그에 따른 죄책을 서로 합쳐 놓은 것이기 때문이죠. 25문은 이 첫 범죄에서 비롯된 원죄의 특성을 3가지로 진술합니다. 즉, 죄책, 원의(Original righteousness)를 잃어버린 것,[10] 본성의 부패입니다.

첫째, 죄책은 행위 언약에 기원을 두며 범책과 벌책 모두를 포함한 법적 책임을 표현한 것입니다. 죄의 대가로 "선악을 알게 하는 열매를 따먹는" 행위와 그 행위가 유발한 법적 형벌, 곧 "반드시 죽으리라"라는 범죄로 유발된 법적 책임 전체를 가리킵니다(창 2:17). 둘째, 의를 잃어버리는 것인데, 이 원의는 하나님 형상의 좁은 의미로[11] 참 지식과 의와 거룩함을 말하며(골 3:10, 엡 4:24), 이는 성삼위일체의 형상을 원형(archtype)으로 하는 우리가 지닌 (bears the image of God) 모형(ectype)일 뿐만 아니라(고전 15:49), 형상 그 자체이기도 합니다(고전 11:7).[12] 하나님께서는 창조 후 아담의 지·정·의 안에 원의 (original righteousness)를 더하여 주셨습니다.[13] 아퀴나스에 의하면, 이는 인간에 고유한 윤리적인 자연 상태를 의미하는 말로 "자연적 능력들의 조화"[14] 와 "정욕(concupiscence)이 없는 상태"를 의미합니다.[15] 개혁신학도 이 점에 대해서는 아퀴나스와 달리 보지 않고 자연적 은사[16]로 봅니다.

차이점을 말하자면, 타락을 단지 이 원의의 부재와 그것을 유지시켜주는 초자연적인 은사의 상실로만 이해한 중세 신학과는 달리, 종교개혁신학은 원의의 부재뿐만 아니라 "사람은 모든 영적 선을 전적으로 싫어하고, 행할 수 없으며 거역하게 되고 모든 악에 완전히 기울어지며 계속적으로 그러게 된다"라고 설명합니다. 물론 부패한 성향이 생식에 의해 부모로부터 유전된다고 설명하는 점은 양자가 같습니다. 다시 말하자면, 중세 신학은 죄의 법적 책임과 그 실제 영향력을 구분하지 않은 채 하나의 덩어리로서 원죄 교리를 설명했다면, 종교개혁신학은 법적 책임과 그 실제적인 영향력을 구분했습니다. 즉 종교개혁신학은 법적인 것은 법, 곧 언약에 의해서 "전가"되고 실제 영향력은 유전에 의해서 "전달"된다고 설명한 것입니다. 죄책이라는 법적 책임의 문제 때문에 우리는 부패를 생식에 의해서 유전하게 된 것입니다. 아담이 첫 범죄를 저질렀을 때, 이 세 가지 일이 일어났고 구원이란 바로 이 세 가지 문제를 해결하는 것입니다. 인간의 비참한 상태는 바로 이 세 가지 문제에 놓여 있다는 것이고, 이것의 해결이 구원인 셈입니다. 이처럼 원죄는 원의의 부재와 죄책과 오염을 함의합니다.

원죄의 결과들

타락한 인간은 원의를 잃어버렸고, 후손인 우리는 법적으로 죄책을 전가 받고 생식에 의해 오염을 전달받았습니다. 따라서 죄책에는 반드시 오염(부패)이 뒤따른다는 것을 알 수 있습니다.[17] 원죄란 그 첫 범죄가 유발한 결과들입니다. 원래 타락 전 아담의 상태(*posse peccare, posse non peccare*)는 죄를 지을 수도, 짓지 않을 수도 있는 상태(able to sin, able not to sin), 곧 범죄가 가능한 상태였습니다.[18] 아담은 그의 자유로운 행위(voluntary act)로 말미암아 죄를 범하게 됩니다.[19] 이 최초의 범죄는 후손인 우리에게 세 가지 결과를 초래합니다. 첫째, 원의를 상실했습니다. 둘째, 아담은 인류의 대표로서 후손에게 행위 언약을 따라 죄책(guilt)을 전가(imputation)했습니다.[20] 셋째, 후손인 우리는 생식에 의해 아담의 첫 범죄로 따라붙게 된 영혼과 몸의 오염(pollution)을 전달(propagation)받았습니다.[21] 대요리문답 26문은 부패가 어떻게 우리에게 전달되는지를 보여줍니다.

26문. 원죄는 우리 최초의 부모로부터 후손에게 어떻게 전달되었습니까?

답. 원죄는 우리 **최초의 부모로부터 자연적인 생식에 통하여** 후손에게 **전달**됩니다. 그래서 자연적인 생식 방법으로 그들로부터 태어나는 모든 후손은 죄 중에서 잉태되고 태어나게 되었습니다[1].

1) 시 51:5; 욥 14:4; 요 3:6.

26문은 부패한 본성이 자연적인 생식을 통해서 우리에게 전달되는 과정을 진술하면서, 영혼과 몸의 전 영역에 퍼지게 된 부패가 생식을 통해 부모로부터 우리에게 전달되어지는 것을 설명합니다. 26문을 번역할 때, "전가"(imputation)라는 단어를 쓰면 안 되고 "전달"(propagation)이라는 용어를 써서 번역하는 것이 더 정확한 번역이라 할 수 있습니다. 전가란 행위 언약에 따른 법적 책임이 후손에게 전해지는 방식 지칭하고, 전달이란 그 결과로 야기되는 잠재적인 부패한 본성이 유전에 의해 전해지는 방식을 지칭합니다. 물론 이 전가 개념은 그리스도의 의가 우리에게 전해지는 방식을 설명하기도 합니다. 또 이렇게 설명해야 하는 이유는 로마 가톨릭의 인간 이해가 빚은 구원론적인 오류를 수정하여 해석하기 위함입니다. 죄책의 전가는 의의 전가로 해결이 되며[22] 전달된 오염은 성화에 의해 제거됩니다.[23] 그리고 전가 교리는 또 다른 함의를 지니고 있습니다. 중세 신학이 "의의 주입"을 통해 초월을 내재로 가져온다면, "전가"는 의가 여전히 초월로서 승귀하신 그리스도 안에 있다는 의미로서 믿음이라는 내재적 수단을 통해 초월적인 의와 동기화시킵니다. 이 부분은 후에 자세히 다루도록 하겠습니다. 물론 대요리문답이 이런 신학 구조를 엄밀하게 반영하지는 않습니다. 예컨대, 대요리문답 28문의 진술은 아담의 첫 범죄로 후손인 우리에게 일어나는 일, 즉 후손에게서 죄책과 오염이 빚어내는 죄의 결과들을 함께 진술하고 있습니다.

28문. 이 세상에서 받는 죄의 형벌이 무엇입니까?

답. 이 세상에서 받는 죄의 형벌은 분별력을 잃은 마음[1], 타락한 감각[2], 강력한 망상[3], 고집스런 마음[4], 양심의 공포[5] 및 더러운 정욕[6]입니다. 외적인 것으로는 우리 때문에 피조물에게 내린 하나님의 저주,[7] 죽음 그 자체와 함께[8], 우리 몸과 이름과 재산과 인간관계와 직업 가운데, 온갖 악이[9] 우리에게 닥치게 된 것입니다.

1) 엡 4:18 2) 롬 1:28 3) 살후 2:11 4) 롬 2:5 5) 사 33:14, 창 4:13, 마 27:4 6) 롬 1:26 7) 창 3:17 8) 신 28:15-68

원죄가 몸에 미치는 영향들

대요리문답 27문은 우리의 비참이 무엇인지를 물으면서 타락으로 인해 하나님과 교제가 끊어지고 우리가 본질상 진노의 자녀며 사단에게 매인 종이라고 답합니다. 28, 29문은 현재와 장차 받게 될 형벌이 무엇인지를 묻고 답합니다. 그리고 28, 29문은 특별히 현재 우리가 받은 형벌이라는 점에서, 죄책과 오염이 빚는 형벌 전체를 다루고 있습니다. "분별력을 잃은 마음"(blindness of mind), "타락한 감각"(reprobate sense), "강력한 망상"(strong delusions), "고집스런 마음"(hardness of heart), "양심의 공포"(horror of conscience) 및 "더러운 정욕"(vile affections) 등은 비참이 영향을 끼친 본성의 변화입니다. 원죄는 우리가 경험할 수 없습니다. 마찬가지로 칭의 역시 경험되지 않는 법적 영역입니다. 다만 그것이 빚은 결과로 오염과 성화를 경험할 뿐입니다. 죄책이 법적으로 전가되고 이를 근거로 오염이 빚은 영혼과 육체의 6개 항목의 형벌을 설명한 것입니다. 28문의 6개 항목의 형벌은 몸과 영혼으로 엄밀히 구분하기는 어렵지만 3개는 몸, 3개는 영혼에 관한 항목으로 간략하게나마 구분해 볼 수 있습니다. 그럼 28문의 진술 중 어느 부분이 몸에 관한 것이며 어느 부분이 영혼에 관한 것일까요? 일단 타락한 감각(reprobate sense), 고집스런 마음(hardness of heart), 더러운 정욕(vile affections)은 몸과 관련이 있습니다.

6개의 항목은 영혼(anima)을 삼분하는 아퀴나스의 견해를 떠올리게 합니다. 첫째, 출산, 성장, 양육 능력으로서 생활양식을 의미하는 생혼(anima vegetativa), 둘째, 외적 감각능력, 내적 공통감각, 환상 혹은 상상, 평가 능력을 의미하는 각혼(anima sensibilis), 셋째, 지성적 능력을 의미하는 지성적 영혼(anima rationalis)이 그것입니다.[24] 이런 아퀴나스의 구분은 생혼도 영혼에 포함되는 것으로 구분하고 있습니다. 그러나 개혁신학은 전통적으로 인간의 몸과 영혼에 관한 이분설을 기본적인 입장으로 취합니다. 몸과 영혼의 기능에 있어서는 기능적 전체주의(functional holism)로 이해합니다. 즉, 살아 있는 인간 존재는 몸과 영의 기능이 서로 긴밀히 작용한다고 본 것입니다. 예를 들어, 영혼에 신체적인 작용을 귀속시키기도 하고(마 6:25)[25], 몸에 영적 작용을 귀속시키기도 합니다(롬 12:1). 몸과 영혼의 추동은 모두 정신으로 표현됩니다.[26] 그리고 죄는 몸과 영혼의 모든 권능과 기능에 손상을 입혔습니다.[27] 그 결과가 이 6개 항목의 형벌입니다. 몸과 관련 있는 것은 타락한 감각, 고집스런 마음, 더러운 정욕인데, 이것이 몸과 관련 있다는 것을 어떻게 알 수 있습니까? 몸은 어떤 특성을 지닐까요? 사람은 몸과 영혼이 혼재되어 있는 존재라서 무엇이 몸에서 비롯되었고 무엇이 영혼에서 비롯되었는지를 특정하기 어렵습니다. 그러나 동물의 경우는 좀 다릅니다. 우리는 흔히 동물은 영혼이 없다고 알고 있지만 성경과 개혁신학은 동물에게도 혼이라고 불리는 것이 관찰된다고 진술합니다.

예컨대, 전도서에 보면 동물에게도 혼(soul)이 있음을 설명하고 있습니다.[28] 아담이 흙으로 빚어진 후, 그 코에 생기를 불어넣으신 생령(창세기 2:7)과 창조된 생물(창 1:20) 및 레위기에서 제의에 사용된 동물을 지칭하는 단어(נֶפֶשׁ חַיָּה)는 같은 말입니다. 이는 적어도 몸에 있어서는 동물과 사람이 유사 본질이라는 의미이며, 동물의 혼 개념은 아퀴나스의 생혼(anima vegetativa)이라 할 수 있습니다. 예컨대, 창세기 2:18-20은 사람이 독처하는 것이 좋지 못하다고 하신 후 동물을 불러 이름을 짓게 하시고 배필이 없으므로 아담의 갈비뼈를 취해서 하와를 지으시는 장면을 묘사하고 있는데, 마치 동물 중에서 돕는 배필을 찾다가 없어서 하와를 만드시는 뉘앙스를 풍깁니다. 그리고 만물을 다스리라는 하나님의 명령을 고려한다면 우리는 몸의 추동에서 비롯되는 지성적인 특징이 존재한다는 것을 유추할 수 있습니다.

물론, 바빙크(Herman Bavinck)는 동물의 혼(soul)은 필멸로, 사람의 영혼(spirit)은 불멸로 묘사했습니다.[29] 그에 의하면, 혼(soul)이란 "육체와 결부되는 영적 힘…육체 없이는 불완전하고 미비한 상태"로서 몸과 직접적으로 결부되어 있습니다.[30] 즉, 혼은 몸에 귀속된 감각, 지각, 이미지를 형성하는 능력이라는 의미입니다.[31] 이 몸에서 비롯된 생의 힘은 타락으로 인해 오염되었습니다. 28문에서 정욕이라고 번역된 단어 "affections"은 외부 사물이 몸에 일으키는 변화로서 몸이 지닌 능동적인 행동 능력이 증감하거나, 촉진이 저지될 때 그런 몸의 변화 및 그에 대한 '생각'(idea)과 함께 지칭되며[32] 프로이트(Freud)의 욕동과 같은 개념입니다. 욕동(Triebe)은 "정신과 신체 사이의 경계를 나타내는 말"[33]이며, 이것은 신체적 · 생리적 개념으로서 "심리학보다는 생리학과 더 밀접하게 연관된 인간 유기체의 일반적이고 충동적인 생리적인 힘"을 말합니다.[34] 욕동의 자극은 외부 세계가 아니라 신체의 내부에서 발생하며 순간적이 아니라 지속적인 자극을 주는 힘으로 작용하기 때문에 욕동을 회피할 수가 없으며 항구적인 문제입니다.[35] 이런 점에서 욕동은 본능과 차이가 있습니다. 예컨대, 식욕은 발생했다가 욕구 충족으로 사라지기를 반복하므로 본능에 속하지만 욕동은 아닙니다. 이처럼 본능은 음식을 대할 때만 작동되고 본능이 충족되면 사라집니다. 그러나 욕동은 그 대상이 우연히 결정되며 행위 목표는 가변적[36]입니다. 그래서 욕동과 본능은 다릅니다.[37]

욕동은 본능보다 오히려 바울신학에서의 육의 개념과 매우 유사합니다. 바울은 먹든지 마시든지 무엇을 하든지 하나님의 영광을 위해서 하라고 말하므로 먹과 마시는 본능적 활동이 하나님의 영광에도 사용될 수 있음을 보여주며 죄의 성향인 육의 개념과 구분되는 지점을 시사합니다. 이 육의 개념처럼 몸에서 비롯된 추동, 곧 감정 세력들의 균형이 핵심감정입니다. 사실 신학에서도 동일하게 설명합니다. 예컨대, 워필드(Benjamin B. Warfield)는 인간의 본질을 창조하신 하나님께서는 그들에게 감정을 주셨을 뿐 아니라 감정이 그들의 행동의 발원지(the spring of actions)가 되게 하셨다고 말합니다.[38] 추동은 감각의 자료(data of sense)를 정신에 표상되고 부착된 힘을 추동이라고 합니다. 몸에서 비롯된 추동의 힘이 정신에서 의존적 사랑의 욕구(derive)와 미움으로 나타납니다.[39] 그 추동은 대상을 향한 추동(derive)이며 [40] "대상을 추구"합니다.[41] 타락하기 전의 아담이었다면 아마도 영광을 지향하는 것들을 감각 자료로 정신에 표상했겠지만 타락으로 인해 이 감각은 왜곡되었습니다. 그 결과, 고집스런 마음이 되었습니다. 이는 핵심감정의 엄격한 자동성과 닮아 있습니다.

원죄가 영혼에 미친 영향들

이에 비해 분별력을 잃은 마음(blindness of mind), 강력한 망상(strong delusions), 양심의 공포(horror of conscience)는 부패한 영혼의 특성을 보여줍니다. 동물은 몸의 추동이 만들어내는 이미지를 개별적 실체로부터 분리, 변형, 개념화 할 수 없고 그것들을 서로 연관시켜 판단하고 추리하며 결단하여 의지적 행동으로 옮길 수 없습니다. 이는 천사와 인간처럼 영혼(spirit) 있는 존재의 능력입니다.[42] 예를 들어, 영혼은 이미지를 융합하고 변형할 수 있습니다. 이 능력은 매우 고대적이며 출생과 더불어 나타나는 능력입니다. 인간은 켄타우로스 같이 상체는 사람이며 하체는 말인 존재를 상상하고 만들 수 있습니다. 그러나 동물은 개별적 실체로부터 이미지를 분리해내거나 켄타우로스처럼 변형하거나 융합하며 개념화하지 못합니다. 그럼에도 돌고래나 코끼리 등과 같이 지능이 높은 동물들은 거울을 통해서 자기 이미지를 인지할 수 있고 사람처럼 트라우마를 겪기도 하며 기억하고 인지하며 반응하고 학습할 수 있습니다. 이는 모두 동물의 몸-추동이 정신에 표상해내는 것들입니다. 따라서 육체를 지닌 사람이 의식에 표상하는 심상 능력의 일정 부분은 몸에서 비롯됩니다. 우리 의식의 상당 부분은 몸의 기관인 뇌가 기능하는 결과입니다. 의식과 정신이라고 해서 그것이 모두 영혼의 능력에 해당되는 것은 아니라는 말입니다. 오히려 정신은 몸-추동과 영혼-추동이 만나는 영혼과 몸의 중간지대와 같습니다. 여기에 더해 인간 영혼은 개별적 실체로부터 이미지를 추출하고 융합하며 조합을 통해 전혀 새로운 것을 상상해내는 상상력과 환상을 사용하는 능력을 지녔는데, 이는 무에서 유를 창조하시는 하나님의 능력과 닮아 있습니다.

연구에 의하면 영혼의 능력인 환상을 다루는 힘은 생후 4개월이면 관찰됩니다. 이는 관찰되지 않은 이전 시기에도 이미 존재한다는 사실을 유추할 수 있게 해줍니다. 처음 유아가 대상을 인지할 때는 그것을 부분적으로 인식합니다. 사랑의 대상과 미움의 대상을 따로 인식합니다. 이때 유아는 전능감 속의 대상과 100% 같음(is)을 환상들을 사용해서 이룹니다. 이 동일시의 과정을 통해서 자기정체성을 이루며 자기상의 일부가 이를 통해 형성됩니다. 그러나 얼마 지나지 않아 이 둘이 하나의 대상이라는 사실을 인지하게 되고 100%의 동일시를 포기하며 사랑과 미움의 대상을 통합하면서 대상의 비슷함(like)을 취하게 됩니다.[43] 유아에게 이것이 최초의 타자상의 출현입니다. 이 과정에서 자기와 타자가 분화가 일어나고 이 과정에서 바로 초자아라고 불리는 타자상이 발달합니다. 영혼이 지닌 추동은 자아 이상(ego ideal)으로 옮겨지면서 타자상이 발달합니다.[44] 자아 이상과 양심의 발달은 오이디푸스적인 문제에서 기인합니다.[45] 통상 정신분석 이론에서는 0-3세 동안 주요 과업을 동일시로 보고 4-6세의 주요 과업을 대상관계로 봅니다. 동일시란 앞서 말씀드린 엄마와 자기를 동일대상으로 여기는 현상을 말하며, 대상관계란 그것이 타자라는 사실을 알고 유사대상으로 타자상을 발달시켜 나가는 과정을 말합니다.

이 타자는 여전히 환상 속의 타자이며 그래서 이 타자는 중간대상이라고 불립니다. 이 중간대상은 타자상의 초기 모델로, 예컨대, 엄마가 없을 때도 아이는 엄마가 있는 것 같은 위로를 얻기 위해 베개나 이부자리에 대한 애착을 발달시키고 그것을 통해 엄마와 함께 있는 위안을 얻습니다. 아이가 4세를 지나면서 타자와 교통하는 타자상이 현실성을 띠게 되면서 이 능력이 크게 발달하며 또래 아이들끼리 인형놀이 또는 역할놀이에 열을 올리게 되는데, 이는 환상을 다루는 영혼의 능력 때문입니다. 그러나 인간의 타락한 본성 때문에 사랑의 추동은 자기만족을 추구합니다. 어거스틴은 이것을 자기 사랑(Amor Sui)으로 설명했습니다.[46] 이런 이유로 칼뱅(Calvin)은 양심을 비롯한 이성, 도덕성, 의지의 자유와 같은 영혼에서 비롯된 능력은 부패했지만 여전히 남아 있다고 본 것입니다.[47]

몸과 마찬가지로 영혼도 두 가지 방향으로 추동합니다. 사랑하는 것은 동일시하거나 내사(introjection)하고 미워하는 것은 투사(projection)하면서 아이의 내면에 타자와 동일시에 균열이 발생합니다. 이것이 타자상의 시초이며 기본적인 힘의 방향입니다. 물론 성장과정에서 추동은 개인의 지각과 선택에 의해 그 방향과 투쟁-도피기제가 달라집니다. 그러다가 두 대상이 같은 대상이라는 것을 인지하면서 발생하는 내부적인 갈등이 오이디푸스 콤플렉스이며 부모에 대한 아픈 경험때문에 발생합니다.[48] 이때 느끼는 공포 감정이 초자아 발달의 추동이 됩니다. 클라인(Melanie Klein)이 말하는 1세 경부터 시작되는 젖가슴에 대한 시기도[49] 마찬가지입니다.[50] 이 두 설명은 모두 오이디푸스적인 요소를 포함하며 내부에서 사랑과 미움이라는 두 대상을 통합하는 과정입니다.

유아는 미움을 투사하고 선망에 대한 내사를 반복하면서, 자아 이상과 양심으로 대표되는 타자상은 유아의 환상에 의해 형성된 중간대상에서 현실대상으로 발달합니다. 이 과정은 단지 발달 과정처럼 보이지만, 항구적으로 남게 되는 중간대상으로서의 하나님표상이 인간의 구조라는 점을 보여줍니다. 또한 이것은 칼뱅의 종교의 씨에 해당하는 정신 내적 구조물입니다. 타자상이 현실적인 타자와 비슷함을 추구하는 쪽으로 추가 더 기울어져 있다면, 중간대상은 같음을 추구하는 쪽으로 추가 더 기울어져 있는 내적 대상이며 그런 이유들 때문에 성장하면서 이 중간대상은 다 사라지게 됩니다. 그런데 이 과정에서 항구적으로 남는 중간대상이 형성되는데 그것이 바로 하나님표상입니다. 리주토(Ana-Maria Rizzuto)는 대상의 최종적인 내재화는 어떤 식으로든지 신성의 내재화 형식으로 이루어진다고 했습니다.[51] 사실 여기에 우리가 그리스도와 연합할 수 있는 내적인 단자(port)가 존재합니다. 그러나 이 단자 역시 부패해 있어서 하나님표상을 왜곡할 수밖에 없고 인간의 영혼은 우상의 공장이 될 수밖에 없습니다. 그래서 하나님께서는 몸과 영혼이 만들어내는 추동과 다른 형태의 추동을 우리 영혼에 주입해주셨는데, 그것이 바로 믿음의 추동입니다. 이 부분은 제2장에서 좀 더 자세히 다루도록 하겠습니다. 어쨌든 영혼의 추동은 우리 내면에 감정적인 구조물 형태의 하나님표상을 만들어내며 이런 표상 체계 때문에 하나님을 있는 그대로 받아들이지 못하고 왜곡하게 됩니다. 우리가 우리 신앙의 근거를 성경에 두어야 하는 이유도 여기에 있습니다.

대요리문답 28문에서 말하는 양심의 공포(horror of conscience)는 이런 과정을 통해서 형성됩니다. 예컨대, 자기만족을 추구하는 유아는 미움과 환상이 지닌 전능함 때문에 미움을 투사하고 미움의 대상이 자기를 멸절할 것에 대한 환상을 지니게 됩니다. 한 대상에 대한 미움과 사랑이 조화를 이룰 수 없기 때문에, 유아는 더는 자기와 대상을 동일시할 수 없게 됩니다. 그리고 유아의 내면에서는 자신이 내사하던 좋은 것들이 이상적인 것으로 각인되면서 통제의 규범이나 양심이 발달합니다. 환상에 더 가까운 중간대상과 현실에 가까운 타자상이 상호 침투하면서 점차 현실적 대상으로 추동이 옮겨 갑니다. 그 과정에서 중간대상들은 모두 사라지고 하나님 표상만 항구적 형태로 남게 됩니다. 이처럼 유아는 삶의 시작과 함께 환상(phantasy)[52]을 통해 사랑과 미움을 통합하면서 성장합니다. 28문의 강력한 망상(strong delusions)처럼 길을 잃은 환상은 왜곡된 세상을 창조합니다.

원죄와 행위언약의 관계

　전가 교리를 이해하려면 행위 언약에 대한 이해가 있어야 합니다. 전가가 법적 개념이며 행위 언약은 바로 이 법적 개념을 분명히 드러내주고 있습니다. 칭의는 누구도 그리스도가 이루신 구원의 공로에 인간이 숟가락을 얹는 일이 없도록 그리스도가 능동적인 순종과 수동적인 순종으로 행위 언약의 의를 완전히 성취하시고 하나님의 법정에서 모든 것을 완성하시며 법적 선포를 하신 일입니다. 전통적으로 개혁신학은 칭의를 용서와 용납의 두 측면으로 이해했습니다.[53] 용서는 수동적 순종 곧 벌책의 해결로, 용납은 능동적 순종 곧 범책의 해결로 이해되었습니다. 단지 벌을 면하는 것만이 아니라 그리스도의 능동적 순종의 의를 신자가 한 것으로 간주하심으로써 우리를 용납하시는 데까지 전적인 은혜를 강조한 것입니다. 그런데 문제는, 항복 선언에도 불구하고 일본의 항복을 인지하지 못한 일본군처럼, 이 자체 곧 칭의는 하나님의 법정의 일이므로 경험되지 않는 것이라는 점입니다. 초월이신 하나님께서 내재하셔서 자기를 제한하심으로 말미암아 사람이 되시고, 아담이 불순종했던 율법을 온전히 성취하시고 믿음이란 습관을 심으셔서 그가 이루신 의를 초월이신 자신 안에 두시고, 이제 다시 내재적 존재인 우리가 초월 안에 있는 이 초자연적인 의에 성령을 강림·내주하셔서 연합하고 맞닿게 하셨습니다. 이것이 행위언약입니다. 어거스틴주의가 초월주의라면 아퀴나스주의는 내재주의입니다. 종교개혁신학은 이 둘 모두 수렴한 것입니다. 원죄는 우리 자신 안에 내재하는 죄와 그 기원에 대한 설명입니다. 그리고 그 기원은 아담과 하나님이 맺었던 행위 언약이며, 그것을 어긴 파장을 우리에게 미칩니다. 중세 신학은 이것을 뭉뚱그려 다시 펠라기우스주의로 돌아가 행위 구원을 주장했습니다. 이를 방지하기 위해 동원된 해석이 행위 언약이며 이 언약을 통해서 법적인 것과 실제적인 것을 구분했습니다. 초기 종교개혁의 문서들에서는 행위 언약을 명시하지 않았습니다. 「벨기에 신앙고백서」나 「하이델베르크 요리문답」 같은 비교적으로 초기의 공식 문서에는 등장하지 않는 신학 개념입니다. 이것을 명시적으로 설명한 것이 웨스트민스터 문서들입니다. 현재 우리가 겪는 비참과 형벌의 기원이 행위 언약에 대한 불순종임을 명시하였고, 법적으로 죄의 책임이 무엇인지를 구체적으로 명시했습니다. 그리스도께서 범책과 벌책의 대가 전체를 능동적인 순종과 수동적인 순종으을 통해 역사 안으로 들어오셔서 치르셨습니다. 그리고 그리스도께서 하나님의 법정에서 인류의 대표로서 자신의 의로움을 선언하셨습니다. 이것이 우리 삶에 실제로 적용되며 그 법적 적용이 일으키는 실제적인 변화가 성화입니다. 성화는 오염이 제거되는 것입니다. 대요리문답 30문은 행위 언약의 교리를 이렇게 설명합니다.

30문. 하나님께서 모든 인류가 죄와 비참함의 상태에 멸망하게 내버려두셨습니까?

답. 하나님께서는 모든 사람이 죄와 비참의 상태에 멸망하도록 내버려 두시지 않으시는데[1] 그들은 흔히 **행위 언약**이라고 불리는 **첫째 언약을 범하므로 타락**하게 되었습니다.[2] 그러나 하나님께서는 자신의 전적인 **사랑과 자비**만으로, 자신이 선택하신 자들을 **죄와 저주**에서 건지시고, 흔히 은혜 언약이라고 불리는 **둘째 언약**으로 말미암아 **구원의 상태**에 이르게 하십니다.[3]

1) 살전5:9, 2) 갈3:10,12 3) 딛3:4-7; 갈3:21; 롬3:20-22.

언약이 성립하려면 4가지 조건이 맞아야 합니다. 첫째는 언약의 두 당사자, 둘째는 조건, 셋째는 상급, 넷째는 형벌입니다.[54] 행위 언약은 언약의 쌍방이 체결한 "먹지 말라"(창 2:17)는 조건에 대하여 순종에 따른 보상으로 영생이 포함되고, 범죄에 대한 형벌로 "반드시 죽으리라"(창 2:17)는 내용이 포함합니다.[55] 물론 보상이 명시적으로 나오지는 않습니다. 그러나 조건에 따른 형벌이 "반드시 죽는 것"이므로 순종의 보상은 "영생"이라는 것이 추론 가능하고 언약에 필요로 하는 조건이 모두 갖추어져 있습니다. 물론 행위 언약에 대한 반론들도 개혁신학자들 사이에서 꽤 있습니다. 바빙크, 핫지(Charles Hodge), 대브니(Robert L. Dabney), 셰드(G. T. Shedd), 보스(Geerhadus Vos) 등은 합당하다고 인정하는 반면, 행위 언약 자체를 부정하는 것은 아니지만 창세기 2장의 내용이 언약적인 섭리가 있지만 행위 언약이라고 보지 않는 학자들도 꽤 있습니다. 예컨대, 베르카워(G. C. Berkouwer), 훅스마(Herman Hoeksema) 등이 있으며 머리(John Murray)와 후크마(Anthony Hoekema)는 아담과 맺으신 협정(Adamic adrninistration)[56]으로만 이해하며, 클라인(Meredith Kline)과 로버트슨(Palmer Robertson)은 창조 언약이라는 용어를 씁니다.

그러나 로마서 5장에서 보듯이, 대표 원리를 따라 두 대표가 등장하며 아담의 불순종과 그리스도의 순종으로 이루어진 우리의 구원을 말하고 있다는 점에서 행위 언약을 언약의 일부로 보는 것이 합당합니다. 첫 아담과 달리 그리스도께서 행위 언약의 조건을 충족시켰기 때문에, 이제 인간은 원초적 협약의 열매, 곧 영생을 예수 그리스도에 대한 믿음 안에서 거둘 수 있게 되었습니다.[57] 우리에게는 은혜 언약이지만, 그리스도 자신에게는 율법에 대한 순종이 행위 언약의 성취인 셈입니다. 그리고 그는 그렇게 이루신 의를 우리에게 값없이 주셨습니다. 대요리문답 30문은 은혜 언약이라는 방편을 통해서 그리스도께서 우리에게 주시는 것을 설명하고 있습니다. 죄책은 언약이라는 법적 조문에 근거해서 하나님의 의가 전가됩니다. 이것을 이중 전가(double imputation)라고 합니다. 구체적으로 전가된 하나님의 의는 그리스도의 능동적 순종과 수동적 순종입니다.

이중에 논란이 되는 것은 그리스도의 능동적인 순종입니다. 현대 북미의 개혁교회에서 이단으로 정죄된 페더럴 비전(Federal Vision)은 신율주의 경향으로 능동적 순종의 전가를 부인할 뿐만 아니라 행위 언약도 부인합니다. 반율법주의에 기울어진 자들도 이를 부인합니다. 역사적으로 능동적 순종의 전가를 부정하는 여러 사례가 있었습니다. 아르미니우스 신학자들도 부인했습니다.[58] 페더럴 비전이 이렇게 나오게 된 데는 현대 교회의 이신칭의가 신자의 윤리적인 삶을 무너뜨린다는 판단이 담겨 있습니다. 그래서 행위 언약을 부정하고 모든 언약을 은혜 언약으로 환원합니다. 그들에게 언약이란 그리스도와의 연합입니다. 은혜를 지나치게 강조하다보니 율법과 윤리 문제에서 균형이 무너진 것입니다. 그것을 신자가 보여야 할 필요가 생긴 것이죠. 그래서 그리스도의 능동적인 순종의 전가를 부정하게 됩니다. 페더럴 비전은 우리가 은혜 언약 안에 있다면 필연적으로 순종하는 삶이 열매로 맺힌다는 것을 강조하기 위해서 율법에 대해 순종하는 것을 그리스도의 공로로 돌리지 않고 우리가 해야 할 의무로 가지고 온 것입니다. 원래 이것은 로마 가톨릭의 견해입니다. 그들은 수동적 순종은 전가될 수 있어도 능동적 순종은 전가될 수 없다고 했습니다.[59] 반대로 반율법주의로 기운 자들도 칭의가 모든 것을 이루고 성화는 자동성을 띠기 때문에 십자가를 강조하지만 윤리적 삶은 도외시합니다. 이러한 신학적 특징은 그리스도의 수동적 순종의 의로 충분하기 때문에 능동적 순종과 행위 언약을 부인하게 됩니다.

그러나 개혁신학의 정통 교리는 첫 범죄로부터 후손에게 행위 언약을 따라 죄책이 전가되듯이 그리스도가 순종하신 의도 은혜 언약을 따라 믿음의 영적인 후손에게 전가됩니다. 이 두 가지는 평행을 이룹니다.[60] 죄책은 행위 언약을 따라서 직접적(immediately)으로 전가(imputation by God)됩니다. 그리스도가 이루신 의도 은혜 언약을 따라 직접적으로 영적인 후손에게 전가됩니다. 죄책과 의는 모두 언약을 따라 전가되는데 이는 법적 개념을 함의합니다. 중간에 매개가 없이 전가되는 것도 법에 따른 집행을 뜻합니다. 그리스도에게 의는 실제적이지만 우리 자신에게 의는 법정적(forensic)입니다. 그에 비해 26문에서 살펴본 것처럼 오염은 간접적(mediately)으로 생식(conception)에 의해서 부모를 매개로 전달(propagation by parents)됩니다. 전가가 법정적이고 선언적이었다면 오염은 실제적이고 경험적입니다. 범죄가 우리 본성에 침투해서 전 영역으로 퍼지며 타락하지 않은 곳이 없게 됩니다. 태아에게는 순결한 영혼이 주입됨에도 불구하고 오염된 씨(impure seed)가 부모로부터 전달되어서 본성상 부패한 존재가 되며 우리 영혼도 부패로 오염되는 것입니다. 그리스도의 출생이 동정녀에게서 성령을 따라 된 것도 바로 아담의 씨가 아니라 창세기 3:15의 여자의 씨에 대한 성취이자 아담의 죄책을 전가 받지 않아야 그리스도가 죄 없으신 참 사람으로서의 지위를 얻을 수 있기 때문입니다.

로마 가톨릭의 능동적인 순종을 부인하는 이유

그렇다면 왜 로마 가톨릭은 그리스도의 능동적인 순종을 부인할까요? 능동적인 순종이 성취되었다고 하면 선행이 결여될 것이라고 생각한 것입니다. 같은 이유로 페더럴 비전도 행위 언약과 능동적인 순종을 부인합니다. 그런 점에서 이 장면은 현대의 여러 논쟁들과 닮아 있습니다. 오늘날 종교개혁 전통의 그리스도인들의 삶에서 선행을 찾을 수 없게 되자 종교개혁 이전 시기의 로마 가톨릭처럼 능동적인 순종을 부인하는 데로 돌아가려는 신학적인 작용이 일어나고 있는 것입니다. 패더럴 비전의 경우 지나치게 은혜를 강조하다가 균형을 잃어 행위에 대한 강조가 유입되었다면, 로마 가톨릭은 은혜에 행위를 개입시켜 균형을 잃어버렸습니다. 16-17세기 신학자 피스카토(Piscator)는 그리스도께서 아담의 첫 죄책 중에서 "반드시 죽으리라"는 벌책을 십자가의 대속, 곧 수동적인 순종으로 치러주셨다고 믿지만 아담의 첫 범죄의 범책인 "선악을 알게 하는 나무의 열매를 따먹는" 불순종에 대해서는 값을 치러주지 않으셨다고 믿습니다. 로마 가톨릭은 그리스도께서는 대신 지신 벌책으로 얻으신 의를 신자에게 "주입"하셨고, 신자 스스로 아담이 순종하지 못했던 범책에 대해 순종하게 함으로써 자신의 구원을 완성하게 하셨다고 말합니다. 이로 인해 우리에게 순종을 요구하고 이것을 구원의 공로의 일부로 편입하려는 신학이 일어나게 되었습니다. 아담의 범죄 중 선악을 알게 하는 열매를 먹는 것이 범책이고 반드시 죽게 되는 것이 벌책입니다. 그리스도의 수동적 순종은 바로 이 벌책을 치르신 것이고, 그리스도의 능동적 순종은 바로 이 범책의 대가를 지불하신 것입니다. 벌코프에 의하면, 범책은 범죄 행위자에게 영구히 부과되며 용서나 칭의에 의해 제거되는 것이 아니며, 칭의 이후에도 생득적으로 처벌받아야 할 것으로 남습니다.[61] 그래서 그리스도는 행위 언약의 성취자이십니다. 그런데 가톨릭은 능동적인 순종을 부정합니다. 그리고 이것은 우리가 채워넣어야 할 구원의 공로로 보는 것입니다.

이런 이유 때문에 대죄와 소죄에 대한 구분이 발달하게 되었습니다. 그래서 대죄와 소죄를 구분하고 영원한 형벌을 부르는 치명적인 죄(*peccata mortalia*)[62]는 첫째, 십계명과 같은 심대한 문제와 관련한 죄(*materia gravis et insuper*)이면서, 둘째, 그에 관한 충분한 지식(*plena conscientia*)이 있음에도, 셋째, 의도적인 동의(*deliberato consensu*)에 의해서 죄를 범하게 될 때, 이 죄를 죽음에 이르는 죄라고 규정했습니다. 개혁신학과 달리 이러한 신학에서는 참 신자라더라도 은혜의 단계에서부터 타락할 수 있다고 가르칩니다. 이러한 치명적 죄, 곧 하나님의 무거운 법을 어기는 것은 사람의 중심에 사랑을 파괴하는 것이기 때문에[63] 피해야 합니다. 이러한 치명적인 죄는 모두 7가지 죄악(*septem peccata mortalia*)이며, 그것은 교만(*superbia*), 탐욕(*avaritia*), 시기(*indivia*), 식탐(*gula*), 호색(*luxuria*), 분노(*ira*), 나태(*acedia*)입니다. 이런 죄에 빠지게 되면 주입되었던 그리스도의 수동적 순종의 의가 파괴될 수 있고 구원을 잃어버릴 수 있다고 여겼습니다. 그러나 개혁신학은 모든 죄가 우리를 사망에 이르게 할 만큼 무거우면서도 충분히 심각한 죄라고 설명합니다. 이에 대해 대요리문답 152문은 아래와 같이 밝힙니다.

152문. 모든 죄가 하나님의 손에서 마땅히 받아야 할 보응이 무엇입니까?

답. 모든 죄는 아무리 그것이 작은 것이더라도[1] 하나님의 주권과 선과[2] 거룩하심에 거스르는 것이며,[3] 그의 의로운 율법도 거스르는 것이므로[4] 이 세상에서뿐만 아니라[5] 다가 올 세상에서도[6] 하나님의 진노와 저주를 받기에 마땅하니[7] 그리스도의 피가 아니고서는 속죄될 수 없습니다.[8]

1) 약 2:10-11, 2) 출 20:1-2, 3) 합 1:13, 레 10:3, 레 11:44-45, 4) 요일 3:4, 5) 애 3:39, 신 28:15-17, 6) 마 25:41, 7) 엡 5:6, 갈 3:10, 8) 히 9:22, 벧전 1:18-19.

그럼 왜 로마 가톨릭은 대죄와 소죄를 구분했을까요? 이는 소죄에 대한 설명을 보면 어렵지 않게 짐작할 수 있습니다. 소죄(peccata venialia)[64]는 대죄와는 달리 사망에 이르지 않고 일시적 죄의 형벌(poenae peccati temperales)을 받는다고 가르칩니다. 이와 같은 소죄(venial sin)의 조건은 첫째, 가벼운 문제에 대해서 죄를 범한 경우로, 예컨대, 십계명에 걸리지는 않지만 맘에 걸리는 경우, 둘째, 심각한 문제라도 충분한 지식이 없는 경우, 셋째는 심각한 문제라도 의도적 동의가 없는 경우를 가리킵니다. 소죄는 대죄처럼 하나님과 맺은 언약을 해체하지 않지만[65] 소죄를 방치할 경우, 사랑을 약화시키며 소죄라 하더라도 회개치 않고 지속적으로 행하게 되면 신자는 대죄를 범하는 데로 점점 이끌리게 됩니다. 그래서 이러한 대죄와 소죄의 구분은 주의와 경계의 목적을 일정 부분 함의하고 있다고 볼 수 있습니다.

16세기 당시 로마 가톨릭은 그리스도의 속죄의 효력을 설명할 때 개인이 지은 믿음을 갖고 회개하면 대죄의 범책(potential guilt, *reatus culpae*)은 모두 사함을 받지만 벌책(actual guilt, *reatus poenae*)은 영원한 것에서 일시적인 것으로 바뀐다고 보았습니다.[66] 다시 말해서, 아담이 최초로 범한 범죄의 죄책에 있어, 범책으로서의 '선악을 알게 하는 나무의 열매를 따먹는 행위'에 대해서는 사함을 받지만, 벌책으로서의 '사망의 형벌'은 영원한 것에서 일시적인 것으로 바뀌어서 우리가 순종을 통해 갚아야 한다고 본 것입니다. 로마 가톨릭의 원죄 교리는 그리스도의 능동적인 순종을 부인하고 있습니다. 자범죄에 있어서도 벌책을 자신의 순종으로 인한 구원의 공덕으로 만들고, 갚지 못하면 연옥에 가게 된다고 가르치고 있는 것이죠. 결국 자신이 범한 범죄에서 발생하는 범책과 벌책은 자기가 져야 하는 짐이며 그리스도의 속죄의 대상이 아니라고 본 것입니다.

그런데 20세기 들어와서 로마 가톨릭의 교리가 일부 바뀌게 됩니다. 이 변화는 종교개혁 전통이 미친 긍정적인 영향이라고 할 수 있지만 여전히 로마 가톨릭은 행위구원론에 머물러 있습니다. 대죄에 관한 범책과 벌책은 그리스도의 십자가의 대속으로 모두 사함을 받는다고 설명하는 것으로 바뀌었습니다. 그러나 여전히 소죄에 대해서는 16세기와 동일하게 구원의 공덕을 쌓아야 한다고 말합니다. 즉 첫째, 죄를 깨닫는 순간 회개해야 하고 둘째, 회개한 내용을 사제에게 고해성사(penence scramenta)를 해야 하고, 셋째, 사제가 정한 보속을 따라 공덕의 행위들, 곧, 기도, 금욕, 선행, 고행 등의 보속을 행한 후, 넷째, 사제가 사죄 선언하므로 죄가 사해진다고 가르칩니다. 이런 가르침을 통해서 로마 가톨릭은 신자의 선행을 강화하려고 했지만 구원에서 인간이 거기에 참여하는 행위구원론을 만들고 맙니다.

그리스도의 능동적 순종을 인정함에도 개혁신학이 여전히 윤리적인 이유

이에 비해 개혁신학에서는 그리스도께서 아담이 실패한 행위 언약에 대해서 능동적이며 수동적인 순종을 통해서 우리가 받아야 할 범책과 벌책을 모두 치르셔서 우리의 벌책을 영원히 제거하셨다고 설명합니다. 은혜 언약을 도입하기 위해 그리스도는 자신의 능동적·수동적 순종으로 행위 언약의 조건들을 충족시켜야 했고 또 실제로 그렇게 하셨습니다.[67] **그리스도께서 능동적 순종의 모든 조건을 전부 충족시켰다면, 왜 신자는 "믿음"과 "성화"의 노력을 여전히 해야 할까요?** 사실 많은 사람들이 이런 의문에 제대로 답변하지 못합니다. 오히려 어떤 이들은 이런 상황을 정당화하기도 합니다. 예컨대, 이 문제를 해결하고자 몇몇은 구원파 또는 하나님의 주권을 극단적으로 정당화해서 실제로 신자는 아무것도 할 것이 없는 것처럼 이해하는 극단적 칼뱅주의(hyper-Calvinism)로 기울어지기도 합니다. 패더럴 비전이 은혜 언약을 강조하다가 동일한 패착에 빠진 것도 이것을 제대로 이해하지 못했기 때문입니다. 이런 현상은 종교개혁신학을 제대로 이해하지 못한 폐해라고 할 수 있습니다. 은혜를 지나치게 강조하다보니 행위 언약을 은혜 언약으로 다 환원해버린 것입니다. 거기서 무너진 균형은 그리스도의 능동적 순종을 부인하는 데 이르고 맙니다. 그것은 결국 "순종=믿음"의 등식을 만듦으로 믿음 안으로 일부 공로를 가지고 들어오는 로마 가톨릭의 구조로 회귀하게 합니다. 새관점의 신학도 마찬가지입니다. 새관점은 칭의를 유보하므로 신자의 윤리를 확보하려는 신학적인 시도입니다.

개혁신학은 모든 구원의 공로가 그리스도께만 있다고 말하면서도 윤리의 문제에 있어 열등하지 않습니다. 그렇게 "오직 믿음"이라고 말하면서도 여전히 신앙적인 동기와 윤리가 무너지지 않는 이유가 무엇일까요? 이는 두 가지로 설명할 수 있습니다. **첫째, 그리스도께서 전적으로 우리의 구원을 이루셨지만 그렇게 이루신 구원의 예정이 역사적으로 실현되는 데는 여러 방편을 정하셨다는 것입니다.** 다시 말해서, 그리스도께서 능동적인 순종과 수동적인 순종을 온전히 다 성취하셨다고 해서 믿음과 성화의 방편

없이 기계적이고 자동적으로 우리의 구원이 이뤄진다고 말하지 않습니다. 그리스도께서는 승귀하셔서 역사 속에서 이루신 구원의 일을 초월 속에 두셨고 믿음으로만 접근할 수 있게 하셨습니다. 경험할 수 없는 초월 속의 칭의는 경험할 수 있는 내재 속의 성화를 통해서 확인될 수 있습니다. 무한이신 하나님께서 자기를 제한하심으로 역사 속에서 구원을 이루시고 유한 속에서 무한을 만나게 하셨습니다. 성화를 통해 칭의가 확증됩니다. 물론 개혁파는 그리스도가 자기를 제한하시는 동안에도 무한을 버리신 일이 없다고 가르칩니다(*extra calvinisticum*). 이것은 그리스도가 내적으로도 초월과 내재가 동기화되어 있음을 보여주며 무한을 유한에 담으시는 것을 보여줍니다. 하나님은 믿음이라는 단자를 우리 안에 두심으로 말미암아 우리가 초월이며 무한이신 그리스도와 연결되도록 하셨습니다. 그 결과로 우리 삶에 이뤄지는 구원의 열매가 성화입니다.

실제로 대요리문답 98-148문에서는 성화의 준거로서 신자의 삶을 규정하는 십계명을 해설하고 나서 로마 가톨릭이 대죄와 소죄를 규정한 3가지 규정과 유사한 항목을 두고 있습니다. 그리스도께서 우리의 구원을 다 이루셨음에도 불구하고, 율법에 대한 순종을 말하면서 세 가지 조건을 말합니다. 첫째, 우리는 율법의 요구를 다 만족시킬 수 없습니다(149문). 둘째, 크든 작든 모든 죄는 진노와 저주가 마땅합니다(152문). 셋째, 그럼에도 불구하고 이 죄에는 경중이 있는데, 이는 가톨릭보다 훨씬 중하고 많은 조항을 들어 이를 경고합니다(150-151문). 대죄의 성경적 근거는 요한 사도가 말한 "형제가 사망에 이르지 아니하는 죄 범하는 것을 보거든"라는 말씀입니다(요일 5:16). 대죄를 뜻하는 라틴어 "*peccata mortalia*"는 "죽음에 이르는 죄"라는 의미입니다. 대죄이든지 소죄이든지 죄에 합당한 형벌이 죽음이라는 점에서 루터파와 개혁파는 사실상 중세적인 이 구분에 동의하지 않았습니다. 그러나 그럼에도 불구하고 죄가 경중이나 대소가 있다고 말하고 있습니다. 그와 같은 경중은 150-151문에서 확인할 수 있습니다. 개혁신학은 죄에 대한 조금 다른 구분을 가지고 있었는데, 마음의 죄(*Peccata cordis*), 입술의 죄(*Peccata oris*), 행위의 죄(*Peccata operis*)로 나누었습니다.**68** 이 구분은 대요리문답 151문의 제3항에 반영이 되어 있습니다. 대요리문답은 죄에 대한 경고로 끝나지 않고 바로 이어서 그리스도의 능동적인 순종과 수동적인 순종의 은택이 실제로 우리 삶에서 적용되는 방편을 설명합니다(154-196문). 그리스도가 이루신 구원이 내적으로는 믿음이라는 방편을 통해서, 외적으로는 은혜의 방편들을 통해서 성령의 일하심에 따라 우리 삶에 실제가된다는 사실을 75문을 통해서 보여줍니다.

75문. 거룩하게 하심이란 무엇입니까?

답. 거룩하게 하심은 하나님께서 하신 은혜의 역사입니다. 이 때문에 하나님께서 세상을 창조하시기 전에 거룩하게 하시려고 택하신 사람들이, 때가 차서 성령의 강력한 역사를 통하여[1] 그리스도의 죽으심과 부활하심이 그들에게 적용되어,[2] 하나님의 형상을 본받아 전존재가 새롭게 됩니다.[3] **생명에 이르는 회개의 씨와 그 밖의 모든 구원의 은혜들이 그들의 마음에 심겨지고,[4] 그 은혜들이 각성되고 증가되고 강화되므로,[5]** 그 택하신 사람들은 점점 더 죄에 대해서는 죽게 되고, 생명의 새로움으로 다시 살게 됩니다.[6]

1) 엡 1:4; 고전 6:11; 살후 2:13, 2) 롬 6:4-6, 3) 엡 4:23-24, 4) 행 11:18, 요 3:9, 5) 유 1:20; 히 6:11,12; 엡 3:16-19; 골 1:10-11, 6) 롬 6:4,6,14, 갈 5:24.

그리스도가 이루신 공로의 완전함에도 불구하고 개혁신학이 결코 윤리적으로 방만해지지 않는 **두 번째 이유는 예수 그리스도께서 모든 대가를 지불하신 일이 개인의 역사와 인격과 삶에서 이루어진 실제가 아니라는 점입니다.** 무한이신 성자께서 참사람으로서 자기를 제한하시고 거기서 이루신 구원을 무한으로 확장하심으로 그 구원을 완성하셨고, 유한한 인간이 무한과 연결되도록 하셨습니다. "오직 믿음"의 원리로 이것이 우리에게 실제로 적용되는 이유는 믿음이란 심겨진 성향이 그리스도와 연합을 이루기 때문입니다. 구원은 그리스도의 능동적인 순종과 수동적인 순종의 공로로 얻은 "하나님의 의"에만 있습니다. 우리는 성령의 연합하게 하심으로 이 의로움에 연결됩니다. 아담의 첫 범죄로 인해 범책(potenial guilt)이 벌책(actual guilt)으로 실현된 것처럼 구원에 이르는 믿음으로 인해 습관으로서 믿음(*habitus fidei*)이 행하는 믿음(*actus fidei*)으로 나타나게 됩니다. 이는 이루신 구원을 적용하시는 사역 곧 성화 때문입니다.

오늘날 많은 사람들이 삶에서 성화를 찾아보기 어렵다고 말합니다. 왜 그럴까요? 첫째는 위와 같은 신학적인 이해의 결여 때문입니다. 그리스도가 이미 이루셨지만 이것이 실제가 되도록 신자는 마땅히 자신의 삶에서 성화와 그 증거가 나타나도록 힘써야 함에도 그것이 결여되어 있기 때문입니다. 성화에 힘쓰려면 신자는 은혜의 수단을 부지런히 사용해야 하고 은혜의 수단을 제공하는 교회 공동체와 결탁해야 합니다. 그러나 오늘날 많은 사람들이 은혜의 수단을 사용하는 일에서 게을러졌으며 그것을 제공하는 교회 공동체와의 관계에 문제가 생겼습니다. 이 부분은『핵심감정 치유』의 부록을 참고하시기를 바랍니다. 제가 단언해서 말합니다. 단 한 번도 죄의 세력으로부터의 자유를 경험해보지 못한 사람은 교회를 다녀도 신자가 아닙니다. 내적인 성령의 역사로 그리스도의 능동적인 순종과 수동적인 순종이 믿음과 연합하여 적용되어야 삶의 실제로 나타납니다. 그래서 우리를 점점 더 죄에 대해 죽고 생명에 대해서는 살게 하는 대로 나가야 한다는 것을 강조하고자 합니다. 성령의 도우심 가운데 믿음과 성화의 노력을 기울임으로써 그리스도께서 이루신 능동적이며 수동적인 순종이 믿음 생활에서 실현되어야 합니다.[69] 그런데 오늘날 교회들은 죄의 경중을 가볍게 여기고 칭의를 구원의 완성으로 생각하다보니 믿음의 실제로서 성화를 결여하게 된 것입니다. 칭의가 구원의 완성이 맞지만 그것이 개인의 삶에서 적용되어 실제가 되기까지 하나님께서 방편을 정해두셨고 그 방편을 통해서 이 법정적인 사건이 실제 경험되는 사건이 됩니다. 교회는 이런 이해를 모두 잃어버렸으나, 교회가 그 은혜의 수단을 제공한다는 사실을 잊지 말아야 합니다. 은혜의 수단은 말씀과 성례와 기도이며 교회의 표지는 말씀과 성례와 권징인 것도 이런 맥락입니다. 오늘날 성화가 드문 이유는 이런 교회로부터 우리 삶이 분리되었기 때문입니다.

개혁신학이 여전히 대죄와 소죄를 인정하지 않으면서도 여전히 구분하는 이유

개혁신학 역시 범책에서 죄의 경중을 구분하지만 이에 대한 형벌에 차이를 두지 않는다는 것을 살펴봤습니다. 형벌에 차이를 두지 않으면서 왜 죄의 경중을 구분을 했을까요? 만약 이런 구분을 하지 않는다면 무슨 일이 발생할까요? 사실 오늘 많은 개신교 신앙인들은 이런 교육을 받아왔습니다. 사실 그렇지 않습니까? 그리스도가 다 하셨고 회개하면 다 용서받는데 그걸 구분할 이유가 없는 것이죠. 그러다 보니 실제로 개신교인들은 죄를 범하는 것과 회개하는 일이 빈번하면서도 그것을 아무렇지 않게 생각하며, 자신의 그런 삶을 "전적 부패"의 교리로 합리화합니다. 왜 대요리문답은 도덕법으로서 십계명(98-148문)을 해설한 다음 다 지킬 수 없다고 밝힌 후에(149문) 중세 신학과 달리 형벌의 차이를 인정하지 않으면서도(152문) 여전히 죄의 경중과 대소를 구분했을까요? 대요리문답은 로마 가톨릭 신학과 같으면서도 다릅니다. 다른 지점은 모든 죄가 다 같다고 말하고 그리스도께서 구원을 다 성취하셨다는 말입니다. 이 말은 자칫 우리는 아무것도 안 하고 가만히 있기만 하면 된다는 인상을 만들 수 있습니다. 실제로 부작용이 여러 곳에서 목격되기도 합니다. 그런 점에서 죄의 경중의 구분은 은혜의 수단을 어떻게 사용하느냐에 따라 신앙으로 나아갈 수도 있고 신앙에서 멀어질 수도 있음을 경고합니다. 다른 지점은 십계명으로 대표되는 율법이 성화의 준거(norm of santification)가 된다는 점입니다. 마치 아이가 자랄 때 집에 키 재는 도구를 벽에 붙여두고 우리 애가 얼마나 자랐는지를 살피는 것처럼, 율법은 신자가 얼마나 자랐는지를 살피는 준거의 역할을 합니다. 그리고 그 자람의 최종 도달점이 바로 두 번째 아담으로서 그리스도가 이루신 위치입니다. 이는 우리 노력이나 행위가 아니라 믿음으로 그리스도가 이루신 공덕에 붙어 있음으로 인해서 동시 발생하는 은혜가 지배한 결과로서의 자람입니다. 우리는 그리스도의 대리인으로서 만물을 다스리는 교회의 지위를 회복하는 데까지 자랍니다(엡 1:22-23). 율법은 지키기 위해서 주어져 있지 않고 자람을 확인하기 위해서 주어져 있습니다. 신자의 회심은 자연적인 덕 위에 신학적인 덕을 산출합니다. 이 은혜의 습관이 그리스도를 통해서 삼위하나님을 보게 하고(믿음), 종말을 전망함으로써 현재를 해석하게 하고(소망), 타자관계 속에서 자기를 정의함으로써 율법이 이루어지도록 소통하게 합니다(사랑). 이 관계 맺음의 덕들로 인해서 선행이 열매로 주어지는 것입니다. 우리가 받은 새 언약은 돌판에 새긴 율법이 아니라 마음에 새긴 율법입니다. 마치 영혼을 위한 자기공명촬영기(MRI)와 같습니다. 그래서 이것을 율법의 제3용도라고 부릅니다.

개혁신학과 율법의 제3용도

율법의 용도(usus legis)[70]는 종교개혁 당시 복음을 이해하는 핵심적인 논쟁 중 하나였습니다. 실제로 루터파와 개혁파는 이 부분에서 의견을 달리하기도 했습니다. 개혁신학은 제1용도를 "죄를 억제하는 시민법적인 용도(usus civillis)"로, 제2용도를 불택자에게는 바로처럼 완고해지는 "정죄의 용도(usus elenchticus)"이자 택자들에게는 "그리스도께로 나아가도록 간접적으로 이끄는(compulsus indirectus ad Christum) 몽학선생의 용도(usus paedagogicus)"로, 제3용도를 "규범적 용도(usus normativus)"로 정의합니다. 특히 제3용도는 수준, 의도, 용도, 범위에서 **자연법이 지닌 규범성과는 현격하게 큰 차이**가 납니다. 예컨대, 간음이나 살인에 대해서 그리스도께서 산상수훈을 통해서 가르친 바는 예레미야와 에스겔이 예언한 마음에 새긴 율법이며, 원래 율법이 가진 본래적인 목적의 성취로서 마음의 동기에 이르기까지 적용되는 것으로서, 순종은 중생자만이 할 수 있는 것입니다.

만약 그리스도의 능동적인 순종을 부정하는 로마 가톨릭신학이 선행에 대한 필요 때문에 대죄와 소죄를 구분할 필요가 있었다면, 오로지 그리스도의 순종만이 우리 구원의 공로라고 믿고 법정적인 칭의와 실제적인 성화를 구분한 우리는 얼마나 더 그래야 할까요? 그 구원의 예정이 우리 삶에 적용되는 성화를 위해서 은혜의 수단을 사용해야 하는 개혁신학은 얼마나 더 그래야 할 필요가 있겠습니까? 이것이 종교개혁신학이 중세 신학과 달리 칭의와 성화를 나눈 이유이기도 합니다. 주님께서 이루신 완전한 구원이 믿음과 은혜의 방편이라는 수단을 통해서 신자의 삶에서 실제가 되도록 하는 데 있어서 죄의 경중의 구분은 그 일이 어디쯤 와 있는지, 얼마나 내가 구원과 성화에서 자라 있는지를 알려주는 역할을 합니다. 대요리문답 149문은 신자가 **지나치게 율법을 지키려고 노력함으로 인해** 구원의 확신에서 멀어져 가는 것을 막아주고, 150-151문은 신자의 삶에서 **심각해지는 죄의 증후를 파악하고 조속히 회개하며 믿음으로 돌아서도록 돕는 역할**을 합니다. 152문은 형벌과 진노가 **그리스도의 대속이 아니고서는 속죄될 수 없는 것이라는 것을 환기시키며 믿음만 의지**하게 합니다. 이 진노 앞에 선 신자는 믿음과 회개를 반복하며 은혜의 수단을 의지할 때만 이 법정적인 칭의가 우리 삶에 실제가 될 수 있습니다(153문). 그리고 154-196문까지 은혜의 방편을 설명하고 있습니다. 대요리문답은 신자가 자신의 구원에 대해서 불안해 하지 않도록 위험의 증후에 대해 주의를 기울이면서 믿음 안에서 장성할 수 있도록 권면합니다. 그중에서 150-151문을 한번 살펴봅시다.

150문. 하나님의 율법을 범한 죄는 그 자체들에서, 그리고 하나님 보시기에 똑같이 극악한 것입니까?

답. 하나님의 율법을 범함은 **모든 죄가 똑같이 극악한 것이 아닙니다.** 어떤 죄는 그 자체로, 여러 **악화시키는 요소가 있기** 때문에 하나님 보시기에 다른 죄보다 더 극악합니다.[1]

1) 요19:11, 5:16; 겔8:6, 13, 15; 시8:17, 32, 56.

151문. 어떤 죄가 다른 죄보다 더 극악한 죄로 악화되는 이유는 무엇입니까?

답. 어떤 죄는 다음과 같은 데서 더 악화됩니다.

1. 범죄자를 따라서 악화되는 경우[1]

그들의 연령이 높거나[2] 더 많은 경험이나 은혜를 받았거나[3] 직업,[4] 재능,[5] 지위,[6] 직분[7]에서 탁월하고[8] 다른 사람들의 지도하고, 그들이 따를 만한 모범이 될 수 있는 경우, 더욱 그렇습니다.[9]

2. 피해자를 따라서 악화되는 경우[10]

범죄가 하나님과[11] 그 속성과[12] 그를 예배하는 일에 대항하였거나[13] 그리스도와 그 은혜에 대항하였거나[14] 성령과[15] 그 증거 역사에 대항하였을 경우 그렇습니다.[16] 윗사람들, 탁월한 사람들을[17] 대항하였거나[18] 특별히 관계에 있고 우리가 의무를 행해야 할 사람들에 대항하였거나[19] 성도들,[20] 특별히 연약한 성도들 전체나[21] 개인의 심령을 대적했거나 모든 사람[22] 혹은 그들의 공익을 해쳤을 경우에 더욱 그렇습니다.[23]

3. 범죄의 성격과 질에 따라서 악화되는 경우[24]

명시적 율법을 범했거나[25] 많은 계명을 범했으므로 거기에 많은 죄가 포함되어 있거나[26] **마음**에 품었을 뿐 아니라 **말**과 **행동**으로 나타내고[27] 다른 사람들을 중상하고도[28] **배상할 의지가 없다면** 그렇습니다.[29] 은혜의 방편,[30] 자비,[31] 심판,[32] 본성의 빛,[33] 양심적인 판단,[34] 공적 혹은 사적 훈계,[35] 교회의 권징,[36] 국가적 징벌을 **거스르면** 그렇습니다.[37] 하나님 혹 사람들을 향한 우리들의 기도, 목적, 약속,[38] 서약,[39] 언약,[40] 하나님이나 사람과 맺은 약속을 거슬러도 그렇습니다.[41] 일부러[42] 불손하고[43] 자랑삼아[44] 염치없고[45] 거만하고[46] 악하게[47] 자주,[48] 완강히,[49] 즐겨[50] 계속해서[51] 혹은 회개한 후에 다시 타락함으로 죄를 범하는 경우에 그렇습니다.[52]

4. 때와[53] 장소[54]의 상황에 따라서 악화되는 경우

주일[55]이나 거룩한 예배 중이나[56] 예배 전이나[57] 직후에[58] 실수를 했는지 따라서 죄를 범하면 그렇습니다.[59] 그런 실수를 미리 막거나 고칠 수 있는 도움이 있었는지 혹은 공개 석상이나 다른 사람들 앞에서 그렇게 함으로 그들이 선동되거나 타락하기 쉬운 경우에 죄를 범하면 그렇습니다.[60]

1) 렘 2:8, 2) 욥 32:7, 9, 전 4:13, 3) 왕상 11:4, 9, 4) 삼하 12:14, 5) 약 4:17, 6) 렘 5:4–5, 7) 삼하 12:7–9, 겔 8:11–12, 8) 롬 2:17–25, 9) 갈 2:11–14, 10) 마 21:38–39, 11) 삼상 2:25, 행 5:4, 시 51:4, 12) 롬 2:4, 13) 말 1:8, 14, 14) 히 2:2–3, 15) 히 10:29, 마 12:31–32, 16) 엡 4:30, 17) 히 6:4–6, 18) 유 1:8, 민 12:8–9, 사 3:5, 19) 잠 30:17, 고후 12:15, 시 55:12–15, 20) 습 2:8, 10–11, 마18:6, 고전 6:8, 계 17:6, 21) 고전 8:11–12, 롬 14:13, 15, 21, 22) 겔 13:19, 고전 8:12, 계 18:12–13, 마 23:15, 23) 살전 2:15–16, 수 22:20, 24) 잠 6:30–35, 25) 스 9:10–12, 왕상 11:9–10, 26) 골 3:5, 딤전 6:10, 잠 5:8–12, 잠 6:32–33, 수 7:21, 27) 약 1:14–15, 마 5:22, 미 2:1, 28) 마 18:7, 롬 2:23–24, 29) 신 22:22, 신 22:28–29, 잠 6:32–35, 30) 마 11:21–24, 요 15:22, 31) 사 1:3, 32) 암 4:8–11, 렘 5:3, 33) 롬 1:26–27, 34) 롬 1:32, 딛 3:10–11, 35) 잠 29:1, 36) 딛 3:10, 마 18:17, 37) 잠 27:22, 잠 23:35, 38) 시 78:34–37, 렘 2:20, 렘 42:5–6, 20–21, 39) 전 5:4–6, 잠 20:25, 40) 레 26:25, 41) 잠 2:17, 겔 17:18–19, 42) 시 36:4, 43) 렘 6:16, 44) 민 15:30, 출 21:14, 45) 렘 3:3, 잠 7:13, 46) 시 52:1, 47) 요삼 1:10, 48) 민 14:22, 49) 슥 7:11–12, 50) 잠 2:14, 51) 사 57:17, 52) 렘 34:8–11, 벧후 2:20–22, 53) 왕하 5:26, 54) 렘 7:10, 사 26:10, 55) 겔 23:37–39, 56) 사 58:3–5, 민 25:6–7, 57) 고전 11:20–21, 잠 7:14–15, 요 13:27, 30, 59) 스 9:13–14, 60) 삼하 16:22, 삼상 2:22–24.

은혜의 방편이 더 효과적으로 사용되도록 돕는 핵심감정 치유

우리 삶에서 죄가 심화되지 않도록 대요리문답은 기준을 제시하고 있지만 이는 그저 보편적인 기준일 뿐입니다. 이런 기준에도 불구하고 우리는 현실에서 유사한 죄들을 반복합니다. 그리고 이런 요리문답에 대한 지식 자체가 그 반복과 악화를 멈출 어떤 역할을 하지 못합니다. 물론 은혜의 방편들을 잘 활용한다면 형편은 달라지겠지만 그렇게 잘 활용하는 사람이 악화될 리도 없습니다. 오히려 대다수의 그리스도인은 제대로 은혜의 방편을 활용하지 못하는 형편에 놓여 있습니다. 152문의 지적을 개인적인 사례와 개인적인 특징에 맞게 자신의 죄의 자질을 이해하고 이를 지울 수 있도록 돕는 것이 핵심감정 치유의 목적입니다. 행위 언약이 요구하는 순종이라는 조건을 위반함으로 인해 오염이 "전달"되듯이, 은혜는 은혜 언약이 요구하는 믿음이란 조건 아래서 우리에게 "주입"됩니다. 성화는 회개의 씨가 심기고 성령을 매개로 우리 몸과 영혼에서 습성으로서의 죄(*peccatum quoad habitum*)가 제거되는 일입니다. 자연 상태에서 우리가 성장하며 획득된 습성이 바로 핵심감정입니다. 핵심감정은 모든 사고와 행동과 감정이 발현되게 하는 내적 체계이자 틀입니다. 핵심감정을 정의하자면 아래와 같습니다.

> "…핵심감정이란 현재에 살아 있는 과거의 감정이며 끊임없이 반복한다. 초기 아동기 경험에 의해서 주로 형성되고 외부 자극에 대해서 일정한 패턴으로 움직이는 마음상태. 핵심감정은 사랑받고 인정받고 싶은 욕구가 좌절되었을 때 주로 일어나며. 자신을 둘러싸고 있는 주변 사람들과의 관계에서 항상 작용한다.…핵심감정은 내가 자주 자연스럽지 못하고 걸리는 감정으로 심리적 아킬레스건이며 주로 아동기 때 정서적으로 영향을 많이 준 사람, 특히 부모 관계 속에서 형성되기 쉬우며 핵심감정과 관련된 즉, 핵심감정의 뿌리를 중심으로 파생된 감정들이 있고 매순간마다 작용하며 현재에는 사실이 아님에도 반복되는 가짜며 내가 과거에 만든 감정이며 지금, 여기(here & now)에서 사는 것을 방해한다. 그러나 핵심감정에도 건강한 면이 있는데 생존하기 위한 몸부림으로써 역동균형을 위해 발달할 부분이 존재한다.…모든 사람은 핵심감정에서 벗어나려고 끊임없이 애를 쓰고 있다."[71]

우리는 이런 부패를 제거하는 독립적인 행위자가 될 수 없습니다. 그러나 핵심감정의 치유는 무의식을 의식화해서 이성의 범위 안으로 가지고 오는 일입니다. 그렇게 우리 내적인 죄의 세력이 의식으로 확인되면 우리는 기도에 초점을 맞출 수 있고 그와 관련한 말씀의 교훈을 더 묵상할 수 있습니다. 핵심감정 공부는 은혜의 방편을 더 효과적으로 사용하도록 돕고, 은혜의 방편이 더 효과적으로 작용되는 영적 토양을 만듭니다. 성화의 방편은 내적으로는 믿음, 외적으로는 은혜의 수단 외에는 없습니다. 그럼에도 불구하고 성화는 하나님께서 인간에게 성령께 기도하고 지성으로 협력할 것을 요구함으로써, 부분적으로 이성이라는 도구를 통해 성화의 사역을 수행하는 것을 함의합니다.[72] 우리는 단지 우리 안에 부패한 본성이 의식으로 표면화하는 과정에서 이 핵심감정의 치유 과정을 사용할 뿐입니다. 핵심감정의 찾기, 보기, 지우기, 언약적인 인격주체 세우기의 4단계 과정에서 특히 찾기와 보기는 구도자 과정 혹은 준비하는 은혜라고 할 수 있으며 지우기와 언약적인 인격주체 세우기는 우리 삶의 실제적인 부분에 은혜의 수단을 적용할 수 있도록 합니다. 찾기와 보기는 우리 안의 부패를 구체적으로 드러내는 효과가 있습니다. 역설적이지만 구원은 죄와 부패를 기억하기에서 시작합니다. 물론 이것을 제대로 다루기 위해서는 이 과정에서도 은혜가 필요합니다. 우리 중에 어느 누가 자신의 비참을 제대로 목격하고 그것을 견딜 수 있습니까? 사실, 비참이 아니라 우리의 핵심감정도 제대로 목격하지 못해서 심리적 방어를 사용하고 회피하며 도망가는 것이 우리의 모습입니다. 옛 유행가 가사처럼, "바람만 불어도 고개를 돌리는 것"이 우리 모습입니다.

구원 얻는 믿음과 생명에 이르는 회개는 은혜가 있어야만 가능합니다.

믿음은 그리스도로 말미암아 우리에게 주어진 하나님의 의를 바라보는 것이요, 회개는 그리스도의 십자가의 대속 안에서 우리의 부패를 바라보는 것입니다. 이런 언약의 2중주는 우리 의식 구조 내에도 존재합니다. 언약은 4가지 조건으로 성립함을 이미 말씀드렸습니다. 예컨대, 첫째, 언약의 두 당사자로서 자기상과 하나님표상이 존재하고, 둘째, 언약 조항인 율법은 자아 이상과 양심으로서 존재합니다. 칼뱅은 이것을 자연법으로, 우르시누스는 자연언약으로 묘사했습니다. 실제로 성경은 율법이 없더라도 양심이 그와 같은 기능을 한다고 말하며, 우리 내면에 그와 같은 구조물이 존재한다는 것을 말씀합니다(롬 2:15). 셋째, 상급과 형벌은 시내산 언약과 모압-세겜 언약의 구조에서도 순종과 불순종에 따른 축복과 저주로 드러납니다. 이는 사랑과 미움이라는 추동이 정신에 표상됩니다. 그러한 육의 본성으로 인해 하나님표상은 우상 공장이 됩니다. 몸과 영혼의 추동이 자기, 타자, 하나님표상을 산출하므로 삼위일체적인 구조를 지니지만, 자기만족이 신이 될 뿐입니다.

결론: 성화와 핵심감정

개혁신학은 그리스도께서 이루신 구원이 완전하다고 말합니다. 이는 칭의뿐만 아니라 성화에서도 마찬가지입니다. 은혜의 외적이며 내적인 방편을 사용할 때 성령께서 구원을 우리에게 적용하시므로 하나님을 아는 지식이 하나님을 경험하게 합니다. 그 과정이 성화입니다. 핵심감정에 대한 더 자세한 내용은 『핵심감정 탐구』와 『핵심감정 치유』를 참고해 주시기를 바랍니다.

CHAPTER 02
구원과 핵심감정

여기서는 구원론과 핵심감정을 다룹니다. 그리고 칭의와 성화를 구분하는 신학적인 배경을 다루고, 죄의 세력으로부터 벗어나는 성화를 심리학적이며 영적인 관점에서 주로 다루겠습니다.

종교개혁 이전 시기의 인간 이해

중세 신학은 칭의와 성화를 구분하지 않고 의화라는 단일한 표현을 썼습니다. 지금 우리가 지닌 성경 해석, 그리고 삶의 방식으로서 칭의와 성화는 종교개혁의 산물입니다. 중세 신학은 원죄를 단지 "원의의 부재"로만 이해했습니다. 실제로 현재 로마 가톨릭교회는 원죄를 여전히 같은 방식으로 이해합니다. 예컨대, 『한국 가톨릭 대사전』의 정의를 보면, "원죄는… 원초적 거룩함과 의로움이 상실되기는 했지만 인간 본성이 온전히 타락한 것은 아니다"[73]라고 설명합니다. 이런 이해는 중세적인 방식이었으며 여전히 현대 로마 가톨릭이 지닌 이해이기도 합니다. 아퀴나스에 의하면, 원래 인간이 지음 받을 때 영혼에 속한 "이성"과 몸이라는 "하등한 능력(*inferiores vires*)"로 창조되었고 여기에 초자연적인 은사(*supernaluralis donum gratiae*)[74]가 더해지면 "이성"이 "하등한 능력"을 지배(suppress)하는 상태가 되는데, 이것이

"은혜 안에 창조"된 것이요, 이것을 이상적인 상태 또는 "조화"된 상태라고 생각했습니다. 어쨌든, 하나님께서는 창조 후 "원의"를 주시고 이 원의를 유지할 수 있도록 인간의 존재론적인 구성 요소(original constitution)가 아닌 더 하여진 은사, 곧 부가적인 은사를 하나님께서 덧붙여주신 것으로 생각했습니다.[75] 이 부가적 은사로 인해서 아담은 원의를 유지할 수 있었습니다.[76] 이렇게 유지된 원의는 인간이 타고난 자연적인 윤리적 상태를 의미하는 말로 "자연적 능력들의 조화"와 "정욕(concupiscence)이 없는 상태"를 의미했습니다.[77] 이것이 아퀴나스 신학의 핵심이며 중세 신학의 공리라 할 수 있는 은총(gratia)은 자연(natura)을 전제하며, 자연을 완성한다는 이해입니다.[78]

어거스틴도 크게 다르지 않았습니다. 그는 이런 상태에 있던 아담은 "낙원에서 하나님의 도움 없이 살 능력은 없었지만, 악한 생활은 그의 힘으로 할 수 있었다"[79]라고 묘사합니다. 그런 아담이 자의적인 의사로 죄를 범하였으므로 원의를 상실한 것을 타락이라고 보았습니다. 그래서 종교개혁기 이전에 인간의 타락은 원의가 부재한 상태로 이성과 하등한 능력이 조화를 이루지 못하고, 그 결과 아담의 상태를 하등한 능력이 지배하는 상태 곧 정욕의 상태로 이해했습니다. 그러므로 타락은 자연히 초자연을 잃어버려서 하등한 능력의 지배 상태 곧 자연 상태로 이해되었습니다. 중세 신학의 인간 이해는 초자연과 자연의 문제였다면, 개혁신학에서는 초자연이란 자연의 반대 개념이 아니라 죄의 반대 개념으로 초자연적인 은혜와 죄를 대척점에 두었습니다. 물론 어거스틴은 타락한 인간의 상태를 죄를 짓지 않을 수 없는 상태(non posse non peccare)라고 표현했습니다.[80] 그러나 그가 말하는 죄를 짓지 않을 수 없는 상태란 원의가 부재로 정욕으로 기운 상태이며 이를 자연 상태로 이해한 것입니다. 즉, 중세적 이해에서는 초자연인 은사를 상실함으로써 인간은 하나님의 영광에 이르지 못한다고 해석한 것입니다(롬 3:23). 중세 신학에서 몸의 하등한 능력은 자연 상태입니다. 즉, 타락은 원의의 부재와 초자연적인 은사를 잃어버린 자연 상태입니다. 교부 신학과 중세 신학에서는 죄를 짓지 않을 수 없는 상태에 대한 이런 함의가 있었습니다. 같은 용어를 쓰지만 중세인의 이해와 종교개혁기의 신학적인 이해는 온도차가 있었습니다. 교부 신학과 중세 신학에서 종교개혁기의 부패의 개념이 아직 완성되지 않았습니다.

아퀴나스의 이 이해는 우리에게 또 다른 성찰을 가져다줍니다. 초자연이 제거된 인간의 상태는 하등한 능력으로서, 자연 상태라는 말은 달리 말하면 인간과 동물의 존재론적인 구성이 초자연을 빼면 본질에서 같다는 의미를 함의합니다. 개혁신학자인 바빙크도 이와 같은 견해입니다.[81] 사실 이런 이해는 거의 멸실되어서 이렇게 이해하는 경우가 거의 없습니다. 이 부분은 『핵심감정 치유』 31−32쪽의 "환상을 다루는 영혼의 능력"을 참고해 보시기를 바랍니다. 중세 신학에서 죄는 원의가 부재함으로 하나님의 영광에 이르지 못한다는 개념이지 부패하여서 죄로 기울어지는 성향을 말하는 것이 아닙니다. 죄로 기울어지고 선을 행하는 능력이 없다는 진술은 개혁신학의 대표적 진술이며 대요리문답 25문에 잘 나타나 있습니다.

종교개혁신학의 인간 이해가 변화된 이유

25문. 사람이 타락하게 된 죄의 상태는 무엇으로 구성되어 있나요?

답. 사람이 타락하게 된 죄의 상태는 아담의 첫 범죄에 따른 죄책과[1] 그가 지음 받았을 때 지녔던 **의를 잃어버린 것**과 **또 그에 따른 본성이 부패한 것**에 있습니다. 이 때문에 사람은 모든 **영적 선을 전적으로 싫어하고, 행할 수 없으며, 거역하게 되고, 모든 악에 완전히, 기울어지며, 계속적으로 그렇게 됩니다.**[2] 이것을 보통 원죄라고 하며, 또한 원죄로부터 모든 실제적인 범죄가 시작됩니다.[3]

1) 롬 5:12, 19. 2) 롬 3:10-19, 엡 2:1-3, 롬 5:6, 롬 8:7-8. 3) 약 1:14-15, 마 15:19.

25문은 의를 잃어버린 것에 더해 본성의 부패를 진술합니다. 앞서도 설명한 것처럼 이 진술이 종교개혁의 산물입니다. 그리고 이런 이해의 진화는 칭의와 성화의 구분과도 무관하지 않습니다. 구분은 되지만 나뉘지 않은 이 구분을 개혁신학이 한 이유가 뭘까요? 거기에는 중세 후기 반펠라기우스주의가 원인으로 작용합니다. 앞에서도 이미 설명한 바 있지만 다시 요약해서 설명해보겠습니다. 중세 이전에는 칭의와 성화를 나누지 않고 "의화"라는 개념을 썼습니다. 그리고 이 의화는 "의를 주입"을 받음과 그 의를 활용해서 자신이 성취한 일부 구원의 공로로 이뤄지는 일이었습니다. 선악을 알게 하는 나무의 열매를 따먹은 "범책"과 반드시 죽으리라는 "벌책"을 거스른 아담의 범죄에 대해서 그리스도께서 벌책을 대속하시는 수동적인 순종을 이루셨지만 율법의 행위에 순종하는 범책은 대속의 대상이 아니므로 율법 순종의 의는 주입되지 않는다고 보았습니다. 아담이 율법의 요구에 순종해야 했던 것처럼 우리도 그와 같이 율법의 요구에 순종해야 한다고 생각했습니다. 이 이해에는 또 다른 함의가 있습니다. 그들은 구원을 아담의 상태로 되돌아가는 것으로 이해한 것입니다. 그러나 개혁신학은 영화의 상태를 아담처럼 범죄의 가능성이 있는 상태로 진술하지 않고 죄를 지을 수 없는 상태(*non posse peccare*)로 진술합니다.[82] 이 차이는 그리스도의 능동적인 순종을 이해하는 방식, 즉, 그리스도의 구원 사역을 이해하는 방식에 따라 인간의 상태를 이해하는 방식이 영향을 받고 달라진다는 점을 보여줍니다.

그 결과 중세 신학은 그리스도의 능동적인 순종을 부인하고 수동적인 순종만을 인정함으로 구원의 공로에 일부 인간의 순종이 개입하게 되는 결과를 빚었습니다. 이런 신학적 이해는 고해와 보속이라는 사람들의 종교심을 부추기고 미신의 팽배라는 웃지 못할 결과를 야기했습니다. 순종의 공덕을 쌓지 못하고 죽은 자들은 연옥에 가게 될 것이라고 가르쳤습니다. 자신과 조상들, 일찍 죽은 자녀들의 구원의 공덕으로 보속을 행해야 하므로 사제에게 매이게 된 것입니다. 이런 일들이 횡행하다보니 사람들은 자연히 그리스도를 믿는 믿음에서부터 멀어졌습니다. 루터(Martin Luther)가 "만인제사장"의 교리를 말한 것도 이런 이유 때문입니다. 루터는 이 사상을 농민 전쟁 이후 사실상 거의 언급하지 않습니다. 사실 개혁신학도 비슷한 입장입니다. 그리스도께서 우리의 유일하신 중보라는 점에서는 동의하지만 중보이신 그리스도께 나아가는 길로서 은혜의 방편을 교회에게 주시는데 이 방편들은 교회의 말씀 사역자들로부터 주어지는 것으로 본 것이죠. 이 이해는 에베소서 4장의 내용이기도 하며 대요리문답이 지닌 교회의 구조이기도 합니다. "우리가 어떻게 은혜의 지배 아래 들어가게 되는가"라는 문제에 대해서는 내적으로는 믿음과 회개라는 방편이 주어지고 외적으로는 어머니인 교회라는 방편이 주어져서 교회로부터 은혜의 방편들을 제공받으므로 우리의 믿음이 견고해져가는 구조를 이룹니다. 그런 점에서 만인제사장 사상을 남용하는 것은 개혁신학의 원리에 반합니다.

이런 구조가 간과되면서 베드로 성당의 건축 재정을 위해 교회가 면죄부를 돈을 받고 파는 일들이 벌어지게 됩니다. 그래서 칼뱅은 교회의 표지를 매우 분명하게 강조했습니다. 말씀과 성례라는 표지는 바로 교회가 이은혜의 방편이 시행되는 곳이라는 것을 드러내어 보여줍니다. 이런 중심을 교회가 잃어버리게 될 때, 교회는 사람을 모으는 곳이 되고, 돈을 섬기게 되며, 거기서 자기만족의 우상을 섬기게 되는 것입니다. 루터 시대에 돈으로 죄를 면하려던 교회와 성도들의 삶이 그러했습니다. 이런 교회와 사회적 폐습은 기독교 신앙을 천박하게 만들었습니다. 그래서 루터는 이런이유로 95개조 반박문을 비텐베르크 성문에 붙이면서 "이신칭의" 곧 믿음으로만 의롭게 됨을 천명합니다. 요즘 세간에 자주 듣는 용어 중에 디지털포렌식(digital forensic)이란 용어가 있습니다. 그런데 여기서 사용된 포렌식이란 용어가 칭의를 정의하는 용어라는 사실을 아는 사람은 그리 많지 않은것 같습니다. 포렌식은 포럼(forum)과 퍼플릭(public)의 합성어로 공적인 재판 혹은 법의학적 용어를 일컫습니다. 사건 현장에서 범인은 사라졌지만현장에 남은 증거를 통해 수사하는 사람이 사건을 파악할 수 있는 것과 같습니다. 칭의를 흔히 법정적(forensic)이라고 말할 때, 단순히 법률적이라는의미가 아니라 우리가 경험할 수 없는 과거의 영역, 초월의 영역에 대한 증거가 여기까지 남아 있다는 의미입니다. 칭의는 원래 경험되는 것이 아닙니다. 하늘의 법정의 선언이라서 초월적이기에 경험되지 않으며 과거 역사 현장의 사건이기에 오늘날 우리에게 경험되지 않습니다. 그러나 "법정적"이라는 용어는 범죄를 경험하지 못했지만 범죄 현장을 통해 범죄를 파악할 수 있는 것처럼 우리를 대신해서 그리스도께서 하나님의 법정에서 서신 사건과 역사상 빌라도에 법정에 서신 이 사건을 통해 우리가 사건을 유추할 수 있다는 사실을 알려줍니다. 마치 디지털 증거들이 그가 무엇을 했는지를 지웠음에도 그 흔적을 남기는 것처럼 역사에서 증발해버린 현실이 오늘 우리에게 그 사건을 증언하고 있습니다. 그것은 그리스도의 십자가의 역사적 사건이며 이것의 신학적 상승은 하늘의 법정의 사건입니다. 이는 우리에게 계시적인 증거를 남기고 있습니다. 그리고 여기서 끝나는 것이 아니라 분리될 수 없는 성화와 함께 실제적인 증거가 신자의 내면에 남게 됩니다. 그래서 칭의가 법정적이라고 할 때는 두 가지 맥락을 이해해야합니다. 첫째, 이것이 우리 경험을 넘어선 초자연적이고 과거 역사의 일이며 그리스도가 겪으신 일이라는 점입니다. 둘째, 그 구원 역사의 현장은 우리에게 증거를 남겼다는 것입니다. 마치 포럼이 공적 영역의 토론처럼 백주 대낮에 모두가 볼 수 있도록 그 증거를 남겼으며 보는 자는 복이 있으며 귀는 있는 자는 듣게 될 것입니다. 이 공적 영역의 증언이 우리 내적 증언과 역사로 되살아나는 사건이 성화입니다. 그리고 이 성화를 경험하지 않은 사람은 칭의를 알 수 없습니다. 이 사실이 함축하는 이 시대의 교훈은, 오늘날 수많은 교인들이 들었던 믿기만 하면 구원받는다는 복음전도는 사실상 거짓말이었다는 것입니다. 칭의는 경험할 수 없기 때문에 성화가 없다면 칭의는 모두 거짓입니다. 동시에 칭의는 구원의 공로를 우리 자신에게로 돌리는 것을 방지하는 신학적인 장치입니다.

인간의 공로를 배제하는 신학

그래서 "이신칭의"는 속죄에 있어서 우리의 공로는 배제하는 쪽으로 옮겨 가게 됩니다. 물론 루터나 칼뱅은 본문 석의에 의해서 이런 결론에 이르게 됩니다. 그래서 종교개혁자들은 그리스도께서 능동적인 순종과 수동적인 순종을 성취하심으로 아담의 첫 범죄의 죄책을 다 치르신 것으로 이해한 것입니다. 그리고 의의 주입이 아니라 의는 여전히 그리스도 안에만 있게 되고 이 공로가 우리의 것으로 간주되는 "전가"의 교리가 등장하게 됩니다. 전가의 원리는 이런 것입니다. 예컨대, 원본 파일이 서버에 있고 그 복사본이 내 컴퓨터에 있는 것과 같습니다. 그리고 우리가 믿음을 가진다는 것은 바로 이 원본 파일과 동기화(synchronization)가 되어서 내 심령에 사본 파일이 생기는 것과 유사합니다. 이것을 바울은 "그리스도와의 연합"으로 설명했습니다. 이 원본 파일과의 동기화에 의해서 내가 사용하는 여러 기기들(devices), 예컨대, 핸드폰, 패드, 노트북, 데스크톱 컴퓨터의 파일이 다른 작업을 수행하지 않아도 같아지는 것입니다. 다만 차이점은 우리 행위가 그리스도의 공로를 덮어쓰는 것이 아니라 우리의 부족한 행위에도 그리스도의 공로가 덮어쓰는 구조인 것입니다. 그렇게 덮어쓰는 내적인 방편은 믿음이며 외적인 방편은 은혜의 수단인 것입니다. 여기서도 교회의 표지를 볼 수 있습니다. 사실 장로교회는 단지 "성도들"로 교회를 설명하지 않고 말씀과 성례와 권징이라는 표지로 설명하며 그곳으로부터 생명수가 흘러서 성도들에게 은혜의 방편(말씀, 성례, 기도)이 제공되는 진리의 터입니다. 이는 칭의의 성취로서 성화가 교회론적인 구조를 가지고 있다는 사실을 보여줍니다. 지성소의 언약궤는 "하나님의 발등상"으로 초월과 무한으로 이어지는 통로입니다. 그리스도께서 그곳으로 나아가는 길을 여신 것입니다. 이를 로마서 3:25에서 "화목제물(ἱλαστήριον)"로 설명했습니다. 이 단어는 언약궤의 뚜껑을 의미하며 히브리서 9:15에서는 "속죄소"로 번역하고 있습니다. 이 언약궤 안에는 언약의 두 돌판과 만나 항아리, 아론의 싹 난 지팡이를 두었는데 이는 교회의 표지로서 말씀, 성례, 권징을 상징합니다. 성소의 촛대, 떡 상, 향단은 말씀, 성례, 기도로 은혜의 방편을 상징합니다. 성전은 위로부터의 성전인 지성소와 아래로부터의 성전인 성소가 서로 거울처럼 맞보는 구조를 하고 있습니다. 지성소는 칭의의 성전을 보여주며 성소는 성화의 성전을 보여줍니다. 지성소는 원형을 보여주며 성소는 모형을 보여줍니다. 그 언약궤 위에 일 년 일차 어린양의 피가 뿌려지는 것은 참 사람이신 그리스도의 속죄를 의미하며, 그는 둘째 아담으로 인류를 대표합니다. 이것은 그리스도의 능동적이며 수동적인 순종의 의의 성취입니다. 이 속죄는 하늘의 법정에서 삼위하나님께서 의롭다 칭하신 것에 우리를 닿게 합니다. 그 결과 성령께서 우리 마음에 사랑을 부으십니다. 지성소의 싹 난 지팡이와 성소의 분향단은 지성소의 두 돌판과 만나 항아리와 성소의 촛대와 떡 상 사이를 원형과 모형으로 대비시키는 축입니다. 이것은 초월과 내재가 만나며 칭의와 성화가 만나는 장면을 상징적으로 보여줍니다. 실제로 그리스도가 십자가에서 대속을 행하셔서 이 성소와 지성소를 가르는 휘장이 찢어졌습니다. 하늘의 성소를 보여주는 지성소는 오늘날로 보자면 위로부터의 교회가 보여주는 표지가 간직한 말씀과 성례와 권징입니다. 땅의 성소를 보여주는 성소는 오늘날로 보자면 아래로부터의 교회가 보여주는 말씀과 성례와 기도입니다. 이 지성소와 성소의 구조는 칭의와 성화의 구조를 보여줍니다. 하늘의 법정에서 이뤄진 법정적인 칭의와 신자의 삶에서 이뤄진 실제적인 성화를 보여줍니다. 칭의와 성화는 교회의 구조와 맞물려 있습니다. 전통적으로 칭의와 성화를 개인적인 문제로만 이해하는 방식은 수정되어야 할 필요가 있습니다. 구원은 그 자체가 교회적인 일입니다. 초대 교부들이 교회 밖에 구원이 없다고 말한 것은 이런 이유 때문입니다. 다만 종교개혁기가 지닌 시대적 상황이 빚은 강조로 이해할 수는 있습니다. 교회적인 일치로서 구원은 성도들의 다양함으로 이뤄지는 것이 아니라 신자인 우리가 "주 예수 그리스도 안에"

있음으로 이뤄지는 일이며 이 일은 바로 믿음이란 내적 수단에 의해서 이뤄지는 "그리스도와의 연합"인 것입니다. 그런 점에서 핵심감정의 공동체적인 공부는 바로 이 동기화 작업이기도 합니다.

그리고 이 원본 파일의 내용은 그리스도의 능동적인 순종과 수동적인 순종입니다. 신자가 믿음으로 은혜의 방편들을 사용하면서 믿음이 증대되고 강화되며 그 결과 죄의 지배가 약화되고 은혜의 지배가 강화되지만 여전히 우리의 순종은 주님이 받으시기에 부족하고 부패했습니다. 그런데 믿음으로 이루어지는 연합은 이 부족한 순종과 죄들에 대해서, 서버에 있는 원본 파일과 동기화된 것처럼, 마치 우리가 그리스도처럼 순종한 것으로 간주해주시는 것입니다. 이 표현이 "전가"(imputation)라는 표현이며 이 표현은 그리스도의 수동적인 순종의 의가 "주입"(infusion)되었다는 해석을 철저하게 반대하는 입장입니다. 그에 비해 로마 가톨릭의 교리는 그리스도의 수동적 순종의 의만 우리에게 주입되고, 이 주입된 의를 가지고 벌책의 부분을 스스로 순종을 통해서 해결해야 하며, 그 순종의 과정은 첫째, 개인적인 회개, 둘째, 사제에게 고해를 하고, 셋째, 사제가 지정한 기도, 금식, 고행 같은 보속을 하고, 넷째, 사제가 사죄 선언을 하는 구조로 되어 있었습니다. 그래서 종교개혁자들은 의의 주입이라는 해석을 신경질적으로 싫어한 것입니다. 그리스도의 수동적인 순종뿐만 아니라 그리스도의 능동적인 순종까지 모두 그리스도께서 온전히 성취하셨다는 것이 종교개혁자들의 입장이었습니다. 그리고 그리스도의 의는 결코 옮겨지지 않으며 아담은 불순종했으나 두 번째 아담이신 그리스도는 아담이 요구받았던 행위 언약의 의를 온전히 성취하시 것입니다. 이 그리스도의 공로에는 우리가 전혀 참여할 수 없으며, 우리의 신학은 구원이 전적으로 은혜라는 점을 분명히 하는 신학입니다.

인간의 공로를 배제하기 위한 첫 장치, 부패의 교리

그런데 이렇게 하고 나니 문제가 하나 생겼습니다. 구원의 공로를 그리스도께로 모두 돌리면서 종교적인 파행들, 예컨대, 면죄부를 돈 받고 팔고 사면서 종교적 욕구를 만족케 하는 우상숭배적인 기만과 각종 비리의 온상이 된 사제직이 이러한 신학적인 변화로 제거될 수 있는 근거가 생겼고, 실제로 변화가 일어났지만 동시에 그리스도께서 능동적 순종과 관련된 모든 조건을 전부 충족시켰다면 왜 신자는 여전히 신앙에 관한 수고와 헌신을 해야 하는지에 대한 신학적인 대답이 필요하게 되었습니다. 사실 이 질문은 당시뿐만 아니라 오늘도 여전히 문제가 되며 이에 대한 오해를 불러옵니다. 한국 교회에 극단적인 칼뱅주의로 모든 것을 하나님의 주권으로만 돌리고 우리의 책임을 무시하는 신학적인 행태도 여전히 존재합니다. 기성 교회 내에서도 불건전한 형태로 존재하며 구원파와 같은 이단도 횡행하게 됩니다. 사실 종교개혁신학은 이 문제에 대해 적극적으로 답했습니다. 그에 대한 신학적인 대답이자 성경 해석의 방법이 바로 성화의 교리입니다. 사실 종교개혁자들은 두 가지 국면에서 은혜를 강조했습니다. 철저하게 구원의 공로를 그리스도께만 돌리는 것, 인간의 부패를 강조함으로써 인간이 자력으로 구원에 이를 수 없는 존재라는 점에 대한 강조였습니다. 그렇게 칭의는 전적으로 그리스도의 단독적인 사역으로 두고, 성화는 협력적인 사역으로 만드는 구조가 생기게 된 것입니다. 물론 여기서 협력은 성화의 사역에 있어서 인간이 독립적인 행위자가 되어 성화가 부분적으로는 하나님의 사역이고 부분적으로는 인간의 사역으로 만든다는 의미가 아니라 오히려 인간이 성령께 기도와 지성으로 협력할 것을 요구받는 것입니다.[83] 우리가 구원에 어떤 기여를 한다는 의미가 아니라 믿음을 통하여 하나님의 구원의 경륜을 이해하고 내 삶을 경륜하시는 하나님의 섭리의 목적을 수납할 수 있게 된다는 의미를 지니는 것이 성화에서의 협력 개념입니다.[84] 독립적인 행위자라는 개념이 들어오면, 사실상 로마 가톨릭의 의의 주입과 그것으로 능동적인 순종의 의의 공로를 직접 협력하는 것이 같은 구조가 되기 때문에 그런 개념이 들어오면 어려움이 발생합니다. 단독 행위자로서의 협력이라는 관점으로 성화를 이해한다면 사실상 이전의 로마 가톨릭과 다를 바가 없기 때문에 같은 파행이 반복될 수밖에 없고 당연히 종교개혁자들은 성경을 그런 식으로 해석하지 않았습니다. 그런 점에서 성화 역시 성령의 주권적인 사역이지만 중생과는 다릅니다. 중생이 인간의 노력은 전혀 개입되지 않는 완전히 하나님만의 사역이라면, 성화는 하나님께서 두신 은혜의 수단들을 사용함으로써 성화를 증대시키도록 노력할 수 있고 또 노력해야 한다는 점에서 협력적인 사역입니다.[85]

칭의와 성화의 관계를 가장 잘 설명해주는 말 중 하나는 의인이면서 죄인(simul iustus et peccator)이라는 표현일 것입니다.[86] 앞서 살폈듯이, 종교개혁 이전 시기의 신학에서도 인간이 선을 행할 수 있다고 말하지는 않습니다. 펠라기우스와 논쟁했던 어거스틴은 펠라기우스의 주장에 대해 분명한 입장을 밝힙니다. 펠라기우스의 논리는 이런 것입니다. 예컨대, 우리가 죄를 범할 때, 자발적으로(volle) 범하므로 그 죄에 대한 책임이 우리에게 오듯이, 우리가 선을 행할 때도 그것을 할 수 있고(posse), 원해서 하며(volle), 그것을 실제로 행하므로(esse) 그 선은 우리에게 공로가 된다는 주장입니다. 죄를 자발적으로 짓는 것처럼 선도 자발적으로 함으로써 그것이 우리의 공로가 된다는 식의 주장인 셈이죠. 그러나 어거스틴은 죄를 자발적으로 행한다는 점에서는 동의하지만 선을 행하는 문제에 있어서는 하나님의 은혜가 있을 때에야 비로소 원함(*volle*)에서 행함(*esse*)으로의 이동을 할 수 있다(*posse*)고 보았습니다. 어거스틴은 이것을 이렇게 설명했습니다. "하나님의 영이 아직 도움을 주지 않는 단계로, 이때는 율법을 따라 살려는 의지가 있다 하더라도 패배하게 된다. 인간은 알면서도 죄를 짓고, 죄에 굴복하여 종살이를 한다."[87] 어거스틴은 펠라기우스를 정죄하면서 인간이 하나님이 원하시는 선을 자발적으로 행할 것이라고 설명하지는 않습니다.

이렇게 일단락되는 듯 했던 신학 논쟁은, 그러나 선을 행하지 못하는 까닭이 단지 "원의가 부재"하기 때문이라고 보았다는 점에 동의하면서 원의가 "주입"되고 나서 죄책 중, 그리스도의 능동적인 순종이 요구되는 부분을 인간이 순종의 공로를 통해서 채워 넣어야 하는 신학이 발현하면서 종교개혁 시기에 이르러 2차전이 발발하게 되었습니다. 마치 트로이 목마처럼 된 것이죠. 의의 주입은 은혜로 되는 일이기 때문에 얼핏 이 신학은 어거스틴의 전통을 그대로 따르고 있는 것처럼 보이지만 "의가 주입"되었으므로 이제 의를 행할 능력이 생겼으니 이젠 우리 스스로 믿음의 행위를 보여서 그리스도의 능동적인 순종의 측면을 우리 스스로 행하므로 자기 구원을 이루므로 어느새 펠라기우스의 신학으로 돌아가 있었던 것이죠. 이런 이유 때문에 종교개혁신학은 아담의 타락이 단지 원의의 부재뿐만 아니라 적극적으로 악으로 기울어진 것이라는 성경의 석의를 통해서 설명하기 시작한 것입니다. 펠라기우스주의로 돌아가려는 이런 경향성은 이후에 등장하는 아르미니우스주의에도 반복됩니다. 그래서 도르트 신조는 첫 번째 교리로 전적 부패를 두게 되었습니다.

인간의 공로를 배제하기 위한 두 번째 장치, 칭의와 성화의 구분

종교개혁신학은 죄책의 문제에 있어서 그리스도의 능동적인 순종과 수동적인 순종이 전적으로 그리스도가 행하시고 우리에게 전가된 것이라고 정의함으로 펠라기우스주의가 들어올 빈틈을 메우려 했습니다. 범책과 벌책을 모두 그리스도께서 다 담당하셨으니 이제 오로지 믿음만 있으면 되었습니다. 문제는 이것이 두 가지 방향에서 진행된 문제점이라는 데 있습니다. 그것들은 인간론에 있어서 인간의 상태가 단지 "원의의 부재"로 이해된 데서 비롯된 문제였다는 점과 기독론에 있어서는 그리스도의 능동적인 순종이 속죄의 내용이 아니라는 점에서 비롯된 것들입니다. 앞서 인간의 상태를 단지 원의의 부재가 아니라 부패의 상태로 정의함으로써 원의가 들어오더라도 그것을 기초로 스스로 무엇인가를 행해 구원을 얻을 수 없는 존재라는 것을 성경의 석의를 통해서 정리하여 다시 행위의 교리가 들어올 빈틈을 막았습니다. 그런데 그리스도의 능동적인 순종의 전가를 말함으로 모든 구원의 일이 다 하나님의 행하신 일로 만들게 됨으로써 신자가 믿음에서 보여야 할 신앙적 열심을 무력화하는 문제가 생긴 것이죠. 그래서 예정된 구원을 역사적으로 실현하는 실제적 방편을 교회와 교회가 제공하는 은혜의 방편으로 설명하고, 그것을 믿음으로 사용하게 될 때 일어나는 실제적 변화를 성화로 설명하기로 한 것입니다. 그래서 등장한 기술적인 개념 구분이 바로 칭의와 성화의 구분입니다. 이 둘이 불가분의 관계가 있는 것은 원래 나눌 수 있는 개념이 아니기 때문입니다. 그러나 그 둘을 구분해서 생각해야 할 필요가 생긴 것이죠. 그리스도께서 이루신 일은 칭의와 성화로 드러납니다. 그러면 칭의와 성화는 어떻게 다를까요? 대요리문답은 그 다른 점에 대해서 한 문항을 할애해서 진술했습니다. 그 진술을 담은 대요리문답 77문을 살펴보겠습니다.

77문. 의롭다 칭하시는 것과 거룩하게 하시는 것은 어떤 점에서 다릅니까?

답. 거룩하게 하시는 것은 의롭다 칭하신 것과 **불가분의 관계가 있지만**[1] 그 둘은
아래와 같은 점에서 다릅니다. 하나님께서 의롭다 여기실 때는 그리스도의 의를
전가하시고[2], 하나님께서 거룩하게 하실 때는 **성령으로 은혜를 주입**하시고, **거룩
해지는 연습을 허락하십니다.**[3] 의롭다 여기실 때는 죄는 용서되고[4] 거룩하게 하실
때는 **죄를 이기게 하십니다.**[5] 의롭다 하심을 통하여서는 하나님의 보수하시는 진
노로부터 모든 신자를 차별 없이 자유롭게 하시고, 이를 현생에서도 완전하여, 그
들이 결코 정죄 받지 않게 하십니다.[6] 그러나 거룩하게 하심은 모든 신자가 같지
않습니다.[7] 뿐만 아니라 사는 동안 아무도 완전하게 거룩해질 수 없습니다.[8] 단지
완전한 거룩함 이르도록 자라갈 뿐입니다.[9]

1) 고전 6:11; 고전 1:30, 2) 롬 4:6,8, 3) 겔 36:27, 4) 롬 3:24-25, 5) 롬 6:6,14, 6) 롬 8:33-
34, 7) 요일 2:12-14; 히 5:12-14, 8) 요일 1:8, 10, 9) 고후 7:1; 빌 3:12-14

이전 신학에서는 칭의에 대해 "주입"이라고 설명하던 것을 이제는 "전
가"라는 개념으로 설명합니다. 그리고 이렇게 전가된 의의 개념에는 그리
스도의 능동적인 순종과 수동적인 순종 전체를 함의되었다는 사실을 인지
하셔야 합니다. 동시에 성화는 "은혜의 주입"이라는 개념을 사용했습니다.
종교개혁 이전의 인간 이해를 따라 "하등한 능력(*inferiores vires*)"에 초자연적
인 은혜의 주입(*gratia Infusa*)**88**으로 원의를 유지하고 이에 따라 "이성"이 "하
등한 능력"을 지배(suppress)하는 구조였다면, 종교개혁신학은 하등한 능력
의 자리에 죄와 부패의 세력이 대신하고 이 부패의 힘이 구원의 능력에 따

라 실제로 변하도록 성령으로 은혜가 주입되는 구조로 전환됩니다.

종교개혁신학이 성화를 도입했다고 해서 그것은 이전에 없던 전혀 새로운 것은 아니었으며 단지 새로운 해석이었습니다. 의의 주입으로만 설명하던 것을 **의의 전가**와 **은혜의 주입**이라는 두 개념을 나누어서 설명한 것이죠. 종교개혁기의 신학이 이전 신학과 완전히 달라진 부분이 이 부분입니다. 우리 구원의 공로인 하나님의 의는 철저하게 그리스도 안에 있는 것으로 보아 "전가"라는 개념을 사용하고, 믿음과 회개와 같은 은혜를 일으키는 내적인 수단들에 대해서는 "주입"이라는 용어를 사용했다는 점입니다. 그 주입의 결과 거룩해지는 연습과 죄의 세력을 이기는 일이 신자의 삶에서 일어나게 되는데, 이는 그리스도의 능동적이며 수동적인 순종의 의가 우리의 믿음을 통해 동기화되어 주입된 믿음과 회개의 내적인 방편들, 말씀과 기도와 성례 같은 외적인 은혜의 방편들이 삶에서 연습되어 신자가 죄에서 이기게 되는 것을 설명하고 있습니다. 그래서 칭의에서는 누구라도 차별이 없지만 성화에 있어서는 개인차가 존재한다고 설명하고 있습니다. 대요리문답 75문에서도 "생명에 이르는 **회개의 씨**와 그 밖의 **모든 구원의 은혜**들이 그들의 마음에 **심겨지고**"라고 함으로 구원의 은혜들이 우리 마음에 주입되는 점을 드러내고 있습니다.

은혜가 주입되도록 하고 우리 마음에서 자라게 되는 새롭고 내적인 성향이 믿음의 습관(habitus fidei)입니다.[89] 그리고 이 믿음의 습관은 대요리문답 28문에 나오는 6개의 내적인 부패의 특징과 반대되는 것입니다. 핵심감정은 이 6개의 몸과 영혼의 부패한 특징들 속에서 녹아들어 있습니다. 핵심감정 공부의 신학적인 재구성은 바로 이 6개의 몸과 영혼의 부패한 특성에 대한 해설입니다. 이 책에서는 분별력을 잃은 마음, 타락한 감각, 강력한 망상, 고집스런 마음, 양심의 공포, 더러운 정욕을 중심으로 핵심감정이 어떤 식으로 드러나는지를 살필 것입니다. 몸에 관련한 3가지 특성과 영혼에 관한 3가지 특성을 살피고 이것을 핵심감정과 연결해서 드러낼 것입니다. 공교롭게도 이 6개의 항목은 영혼, 몸, 영혼, 몸, 영혼, 몸 순서로 기록된 것으로 해석할 수 있습니다.

성화와 핵심감정 공부의 관계

핵심감정 공부는 순종으로 성취하신 그리스도의 구원의 공로를 실제적으로 우리 삶에 적용되도록 하는 영적 토대를 만드는 작업입니다. 사실은 성화도 믿음을 통해서 일어납니다. 성화를 가능케 하는 힘이 믿음을 통해서 우리에게 흘러 들어오기 때문입니다. 우리는 그것을 은혜의 주입이라고 합니다. 종교개혁의 신학이 "오직 믿음"의 원리가 적용되는 것도 이 때문입니다. 믿음은 두 가지 방향으로 이뤄집니다. 첫째, 죄가 죽어지는 방향과 새로운 생명이 살아나는 것으로 적용이 일어납니다. 흔히 이것을 성화라고 표현합니다. 핵심감정 치유의 4단계 중 지우기는 성화에서 죄죽임(mortification)을 돕는 과정이며, 세우기는 소생(vivification)을 돕는 과정입니다.[90] 핵심감정 공부는 신자가 믿음을 사용해서 제거해야 할 구체적인 죄의 세력을 특정화해주는 역할을 합니다. 핵심감정 공부 자체가 성화의 수단일 수는 없지만 내 안에서 구체적인 죄의 세력이 무엇인지를 볼 수 있게 해주는 역할을 하는 것입니다. 그러기 위해서는 "원인이 멈추면 결과도 멈춘다"(cessante causa cessat effectus)[91]라는 프로이트의 말처럼 원죄의 일부로 우리 안의 부패한 세력이 무엇인지를 우리가 더 분명히 알아야 합니다. 핵심감정은 "한 사람의 행동과 사고와 정서를 지배하는 중심 감정이며 이 감정은 주로 주요 대상으로부터 사랑받고 싶고 인정받고 싶은 욕구가 좌절되었을 때 일어나는 감정"입니다.[92] 그러나 이 진술들은 모두 심리학적인 진술입니다. 이 책에서 앞서 다루었듯이 성화의 영적 토양으로서 핵심감정 공부는 죄의 세력에 대한 이해와 연결될 수밖에 없습니다.

우리 영혼과 몸을 지배하는 감정 세력을 차례로 살펴봅시다. 대요리문답 28문이 처음 언급하는 항목은 "분별력을 잃은 마음"(blindness of mind)에 근거 구절로 제시된 본문은 에베소서 4:18입니다. "그들의 총명이 어두워지고 그들 가운데 있는 무지함과 그들의 마음이 굳어짐으로 말미암아 하나님의 생명에서 떠나 있도다"인데, 이 본문은 17-32절까지 이어지는 "이방인처럼 살지 말라"는 권면의 주제로 묶여 있습니다. 그중에서 17-19절은 이방인의 생활방식의 묘사이기도 하며 18절은 그 한복판의 내용을 담고 있습니다. 18절의 총명, 무지 등의 앎과 관련한 어휘는 에베소서에서 주요하게 반복되는 단어이기도 합니다. 특히 "마음의 굳어짐"은 구약성경에서의 관용적인 표현입니다. 신명기 29:18, 예레미야 3:17, 7:24, 9:13, 11:8 등에서 사용되었고 신약에서도 마가복음 3:5에서 사용되었습니다. 여기 사용된 마음은 문자적으로는 심장을 의미하며 성경에서 이성적인 판단과 영적 생활의 중심으로 묘사됩니다. 그런데 그게 굳어진 것이야 바로 이방인의 생활방식의 주요한 특징이라고 말합니다. 새영어성경(NEB)은 그것을 "그들의 마음이 돌처럼 단단해졌다"고 번역하며, 복음성경(GNB)은 "완악한(stubbom)"이란 말로 옮겼습니다.[93] 여기서 회심한 이성과 그렇지 못한 이성의 차이를 볼 수 있습니다. 특히 신명기 29:18은 우리가 흔히 아는 히브리서 "쓴 뿌리"에 관한 구약의 근거 본문이기도 합니다(히 12:15). 흔히 알려진 바는 쓴 뿌리는 우리의 정서적 상처로 알려져 있지만 사실 이 본문은 정반대의 사실을 우리에게 말해줍니다. 신명기의 본문이 말하고자 하는 바는, 신명기 28장의 언약에 따른 축복과 저주가 선포되었는데 그 저주를 듣고도 "스스로 복을 빌어 자신이 완악하더라도 평안할 것이라"는 마음입니다 (신 29:19). 언약적인 저주를 개의치 않는 마음, 하나님의 경고에도 불구하고 자기 긍정이나 긍정주의로 스스로를 괜찮다고 하는 마음, 이웃이나 지체로부터 잘못을 지적받아 그것이 잘못이라는 사실을 마음으로 깨달았음에도 하찮은 자존심 때문에 그것을 끝까지 인정할 수 없는 마음, 그것이 돌처럼 굳어진 마음입니다. 히브리서는 더 직접적으로 돌처럼 굳은 마음의 예시로 에서를 듭니다. "한 그릇의 음식을 위해서 장자의 명분을 판 망령됨"이 쓴 뿌리이자 굳어진 마음으로 본 것입니다. 에서는 언약의 자손으로서 자신이 지닌 장자의 위치보다 당장에 한 그릇의 식물을 더 귀하게 여긴 것이죠. 언약적인 관계를 가벼이 여기고 당장에 한 그릇 팥죽보다 못하다고 생각한 것을 망령되다고 말합니다. 한 자락 쓸모없는 자존심에 이웃과의 관계를 파는 사람들이 현대 사회에 너무 많습니다. 논쟁과 토론을 하는 중에 이성과 논리에 비추어 보면 옳지 않음을 스스로 깨달아도 인정하지 못하는 사람들이 많습니다. 그것은 한 그릇의 식물과 같은 자기 자존심을 위해서 이웃과의 관계를 파는 것입니다. 그런 마음이 바로 굳어진 마음입니다. 핵심감정의 엄격한 자동성 때문에 그의 이성은 자유롭지 않습니다. 그 감정 세력이 이성적 인식 자체를 비틀어버립니다. 매우 똑똑하지만 그 빛나는 지성은 정서적 미숙함으로 인한 어그러진 행동과 태도를 불러올 뿐입니다.

둘째, 타락한 감각(reprobate sense)은 몸과 관련한 것입니다. 이와 관련해서 근거 본문으로 제시된 것은 로마서 1:28입니다. "상실한 마음대로 내버려 두사"라는 구절은 24-27절의 동성애와 같은 타락함에 내버려 두시는 것을 설명하는 구절에 이어서 나오는 것으로 본문의 상실한 마음이 바로 타락한 감각을 일컫습니다. 마음이라고 표시되어 있기 때문에 쉽게 영혼과 관계 있을 것이라고 생각하기 쉽지만, 상실한 마음은 24-27절에 나오는 동성애와 같은 반사회적 행습을 일컫습니다.[94] 그리고 여기서 상실한 마음은 영혼이 지닌 이성의 기능이기보다 몸에서 비롯된 감각적인 인지, 지각, 학습의 기능입니다. 전도서에 보면 동물에게도 혼(soul)이 있다고 합니다(전 3:21). 그리고 이런 이해는 개혁신학자 바빙크(Herman Bavinck)에 의해서도 지지됩니다.[95] 창세기 2:7의 생령과 레위기의 생축은 같은 단어(נֶפֶשׁ חַיָּה)이기도 합니다.[96] 인간과 동물의 몸이 지닌 생의 추동이 정신적 표상을 만드는데, 이는 영혼과 매우 비슷하다는 것을 알 수 있습니다. 바빙크는 동물의 영혼(soul)은 필멸로, 사람의 영혼(spirit)은 불멸로 묘사합니다.[97] 몸의 추동이 빚어낸 동물의 영혼(soul)이란 "육체와 결부되는 영적 힘…육체 없이는 불완전하고 미비한 상태"를 말합니다.[98] 즉, 몸의 추동이 정서적 사고와 지각에까지 이르게 하는 인지 체계입니다. 개혁신학은 몸과 영혼의 두 가지 구성을 제시하는데, 동물의 영혼은 감각, 지각, 이미지를 지니지만 이 이미지를 개별적 실체로부터 분리, 변형, 개념화 할 수 없고 그것들을 서로 연관시켜 판단하고 추리하며 결단하여 의지적 행동으로 옮길 수 없습니다.[99] 이것은 몸 추동의 성격 때문입니다. 이런 변형은 영혼의 능력입니다. 이 표현을 달리 옮기면 개별적 실체로부터 분리, 변형, 개념화를 하지 않는 정도의 감각적인 지각, 인지, 판단은 몸으로부터 추동된 힘으로서 정신에 표상되어 마음의 일부가 된다는 의미이기도 합니다. 타락한 감각이란 바로 몸이 주는 자극이 정신에 표상된 형태를 가리킵니다. 그래서 이 마음은 영혼의 영역이 아니라 몸의 영역에서 비롯된 타락한 감각인 것입니다. 몸의 추동이 성적 왜곡을 불러왔고 이 점을 바울은 로마서 1:24-27에서 성적인 타락과 왜곡으로 보여주고 있습니다. 동시에 이것은 프로이트가 말하는 정신으로 표상된 추동의 생리학적인 욕동이 몸의 성적인 특징을 지녔다는 점과도 통하기도 합니다.

셋째, 강력한 망상(strong delusions)은 영혼의 기능에 역기능이라 할 수 있습니다. 데살로니가후서 2:11의 "하나님이 미혹의 역사를 그들에게 보내사 거짓 것을 믿게 하심"이란 말씀이 근거 구절입니다. 『핵심감정 치유』 31-32쪽의 "환상을 다루는 영혼의 능력"과 119-139쪽의 "핵심감정-두려움"의 문제와 같은 맥락의 문제라 할 수 있다. 앞서 제1부 제1장에서 생후 4개월 정도면 환상을 다루는 힘이 생기며 이는 영혼의 능력이라고 이미 밝혔습니다. 이와 관련해서 앞의 내용을 참고하기를 바랍니다. 이 환상을 다루며 연상하는 능력은 미혹과 거짓을 믿는 데로 얼마든지 발달할 수 있습니다. 미혹과 거짓의 대표적인 것은 시한부 종말론인 다미선교회의 폐해는 심각했는데, 이들의 교주들의 특징은 "과대망상", 그들 신앙의 특징으로는 "열등감의 이해와 수용"을 들었습니다.[100] 여기서 이단 사이비의 기저에 핵심감정의 부정적인 영향력이 있으며 거짓과 미혹에 의한 과대망상과 같은 심리적 이상이 동반된다는 점을 알 수 있습니다.

넷째는 고집스런 마음(hardness of heart)으로 역시 몸과 관련한 특성입니다. 증거 구절은 로마서 2:5입니다. "네 고집과 회개하지 아니한 마음"을 말합니다. 이는 타락한 감각과 비슷한 성질의 것입니다. 여기 사용된 "고집"이란 단어는 신약에서 여기서만 사용되었습니다. 그래서 이 단어 자체로만은 어떤 설명을 덧붙이기 힘듭니다. 그러나 비슷한 계통의 여러 단어가 신약에서 완고한 고집과 반역을 가리키는 뜻으로 쓰였습니다. "굳어지다"는 의미(행 19:9; 롬 9:18; 히 3:8, 13, 15; 4:7)로, "마음의 완악함"이란 의미(마 19:8; 막 10:5)로, "목이 곧은"(행 7:51)이란 뜻으로 쓰였습니다. 이 의미를 모두 구약에 뿌리를 두고 있습니다.[101] 타락한 감각이 이방인을 향한 문맥에서 이웃과의 관계에서의 왜곡을 주로 담았다면, 고집스런 마음은 유대인을 배경으로 하고 있습니다. 이어지는 회개하지 아니하는 마음이라는 구절을 볼 때, 이는 종교적이며 하나님과의 관계에서 인간이 보이는 육적인 고집을 가리키는 것으로 이해할 수 있습니다. 즉 하나님의 말씀에 의한 분명한 거역과 반역, 고집을 보여 줍니다.

다섯째, 양심의 공포(horror of conscience)는 역시 환상과 관련해서 영혼의 역기능이라 할 수 있습니다. 증거 구절은 이사야 33:14로 "죄인들이 두려워하며 경건하지 아니한 자들이 떨며 이르기를 우리 중에 누가 삼키는 불과 함께 거하겠으며 우리 중에 누가 영영히 타는 것과 함께 거하리요"라는 말씀입니다. 양심의 발달 과정은 이미 제1부 제1장에서 다루었기 때문에 생략하겠습니다. 문제는 이 양심이 항상 순기능만을 하는 것은 아니라는 점입니다. 특히 핵심감정-부담감의 경우, 영적 부담감과 핵심감정으로서의 부담감이 혼동이 될 개연성이 높습니다. 예컨대, 『핵심감정 치유』에 나왔던 우체국 공무원이었던 유진 씨의 경우, 양심의 목소리라고 생각했던 것은 양심의 목소리가 아니라 부모님의 목소리였고 이것은 그녀의 삶을 매우 어렵게 했습니다.[102]

여섯째, 더러운 정욕(vile affections)은 두 번째로 언급한 타락한 감각과 비슷한 내용입니다. 차이점이 있다면 감각은 자극을 수용하는 방식의 타락을 설명하는 것이고, 더러운 정욕은 그것이 내부에서 죄와 결탁해서 밖으로 나오는 반응을 다루고 있다는 점입니다. 증거 구절도 같은 문맥에서 나왔습니다. 로마서 1:26의 정욕은 음행의 마음이며 동성애와 같은 하나님의 창조의 질서를 거스르는 혼돈의 정욕을 일컫습니다.

핵심감정과 죄의 세력의 관계

핵심감정이란 현재 살아 있는 과거의 감정입니다. 감정이란 말은 단지 어떤 하나의 감정이라는 의미가 아니라 감정 세력입니다. 감정 세력이란 하나의 감정이 아니라 두 개 이상의 감정이 일종의 세력 균형을 이루는 것입니다. 이것은 여러 이미지의 응집체가 하나 이상 우리 내면에 존재한다는 의미입니다. 또한 핵심감정은 단지 감정이기만 한 것이 아니라 부름에 대한 반응으로서의 감정입니다. 그런 점에서 핵심감정은 또다른 의미의 감정입니다. 이 하나의 감정 주변에 여러 파생 감정이 있고 그 세력들 간의 힘의 균형이 존재한다는 의미입니다. 우리 몸과 영혼이 지닌 추동은 우리 정신에 이미지를 표상합니다. 이 이미지들이 자기상과 타자상을 형성하며 그 과정에서 하나님표상을 형성합니다. 그리고 그 어린 시절의 감정으로 현재의 상황을 해석하며 받아들이게 됩니다. 그래서 있는 그대로 받아들이지 않고 상황이나 사태를 왜곡하는 내적 감정 세력이 작동하는 것입니다. 예를 들어, 엄마에게 늘 비난 받던 딸은 과도한 기대를 하는 내적인 타자상이 형성될 수밖에 없고, 엄마 아닌 다른 사람들에게서도 비슷한 압력을 받게 됩니다. 타인은 실제로 나에게 그런 압력을 주지 않지만 비난을 피하기 위해 지나치게 완벽을 기하면서 자신의 심력과 체력을 과하게 소비하게 됩니다.

부모로부터 유전한 원죄는 도토리가 상수리나무가 되어가는 과정처럼 인간의 성장 과정에서 추동(derive)을 형성시키고, 죄의 부패한 본성과 성장 과정은 씨실과 날실이 되어서 한 사람의 인격을 구성하는 이미지 체계를 직조합니다. 이것이 왜 죄와 연관이 있을지 우리는 쉽게 짐작할 수 있습니다. 예컨대, 이스라엘 백성이 모세가 시내산에 오른 40일 동안 금송아지를 만드는 이유는 여호와 아닌 금송아지를 섬기겠다는 의미가 아니라 고센에서의 농경의 경험으로 인해 그들에게 풍요를 가져다주는 소에 대한 심상이 신에게 투영된 것이죠. 중국 고대 신화에서 신농 씨는 소의 머리를 한 반인반수로서 염제(炎帝)라고도 불리었는데 인간에게 농사를 가르쳤습니다. 그래서 그 이름 신농(神農)은 농사(農)의 신(神)을 의미하는 것이죠. 이처럼 농경과 소는 밀접한 관련이 있고 이런 이스라엘 백성들의 무의식적 심상은 여호와 하나님에 투영되었습니다. 우리는 우상을 섬기는 것이 전혀 다른 그 무엇을 섬기는 것이라고 오해하기 쉽지만, 이스라엘에게 금송아지는 여호와에 대한 왜곡이었습니다. 그들이 가나안에 들어가서 농경의 신인 바알과 아세라에 빠지게 되는 것도 같은 이유입니다. 가나안 땅은 천수답이라 비가 오지 않으면 농사를 지을 수 없고 건기와 우기가 뚜렷하게 나누어져 있어서 우기에 비가 오지 않으면 한 해 농사를 망치고 맙니다. 이런 상황에서 하늘의 신 바알과 땅의 신 아세라가 서로 성관계를 맺을 때 비가 오고 그 비가 만물을 결실케 한다고 생각한 이스라엘은 상수리나무 아래서 혼음을 벌이며 신의 성적 흥분을 자극했습니다. 그들의 바알 신앙은 쾌락과 풍요를 지향합니다. 호세아가 고멜을 아내로 얻어 아이를 낳고 이름을 지을 때, "내 백성이 아니다"라고 지으라는 하나님의 말씀은 호세아의 삶의 경험을 계시로 활용하신 것입니다. 이는 고멜이 낳은 자녀가 호세아의 아이가 아니라 바알 성전에 나가 혼음 중에 얻은 자녀라는 말입니다. 이런 행위들을 하면서도 이스라엘은 자신들은 여전히 여호와를 신앙한다고 생각한 것입니다. 이처럼 우리 성장 과정과 그 배경이 지닌 우상숭배적인 직조물은 우리 삶을 심각하게 왜곡하고 하나님을 바르게 아는 것을 방해합니다. 그 직접적인 세력이 바로 핵심감정인 것입니다.

오늘 내 삶에 금송아지는 무엇인지, 바알과 아세라는 무엇인지를 개별화해서 살필 수 있도록 돕는 과정이 핵심감정 공부입니다. 핵심감정이라는 감정 세력은 일종의 태도이며 삶의 방식이며 세계관입니다. 하나님은 여기서 벗어나 새로운 감정 세력으로서 초자연적인 습관(*habitus*)을 우리 심령에 심으셨습니다. 이것이 바로 믿음이며, 그렇게 다른 방향성을 바울과 신약의 사도들은 "영"이라 표현했습니다. 우리 몸과 영혼에 담긴 핵심감정의 세력을 "육"이라고 표현했습니다. 신약은 영과 육이라고 보편적으로 진술하고 있습니다. 핵심감정 공부는 구체적으로 내 삶에서 이 "육"이라는 세력이 어떤 이름을 지니고 있으며 어떻게 작동하는지를 보도록 돕는 도구입니다.

결론

이 장에서는 구원의 문제를 전적으로 그리스도의 공로로 돌리면서도 성화를 위해 우리가 협력하여야 하는 부분을 드러내고자 했습니다. 특히 우리 몸과 영혼의 상태를 성경을 통해서 밝히고 이 신학적 해석에 기초해서 이 안에서 작동하는 핵심감정의 치유가 신학적으로 기능하도록 하려는 데 그 목적을 두었습니다. 다음 장에서는 로마 가톨릭과 달리 대죄를 인정하지 않지만 대죄로 소개된 7가지 죄악이 지닌 심리적인 특성 때문에 개혁신학의 구분을 따라 마음의 죄, 입술의 죄, 행위의 죄를 구분할 것이고, 이를 77문의 구조에 따라 재구성할 것입니다.

CHAPTER 03
대죄와 핵심감정

    중세 신학과 종교개혁신학은 칭의와 성화뿐만 아니라, 크게 세 가지 점에서 차이나 드러납니다. 첫째, 기독론에서 다릅니다. 중세 신학은 구속에 있어 그리스도의 수동적 순종의 의만 주입된다고 말합니다. 즉 그리스도의 능동적인 순종의 의는 주입의 대상이 아닙니다. 그러나 종교개혁신학은 그리스도께서 능동적인 순종과 수동적인 순종을 모두 성취하셨고, 그것들이 주입이 아니라 전가된다고 말합니다. 주입은 그리스도의 의가 내 안에 있는 것이고, 전가는 그리스도의 의가 그리스도 안에 여전히 있는 것입니다.

    둘째, 인간론에서 다릅니다. 중세 신학은 타락을 단지 원의의 부재로만 설명합니다. 어거스틴이 죄를 범할 수밖에 없는 상태라고 말하는 타락의 상태도 단지 원의의 부재입니다. 인간 존재는 이성적인 영혼과 정욕적인 하등한 몸으로 구성된 자연 상태에 원의가 더해져 있는 구조입니다. 이원의가 제거됨으로써 정욕이 지배하는 상태가 되었다고 설명합니다. 이에 비해 종교개혁신학은 타락이 단지 원의의 부재만이 아니라 적극적으로 죄로 기울어지는 부패로 묘사합니다. 중세 신학이 초자연과 자연을 대비시켰다면, 종교개혁신학은 초자연으로서 은혜와 죄를 대비시킵니다.

셋째, 구원론에서 다릅니다. 중세 신학이 말하는 의화는 아담이 잃어버렸던 의를 다시 주입하는 것입니다. 그래서 그리스도는 주입된 의를 기초로 해서 다시 아담이 실패했던 순종을 할 수 있다고 설명하는 것이죠. 그래서 십자가를 지시는 수동적 순종으로 죽음이라는 벌책을 해결하셨지만, 율법의 요구에 대한 능동적 순종은 구원의 공효가 아니고 여전히 신자가 해결해야 할 순종으로 남습니다. 이것을 해결하는 방식으로 중세 신학은 대죄와 소죄를 구분한 것입니다. 대죄의 범책을 해결하셨지만 벌책을 소죄로 바꾸고 소죄의 벌책과 범책은 모두 자신의 순종의 공효로 해결해야 한다는 것이 16세기 로마 가톨릭의 입장입니다. 물론 20세기에 들어와서 대죄를 모두 해결하셨다고 설명이 바뀌었지만 기본적인 입장에는 변화가 없습니다. 이에 비해 종교개혁신학은 구원의 공로는 오로지 그리스도께만 있고 우리에게 주입되지 않는다고 말합니다. 그 의는 믿음으로 전가됩니다. 대신 중세 신학의 범책에 관한 부분을 부패 개념으로 확장해서 아담으로부터 생식법에 따라 부모로부터 유전되었다고 가르칩니다(대요리문답 26문, 소요리문답 16문). 이렇게 전달된 오염을 부패라고 합니다. 범책과 오염은 다른 범주의 개념이니 혼동하지 않도록 주의하셔야 합니다. 어쨌든 적극적으로 죄 짓는 성향을 강조하고, 이것을 제거하기 위해서 성령이 은혜를 주입하는 것이 성화라고 설명합니다. 이 주입된 은혜로 은혜의 습관, 곧 신학적인 덕이 형성됩니다. 이를 통해 신자가 성장하여 성화에 이르게 되고 십계명은 개인의 공덕으로 지키는 것이 아니라 얼마나 자랐는지를 확인하는 준거 역할을 합니다. 내적으로는 믿음이, 외적으로는 은혜의 수단이 작동해서 신학적인 덕을 형성하고 이 덕에 의해 실제 십계명을 지키는 일이 가능해집니다. 그 결과 신자는 죄의 세력을 이기게 됩니다.

종교개혁은 칭의와 성화를 이와 같은 방식으로 구분했으나 분리하지는 않았습니다. 칭의와 성화는 결코 분리될 수 없습니다. 칭의는 법정적 개념으로 경험되는 일이 아닙니다. 경험은 성화를 통해서 비로소 인식하게 됩니다. 즉 초월의 영역인 하나님의 법정의 일은 경험되는 것이 아니라 그 일의 결과로 일어난 자신의 내면의 변화로 그러한 사실을 유추하는 것입니다. 이렇게 해서 종교개혁신학은 철저하게 구원의 공효를 그리스도께로 돌리면서도 신자의 삶의 변화에 대해서 매우 적극적인 역할과 변화를 강조한 것입니다.

대요리문답은 죄의 경중과 대소를 왜 말할까요

사실 개혁신학은 로마 가톨릭 방식의 대죄와 소죄의 구분을 인정하지 않습니다. 그런데 대요리문답은 죄의 경중, 즉 큰 죄와 작은 죄가 있다고 말합니다. 특히 152문은 크거나 작거나 모든 죄가 하나님의 진노에 합당하다고 말함으로서 사실상 모든 죄의 처벌이 같다고 말합니다. 죄의 경중의 구분하고서는 모든 죄의 형벌은 같다고 말하는 것입니다. 경중의 차이에도 형벌이 같다면 도대체 왜 경중과 대소를 구분할까요? 대요리문답은 모든 죄를 그리스도의 대속이 아니고서는 조금도 사함을 얻을 수 없음을 분명히 했습니다. 그러면서도 151문 3항에서는 로마 가톨릭과 조금 결이 다른 구분을 합니다. 대요리문답은 죄를 마음의 죄(*Peccata cordis*), 입술의 죄(*Peccata oris*), 행위의 죄(*Peccata operis*)로 나누는데, 이러한 구분은 죄가 "사람의 마음에서 죄들이 나와서 사람을 더럽게 한다(막 7:20-23)"라는 예수님의 말씀대로 죄의 근원과 진행 방향, 그리고 죄가 확산하는 성향을 우리에게 알려줍니다. 이러한 죄들은 핵심감정 중에서도 "추동"과 유사한 성격과 방향성을 띕니다. 죄가 심화되는 것을 경고할 목적으로 이렇게 구분했다는 사실을 우리는 금세 눈치 챌 수 있습니다. 대요리문답은 죄의 근원이 마음에 있다고 경고할 뿐만 아니라 과도하게 행위에 집중하거나 율법을 지킴으로써 의를 얻으려는 의도도 경계하고 있습니다. 이는 149문에서 우리가 율법을 온전히 지킬 수 없다고 말하는 이유이기도 합니다. 대요리문답은 철저하게 우리의 삶이 믿음, 소망, 사랑이라는 신학적인 덕(virtus theologica)에 초점을 맞추어야 함을 언급합니다.[103] 그래서 대요리문답은 율법주의나 신율주의로 경도되는 것을 경계하고, 죄의 경중과 대소를 구분함으로써 모든 것을 하나님의 주권으로만 돌리며, 인간이 지닌 성화에서 있어서 협력해야 할 책임성을 회피하도록 하는 무율법주의나 극단적인 칼뱅주의도 경계합니다. 149-152문은 우리의 한계와 형벌의 지엄함, 그리고 죄의 경중을 설명합니다. 그리고 153문을 통해서 이 심각한 죄로부터 벗어나기 위해서는 외적인 은혜의 수단과 믿음과 회개라는 내적인 방편만이 여기서 벗어날 수 있는 유일한 길임을 설명합니다. 대요리문답 전체에서 복음의 핵심이 되는 하나의 문답을 꼽으라면 153문을 꼽을 것입니다. 153문은 대요리문답에 있어 결정적이면서 신학적인 열쇠를 담고 있습니다. 즉 율법의 행위를 의지할 수 없다는 사실(149문)과 믿음과 회개를 게을리할 때 일어날 수 있는 심각한 범죄의 지경을 경고함으로 신자가 믿음의 길에서 벗어나지 않도록 권면합니다(150-152문). 그리고 154-196문까지 은혜의 수단을 제시하고 이를 사용함으로써 우리의 심령에 주입된 은혜가 습관을 형성하도록 하는 구조를 보여줍니다. 예컨대, 77문에서 칭의와 성화의 차이점을 설명하면서 성화를 "하나님께서 거룩하게 하실 때는 성령으로 **은혜를 주입**하시고, **거룩해지는 연습을 허락하십니다**"라고 표현했는데, 여기서 은혜가 주입되어 거룩해지는 연습으로 획득되는 습관이 바로 성향적인 은혜(*gratia habitualis*)[104]입니다. 믿음도 주입된 습관이고 이 습관이 외연을 확장해서 은혜의 습관으로 우리 삶에 자리 잡게 되는 구조입니다. 주입된 믿음의 씨(*semen fidei*)는 은혜의 수단을 반복적으로 사용하므로, 씨의 형태로 있던 주입된 습관으로써 믿음(*habitus fidei*)이 점차 새롭게 행하는 믿음(*actus fidei*)으로 변화됩니다. 그것이 바울 사도가 갈라디아서 5:6에서 말하는 "사랑으로서의 역사하는 믿음"입니다. 사실 핵심감정 공부는 바로 이 거룩해지는 연습을 효과적으로 할 수 있도록 돕는 도구입니다.

동시에 한 가지 더 생각해야 할 것이 있습니다. 개혁신학은 당연히 참 신자의 견인의 교리를 가르칩니다. 그리스도께서 구원하신 하나님의 언약의 백성이 완전히 타락해서 버린 바 될 수 없다고 가르치는 것이죠. 이것은 전적 부패의 교리와도 맞물려서 참 신자라고 하더라도 심각한 죄에 빠질 수 있다는 점을 경고하고 있습니다. 견인의 교리는 죄악의 확산의 경로를 일러줌으로써 신자의 삶에서 일어날 수 있는 죄의 신호들을 알아차리도록 돕는 것입니다. 그런 일이 가능하기도 하고 있을 수 있는 일이라고 해서 신자가 다 그렇다고 말하는 것은 옳지 못한 일입니다. 당연히 이런 심각한 죄는 경계해야 하는 것이죠. 우리 죄가 마음에서 입으로, 입에서 행위로 악화되지 않도록 경계해야 합니다.

성화의 심리학적인 구조

우리 안에는 거룩해지는 연습(77문), 곧 믿음과 회개, 그리고 은혜의 수단의 사용에 대한 결과로 신학적인 덕(*virtus theologica*)들이 형성됩니다. 이것을 다룬 어거스틴의 책이 『신망애편람』(*Enchiridion*)[105]입니다. 그리고 이 책에 나타난 신학적 덕목의 구조는 루터의『소요리문답』,『하이델베르크 요리문답』,『웨스트민스터 대소요리문답』, 칼뱅의『기독교 강요』의 구조에도 반영되어 있습니다. 제 박사논문에서도 이를 간략히 소개한 바 있습니다.[106] 어거스틴이 말하는 세 가지 신학적 덕은 믿음, 소망, 사랑을 일컫습니다. 그래서 이 신학적인 덕은 처음에는 믿음의 씨로 주입되고 그 주어진 성향 때문에 율법에 끌립니다. 그러나 신자는 자신이 율법을 지킬 수 없는 존재라는 것을 깨닫고 자신의 부패와 죄를 각성하며 회개와 믿음을 거듭하면서 은혜의 수단이 지칭하는 그리스도께로 이끌리게 됩니다. 그것이 바울이 로마서 5장에서 말하는 "환난은 인내를, 인내는 연단을, 연단은 소망을"이라는 말씀의 구조입니다. 여기서 연단은 증명된 인격(proven character)를 가리키며 우리 안에 생성된 소망의 덕성을 가리킵니다. 믿음이 하나님 이해의 변화를 가져온다면, 이 소망의 덕성은 자기이해의 변화를 가져옵니다. 이 내적인 변화는 사랑으로 결실하는 심리학적인 구조를 형성합니다. 그래서 개혁신학에서는 사랑의 행위인 선행을 열매라고 말합니다. 은혜의 수단은 은혜의 본체이신 그리스도를 지향하는 구조입니다. 당연히 이것이 불러일으키는 덕은 소망이며, 믿음과 소망의 상호 침투적이며 상승 작용에 의해서 사랑이 결실하게 되고, 그 결과 열매로서 91-148문의 십계명이 성화의 준거로 기능하게 됩니다.

이 신학적인 덕들로 우리 안에 있는 추동이 만들어낸 이미지들, 곧 자기상, 하나님표상, 타자상에 교정이 일어나게 됩니다. 믿음은 하나님표상의 변화에 관여하고, 소망은 자기상의 변화에 관여하며, 사랑은 타자상의 변화에 관여합니다. 이것이 가능한 이유는 두 가지입니다. 첫째, 아담이 타락한 후 상실했던 원의가 그리스도 안에서 회복됐기 때문입니다. 둘째,

아담이 원의를 유지하기 위해서 필요했던 부가적인 은사들을 성령께서 은혜로 부으심으로 말미암아 신자는 은혜의 수단을 통해 거룩해지는 연습을 통해서 이와 같은 신학적인 덕이 우리 안에 내적 체계로 자리 잡기 때문입니다. 그리스도가 회복하셨고 그리스도 안에만 있는 원의, 곧 참 지식, 의, 거룩은 점점 은혜의 습관을 통해서 열매로서 그 효과가 우리 안에 실현되는 덕들에 반영됩니다. 예컨대, 참 지식은 믿음이라는 덕목을 통해 우리 안에 왜곡된 하나님에 대한 우상적 표상을 교정하고, 성경을 통해 참되신 하나님에 대한 내적 표상 체계를 만듭니다. 의는 소망이란 덕목을 통해서 내적 심상으로서 자기상을 성경 계시를 따라 "의인이면서 죄인"(*simul iustus et peccator*)의 이중 구조로 교정합니다. 거룩함은 믿음과 소망으로 형성된 하나님과 자신 사이의 관계적인 특성이며 이는 확장성으로 나타납니다. 삼위 하나님께서 거룩한 관계를 맺으시는 것처럼 우리도 하나님과 거룩한 관계를 맺고 그것이 타자와 관계 맺는 삶에도 거룩하게 반영되어야 합니다. 언약의 두 당사자로서 하나님과 자기 표상, 그리고 그 관계의 확장으로서 타자와 맺는 거룩한 관계는 언약적인 인격 구조이기도 합니다. 이는 영화의 상태가 왜 죄를 범할 수 없는 상태인지를 보여주는 인간론적인 동력이기도 합니다. 물론 신론적인 동력은 그리스도의 능동적이며 수동적인 순종입니다. 그리스도는 그렇게 우리의 구원을 완성하셨고 그 공덕은 무효화 될 수 없으므로 영화에 이른 우리가 다시 타락할 수 없게 됩니다.

믿음이 하나님에 대한 것이라면 소망은 그 하나님에 대한 증거를 가진 것입니다. 이 관계의 확장으로 인해 거룩함은 사랑의 덕으로 나타납니다. 우리는 성경과 공동체의 경험을 통해 이 관계를 훈련합니다. 거룩함이란 역설적이게도 사랑과 미움의 통합을 불러옵니다. 오웬(John Owen)에 의하면, 이 미움은 죄의 실체이며, 이 증오가 적대감을 유발하고 하나님을 향할 때 내재하는 죄의 절대적 원리인 죄의 실체가 된다고 말합니다.[107] 그래서 사랑과 미움을 통합하기가 쉽지 않습니다. 그러나 하나님은 가인에게 아벨을 죽이려는 적개, 곧 미움을 다스릴 것을 요구하셨습니다(창 4:7-8). 하나님께서 가인에게 요구하셨던 이 적개의 다스림은 바로 이와 같은 통합의 방식으로 율법과 이상을 형성함으로써 이뤄집니다. 자신의 벌이 무겁다고 하는 것과 자신을 만나는 타인이 자기를 죽일 것이라는 가인의 두려움은 바로 내면의 미움을 타자에게 투사하는 전형적인 예입니다(창 4:13-15). 그것이 가인의 타자상이며 이는 미움을 투사한 것입니다. 가인이 이것을 다스리려고 했다면, 이 미움을 타자에게 투사하고 미움과 사랑을 분리할 것이 아니라 통합적인 실체로서 타자를 파악했어야 했습니다. 그러나 그렇게 하지 못한 것이 가인이 초래한 비극이었습니다.

사랑과 미움이 정말 언약적인 구조인가에 대한 의문이 혹시 있을 줄 압니다. 여러 가지를 한번에 설명하면 이해에 혼란을 빚기 때문에 나누어서 점증적으로 설명하고 있습니다. 사랑과 미움이란 단어를 사용해서 종주-봉신의 계약을 체결한 예가 앗수르와 봉신국가 사이에서 실제로 발견되었습니다.[108] 호세아 9:15은 이처럼 사랑과 미움이 실제 언약 체결에 사용된 구체적 예라고 할 수 있습니다.[109] 그래서 내면의 사랑과 미움은 언약의 상과 벌의 정신 내부적인 구조입니다. 처음에는 최초의 타자인 엄마와 자신을 동일대상으로 보지만 사랑과 미움의 대상이 하나의 대상이라는 데까지 인지가 발달하면 이것을 하나의 대상으로 둘 수가 없습니다. 그래서 엄마를 유사대상으로 두면서 최초의 타자가 심리 내적으로 발생합니다. 이 과정에서 사랑의 대상과 미움의 대상을 통합하기가 어렵기 때문에, 타자로부터 주어졌던 만족에 대한 사랑과 불쾌에 대한 미움이 양육을 거치면서 엄마로부터 주어지는 상과 벌과 결합을 합니다. 왜냐하면 내적인 만족감으로서 사랑과 자신의 신체 감각으로 주어지는 감각자료로서의 상, 그리고 내적인 불쾌감과 그에 대한 미움과 자신의 신체 감각으로부터 주어지는 감각자료로서의 벌이 같이 오기 때문에, 그렇게 내부에 생긴 타자상은 상벌의 이상과 양심의 기능을 하는 내적 타자로서 형성되는 것입니다. 초기 타자상은 현실적인 타자보다 환상에 더 가깝습니다. 우리 영혼이 산출하는 환상을 다루는 능력과 창조성의 결과로 인해 충분한 감각적인 경험이 없음에도 우리 영혼은 부재하는 엄마를 대신할 중간대상을 만듭니다. 대부분의 중간대상은 현실대상으로서 현실적인 감각자료가 늘어남에 따라 사라지지만 사라지지 않은 중간대상이 항구적인 형태로 남습니다. 이것이 하나님표상입니다. 그리고 하나님표상은 한 사람이 지닌 세계관의 원형이라고 할 수 있습니다.

그리고 이 내적 체계와 구조는 삼위일체 하나님을 닮아 있습니다. 성부께서 성자를 낳으심은 말씀의 낳으심이며, 성부와 성자로부터 성령의 나오심은 성부와 성자의 사랑의 관계를 위한 교통하시는 사랑의 나오심입니다. 이러한 삼위하나님의 본질은 동일본질이십니다. 그런 제2위격이신 성자께서 사람의 본성인 몸과 영혼을 취하셨습니다. 그리고 지금도 이 인성을 취하신 채로 계시며 장차 그와 같은 모습으로 다시 오시겠다고 하셨습니다. 성자는 아마 이렇게 스스로 자기를 제한하셔서 우리를 구원하시고 인간의 죄를 자기 안으로 수납하셨습니다. 십자가는 하나님의 진노와 심판, 자비와 구원이 만나는 곳입니다. 그리스도의 대속은 사랑과 미움이 만나는 곳이며 언약이 성취되는 곳입니다. 그렇게 이루신 언약적인 수납은 새 하늘과 새 땅 이후에도 영원히 지속될 것입니다. 이와 같은 방식으로 우리는 내면의 미움을 수납해가면서 성장해갑니다. 이와 구조적으로 유사하게 유아는 생애 초기 엄마를 동일대상이라고 여깁니다. 그러다가 인지 발달과 좌절을 겪으면서 엄마를 동일대상에서 유사대상으로 여기게 됩니다. 그리고 유아는 유사대상의 부재를 메울 중간대상을 발달시킵니다. 중간대상 중 항구적 형태가 하나님표상입니다. 아마도 원래대로라면 동일대상과 유사대상을 항구적 형태로 정착시키고 통합하기 위해 사랑의 관계를 목적해서 타자상을 산출할 것입니다. 이렇게 하나님표상은 일부가 자기상에서 일부가 외부 타자에서 유래되어 형성됩니다. 아담과 그 후손이 원의를 잃어버리지 않았다면 부모로부터 그와 같은 방식으로 이후 세대에 전해졌을 것입니다. 마치 성령의 나오심이 삼위 간에 사랑의 교통을 위함인 것처럼 하나님표상은 자기와 이웃을 묶어줍니다. 그리고 자기상으로부터 하나님표상이 나오고 이 둘에 의해서 타자상이 현실대상의 내적인 부분으로 형성되는 것 역시 삼위일체를 닮아 있습니다. 그래서 자기이해가 제대로 되면 삼위하나님을 더 깊이 이해하게 됩니다.

이 과정에서 원래 아담은 원의와 부가적인 은사들로 인해 온전할 수 있었지만, 타락한 우리는 왜곡될 수밖에 없고 만물에 가득한 하나님의 신성을 금수와 버러지의 형상으로 바꾸어버리게 됩니다(롬 1:20-23). 여기서 벗어나려면 거룩해지는 연습이 필요하고, 그 연습이란 믿음과 회개로 이 신학적인 덕이 쌓이는 것입니다. 그러기 위해서는 이 표상들이 형성되어 있는 우리 마음의 구조를 제대로 알아야 합니다. 그리고 그 마음으로부터 모든 죄들이 시작된다는 점도 유념해야 합니다.

개혁신학에서 7가지 죄는 여전히 유효한가

그런데 7가지 대죄를 유심히 살펴보면 이것이 사람의 마음의 체계 곧 마음의 죄라는 것을 알 수 있습니다. 예컨대, 교만(superbia), 탐욕(avaritia), 시기(indivia), 식탐(gula), 호색(luxuria), 분노(ira), 나태(acedia)는 모두 마음에서 비롯되는 죄입니다. 음욕을 품고 여자를 보는 자마다 이미 간음하였다는 주님의 말씀에서도 알 수 있습니다(마 5:28). 혹시 식탐이나 나태는 행위와 관한 죄가 아닌가 생각할 수도 있겠지만, 이것도 마음의 태도에서 비롯되는 것들입니다. 어떻게 게으름이 마음의 태도에서 비롯된 것이라 말할 수 있을까요? 성격 특성을 보여주는 여러 나라에서 그 유효성이 확인된 경험적인 조사 연구에 의해 개발된 모델로[110] 5가지 성격 특성(Big 5 Personality traits)은 가장 널리 인정받고 있는 성격이론 중 하나입니다.[111] 그중 신경성(Neuroticism)은 스트레스를 얼마나 쉽게 받는가에 관한 성향의 정도를 나타냅니다. 게으른 사람들은 특히 신경성 경향이 높아서 너무 쉽게 감정적으로 지치고 정서적 소진을 경험하며 자신이 해야 할 일에 쏟을 에너지가 없어지고 작은 스트레스도 크게 느끼며 그런 내적 태도가 무기력을 습관화하면서 게으름이라는 생활 태도를 만들어냅니다. 그래서 마치 행위를 보여주는 지표 같은 게으름조차도 실은 우리 마음에서부터 시작한다는 점을 보여줍니다. 식탐의 경우도, 실연을 경험한 여성이 실연에서 비롯된 마음의 허기를 채우기 위해 먹기 시작해서 고도 비만으로 이어지는 사례로도 알 수 있듯이 이것 역시 마음에서 비롯된 것임을 알 수 있습니다.

개혁신학이 죄를 마음의 죄, 입술의 죄, 행위의 죄로 나눈 것은 우리 죄가 이와 같은 순서로 점점 심화되는 경향성이 있기 때문이며 그 출발점은 마음의 내적 체계로부터 비롯됩니다. 이 내적인 심상 체계는 몸과 영혼의 추동이 우리 마음에 표상하는 이미지의 집합체들입니다. 로마 가톨릭의 대죄는 원래 원죄를 출발점으로 하지만 이 책이 원용하려는 지점은 부모로부터 유전한 오염을 설명하는 심리학적인 내면 체계이자 죄의 출발점으로서 대죄 개념을 사용하려는 것입니다. 그러므로 로마 가톨릭이 지닌 구원론과 기독론적인 맥락을 지우고 대죄 개념에 세례를 베풀어 개혁신학의 원리를 따라 죄의 처소로서 마음의 구조를 보여주고자 합니다. 이 마음의 구조를 밝히고 여기서 죄가 나오고 그 체계가 지닌 의도에 따라 경중이 달라지는 것을 보여주고자 합니다. 그런 점에서 이 7가지 대죄는 죄의 출발점으로 내면 체계를 잘 보여줄 수 있는 좋은 수단입니다. 감정 세력으로서 핵심감정이 지닌 죄의 속성을 잘 보여준다고 하겠습니다.

심리학적인 신학의 관점에서 정의해본다면, 죄는 하나님께서 우리를 지으실 때 원래 목적하신 충분한 공동체적인 성장과 완성을 거부하는 것입니다. 로마서 3:23에서 "모든 사람이 죄를 범하였으매 하나님의 영광에 이르지 못하더니"라고 했을 때, 죄로 인해 우리가 하나님의 영광에 다다르지 못하게 되었다고 말하는 것도 이런 맥락입니다. 성경을 두 단어로 요약하면 "영광"과 "구원"입니다. 인식론적으로 하나님을 아는 지식의 국면에서는 "영광"이며 자기를 아는 지식의 국면에서는 "구원"입니다. 우리에게 구원이 이루어진다는 말은 우리가 하나님의 영광에 다가가게 된다는 의미며 그런 점에서 죄와 영광은 서로 대척점에 있습니다. 사실 신학적인 난제 중 하나가 죄악의 문제입니다. 그러나 심리학적인 신학에서 이것은 더 쉽게 설명될 수 있습니다. 이 죄악의 국면은 하나님의 허용적인 작정의 결과로 인해 인간 기억의 일부로 통섭하는 과정을 통해서 다시는 죄에 빠지지 않도록 합니다. 실제로 회심의 과정 자체도 영혼 깊이 잠들어 있던 죄의 본성을 각성하는 데서 출발합니다. 이 각성이 없이는 사실 출발을 할 수가 없습니다. 대부분 회개를 죄로부터 돌이킴에만 초점을 두지만 진정한 돌이킴은 역설적이게도 우리 본질 속에 내재한 죄를 각성하는 데서 출발하고, 이 죄의 비참의 기억을 간직하는 것이며, 그러고 나서 우리는 하나님께로 돌이키게 되며 죄로부터 멀어지게 됩니다. 하나님께로 영원히 돌아서 있는 것이 참된 회개이며 생명에 이르는 길입니다. 이 생명 얻은 일을 위해 그리스도께서 능동적 순종을 이루시고 전가하신 것, 이것이 태초에 선악을 알게하는 나무를 에덴동산에 두셨던 목적입니다. 죄의 기억은 범죄의 가능성을 없애는 인간론적인 동력이 됩니다.

7가지 죄의 기초로서 인간 형성의 과정과 성화의 구조

핵심감정은 흔히 엄격한 자동성을 지닌 감정 세력입니다. 루터적인 언어로는 일종의 "노예의지"입니다. 한 개인의 추동은 마음에 이미지들을 표상합니다. 이 이미지들은 환경의 자극에 대한 한 개인의 반응이지만 이 반응에 사실상 하나님은 의식적으로는 고려되어 있지 않습니다. 만약 있다면 환상으로 표상되는 하나님이라 할 수 있습니다. 인간의 이성(*intellectus*), 의지(*voluntas*), 감각적 욕구(*appetitus sensibilis*)는 자연적인 덕의 주체이며,[112] 이는 아퀴나스의 진술로서 인간의 구성적 본질에서 나오는 추동이 빚어낸 인격주체의 특성을 보여줍니다. 그런데 아퀴나스와 달리 개혁신학은 타락한 인격주체가 죄로 기울어져있다고 설명합니다. 이 주체는 죄로 기울어진 특성을 이미지 형태로 지니고 있습니다. 자기상, 하나님표상, 타자상이 있고 유아의 영혼과 몸에서 비롯된 추동은 처음에는 엄마와 자신을 동일시(is)하는 관계를 맺습니다. 이 부분대상과의 일치는 사랑의 내사와 미움의 투사로 분리된 채 존재하다가 인지가 발달하면서 그 사랑과 미움의 대상이 둘이 아니라 하나라는 사실을 알게 되고, 그 과정에서 대상과 일치 관계를 포기하고 유사관계(like)를 만듭니다. 이렇게 최초의 타자가 내면에서 만들어집니다. 이 과정에서 일치로서의 자기상과 유사로서의 타자상의 기초가 형성되는 것입니다. 유사로서 타자상의 항구적 형태가 환상과 결합하면서 더 비현실적인 형태의 중간대상인 하나님표상이 형성되고 더 현실적인 형태인 타자상이 형성됩니다. 이 과정은 추동이 사랑과 미움을 반복하면서 내적인 통합하는 시도이며 이렇게 초자아적 구조, 곧 양심이 발생합니다.

결국 이 세 가지 상의 자연적 주체가 바로 인격입니다. 이 인격은 핵심 감정의 산물이며 자연적인 덕이라 할 수 있습니다. 왜냐하면 내면의 이미지들은 원의를 상실한 채, 조상으로부터 부패를 물려받아 왜곡된 심상을 계속해서 만들고 그것을 기초로 해서 주체를 형성하기 때문입니다. 이것을 가장 단적으로 보여주는 예시가 정치 견해입니다. 개인에게 일어나는 정치적인 심상의 변화는 사람이 회심하는 것만큼이나 기적적인 일입니다. 이것은 성장 환경 및 교육 환경과 무관치 않고 동시에 강한 자기동일성을 띠고 다른 정치적 견해에 대해서 배타성을 보입니다. 우리 사회에서 전쟁을 경험한 세대와 학생운동을 경험한 세대가 갖는 간극은 너무도 큽니다. 뉴욕 대학교 존 조스트(John Jost) 교수는 앞서 언급했던 5가지 성격 특성 중 개방성, 성실성, 외향성과 정치 견해의 상관성에 대한 논문을 2003년도에 발표하기도 했습니다.[113] 그리고 이들의 정치적이고 주체적인 행위들은 단지 이미지가 아니라 한 사람의 의사결정의 주체를 형성하는 근간입니다. 추동은 의식에 이미지를 표상하지만 이것은 단지 이미지가 아니라 의식적인 주체입니다. 이미지들은 인격의 특성을 구성합니다. 이 이미지가 무엇인지를 찾는 과정이 "핵심감정 찾기"와 "핵심감정 보기"의 과정입니다. 찾기는 창조주 하나님표상을 통한 자기상의 탐색이며, 보기는 좀 더 깊이 자기상이 지닌 함의와 표상들 사이의 내적 역동을 이해하면서 찾아오는 자기비참과 무기력을 깨닫는 과정입니다. 이 과정을 통해 우리는 구속주를 소개받습니다. 죄를 깨닫게 되는 과정과 구속주를 소개받는 과정은 일종의 예비적 은총이며 회심 전의 과정이라 할 수 있습니다. 이처럼 "핵심감정 보기"의 과정은 구도자와 중생자가 구분되는 분수령입니다. 율법의 제2용도에 의하면, 율법은 택자들을 그리스도께 이끄는 기능을 하지만 불택자들을 정죄로 이끕니다. 핵심감정 공동체 훈련은 그리스도의 편지로서 신자들의 삶이 서로 유기적으로 연결되면서 구도자의 심령이 복음을 직접적으로 대면하게 합니다. 어쨌든 구도자와 중생자는 여기서 서로의 길이 갈립니다. 구도자는 그저 삶의 고단함을 덜어주는 치유의 길로, 중생자는 죄 문제를 해결하는 성화의 길로 접어듭니다.

구도자에 대해서 우리는 내적인 균형에 대한 약간의 수정을 통해서 현실 적응이 더 용이하도록 개입합니다. 물론 이 과정 자체가 복음의 접촉점입니다. 사실 하나님께서 섭리의 영역에서 그 인생을 그렇게 몰아가시는 것인데 오히려 상담이 개입하여 문제를 악화시키거나 지체되도록 하는 것은 아닌가 하는 비판이 있을 수 있습니다. 그러나 그렇지 않습니다. 예를 들어서 감기 환자가 바이러스에 대항하는 과정이 감기의 증상입니다. 흔히 하는 말로 약을 먹으면 7일 만에 낫고 안 먹으면 1주일 만에 낫는다고 하는 게 그런 이유죠. 사람이 인생에서 하나님의 섭리적인 개입을 잘 견디면서 바이러스에 대한 면역을 얻을 수도 있지만, 하나님과 자신을 아는 데서 자라가게 될 현재의 역경과 고난이 때론 매우 심각한 감기 증상이 되어서 실제 감기 바이러스가 끼친 해악보다 증상의 악화로 생명의 위협을 경험하는 경우도 발생할 수 있습니다. 현재 닥친 섭리적인 문제에 대해 지혜와 믿음을 가지고 제대로 반응하기보다 과민증상으로 현실을 제대로 파악하지 못하고 오히려 상황이 악화되는 경우 일대일 혹은 공동체를 통해 상담이 개입되어야 합니다. 이는 중생자라도 마찬가지입니다. 참신자라 하더라도 공황장애나 공포증, 우울증, 자살 충동에 시달릴 수 있고 이런 몸과 영혼이 보이는 과민반응을 진정시키고 정말 내 인생에 닥친 섭리적인 상황을 관조하면서 하나님의 뜻을 발견하고 유익을 얻을 수 있도록 바르게 판단하고 태도를 취할 수 있도록, 내적인 조정이 일어날 수 있도록 통찰을 위한 거울의 역할을 해주어야 합니다.

구도자는 하나님과 관계 맺음이 없으면 사랑과 미움의 언약적인 구조도 제대로 통합할 수가 없습니다. 중생자의 경우 이것은 단지 감정 세력으로서 미움이 아니라 죄와의 통섭입니다. 이 분위기는 로마서 6-8장에 드러난 믿음으로 사는 그리스도인의 삶의 원리에서 드러납니다. 죄 자체가 우리 구원을 구성하는 일부로 작용하게 되는 것입니다. 우리 구원이 단지 죄를 도려내는 과정이 아니라 죄를 기억함으로써 그 부정적인 요소를 제거하고 죄로부터 멀어지도록 하는 효과를 냅니다. 그러나 은혜가 없는 심령은 죄의 각성을 견딜 수가 없기 때문에 그것을 정면으로 응시하며 우리 인격 구조물의 일부로 기능하도록 할 수 없습니다. 가인이 자기가 받은 처벌을 견디지 못하는 것도 같은 이유입니다. 그래서 유사 복음, 가짜 복음이 나오게 되는 것입니다. 우리 삶에서 죄를 도려내어 버리려는 시도를 하는 것이죠. 율법주의와 무율법주의가 모두 같은 오류에 빠져 있습니다. 이처럼 구도자는 은혜가 없이 죄를 다루는 이 작업에 진입할 수 없습니다. 그래서 단지 감정 세력으로서 미움과 사랑을 적응할 수 있을 정도로만 통섭할 수 있도록 돕는 것입니다. 이 과정에서 죄를 깨닫고 돌이킨다면 큰 은혜입니다. 그래서 구도자 과정도 사실 중생자 과정을 지향하고 있습니다. 그러나 만약 그렇지 못하더라도 주님의 긍휼을 따라 주인의 상에서 먹으며 은혜의 때를 기다릴 수 있습니다. "핵심감정 찾기"와 "핵심감정 보기"는 우리 내면의 이와 같은 그 역동구조를 드러내어 보여줍니다.

"핵심감정 지우기"는 믿음이 심기고 회개가 반복되는 과정을 돕습니다. 이 과정은 역설적이게도 미움과 죄를 인격의 일부로 통섭하는 과정입니다. 지우는 일이 가능하려면 그것을 각성하는 것이 우선되어야 하며 그리스도께서 십자가의 흔적을 부활의 몸에 지니신 것처럼 우리 구원은 죄를 완전히 잊는 것이 아니라 오히려 그 기억을 간직하는 것이며 심리학적으로는 사랑과 미움을 통섭하므로 성장하는 것입니다. 이에 비해 언약적인 인격주체 세우기는 믿음과 회개로 은혜의 수단을 반복적으로 사용함으로 성향적인 은혜(gratia habitualis)[114]인 신학적 덕(virtus theologica)이 이미지와 해석의 틀로서 내면에 갖추어지는 단계입니다.[115] 그렇게 베풀어진 은혜의 덕이 바로 믿음, 소망, 사랑입니다.[116] 구도자의 경우도 현재의 고통의 환경을 통제하는 것이 아니라 그것이 유발하는 심리적 과민 반응을 진정시켜서 자신이 처한 상황을 섭리로 돌아보고 복음의 초청이 삶에서 반복적으로 일어나도록 돕는 과정입니다. 『핵심감정 탐구』 35쪽에 나오는 "인간 이해를 위한 주요개념들의 상관관계"를 보여주는 도표를 보면 이렇습니다.

인간	관계 (하나님 형상)		표상	자기	덕목	인격	성령의 열매	대상
	넓은 의미	좁은 의미						
영혼	지성	지식	하나님의 표상	반성적 의식	믿음	인격 주체	사랑 희락 화평	하나님
	의지	의	자기표상	실행정 기능	소망		충성 온유 절제	자신
몸	감정	거룩	대상표상	관계적 존재	사랑		인내 자비 양선	이웃

자연적인 덕의 출발점은 인간 본성이며 그 기능으로부터 나오는 추동입니다. 이 추동은 우리 마음에 이미지를 표상합니다. 이미지를 담는 그릇이 넓은 의미의 하나님의 형상입니다. 이 감정적 이미지들은 중심 감정이며 우리의 사고, 행동, 정서의 중심입니다. 그리고 그리스도가 회복하셨고 그 안에만 있는 좁은 의미의 하나님의 형상인 원의가 우리에게 적용되도록 하는 신학적인 덕이 바로 믿음, 소망, 사랑입니다. 타락한 인간의 자연적인 덕은 이런 구조로 정신 구조물을 만듭니다. 인간은 그것에 따라 윤리적 · 정서적 · 정치사회적인 반응을 하며 삶을 영위합니다. 그런 결정의 의식주체를 인격주체라고 합니다. 자연만으로도 거기에 하나님의 신성이 충만히 드러나지만 타락으로 인해서 신성을 금수와 버러지의 이미지로 바꿔버리게 됩니다(롬 1:20-23). 원래 아담은 자연적인 상태에 더해 하나님께서 원의를 주셨습니다. 그리고 이것을 유지할 수 있도록 부가적인 은사를 더해주십니다. 그 상태가 유지된다면 우리는 삼위일체 하나님을 모사함으로 신의 성품에 참여하면서 자기상이 형성되고 하나님과 같지 않음을 확인하면서 하나님표상을 형성합니다(벧후 1:4). 이 추동은 마음에 표상된 이미지들을 통해서 마침내 인격주체를 산출합니다. 이 주체는 내적인 언약 구조의

산물입니다. 언약이 축복과 저주, 구원과 심판의 구조를 지니는 것처럼 우리 내면의 추동은 우리 의식에 사랑과 미움이라는 구조가 양심과 같은 율법 체계를 산출하기 때문에 이것이 언약 구조라고 일컬어집니다.

출애굽 했던 이스라엘이 누룩 없는 빵을 먹었던 것처럼 신자의 출애굽 여정은 우리 삶에 누룩을 제거하는 것입니다. 인간의 성장 과정에서 심겨진 문화와 가정에서 비롯된 우상의 누룩들이 제거되는 과정이 "핵심감정 지우기"입니다. 인간의 삶은 누룩 없는 삶을 지향해야 하며 누룩을 품는 삶이어야 합니다. 죄를 각성하고 그 기억을 품어 우상을 섬기는 죄가 제거되는 것입니다. 우리를 구원하는 공효는 오직 그리스도의 능동적이며 수동적인 순종의 의에만 있으며 이것은 성부의 우편에 계신 그리스도 안에만 존재합니다. 제1부 제2장에서 설명한 믿음에 의한 동기화 과정을 통해서 우리는 그 원의와 연결됩니다. 그리고 이 법적 결과에 의거해서 성령께서 은혜를 우리 마음에 주입하심으로 거룩해지는 연습이 가능해지고 그 연습들로 인해 성향적인 은혜로서 우리 내면에 신학적인 덕을 위로부터 형성하게 되는 것입니다. 자연적인 덕이 아래로부터 형성되는 것이라면, 은혜의 수단을 사용하는 거룩해지는 연습은 위로부터 신학적인 덕을 형성합니다. 그것이 믿음, 소망, 사랑이며 이를 통해서 우리의 이미지들이 가졌던 왜곡된 누룩이 제거되고 교정됩니다. 이 연습이 만들어내는 신학적인 덕은 영광스런 인격주체를 빚어냅니다. 그리고 이 덕목들을 통해서 성령은 우리를 그리스도의 공덕에 연합시키며, 우리는 하나님을 향해, 이웃을 향해, 자신을 향해 성령의 열매를 결실하게 됩니다. 이렇게 믿음으로 그리스도의 공덕에 연합하는 과정까지를 "핵심감정 지우기"라고 합니다.

7가지 죄와 언약적인 인격주체 세우기

그렇게 우리는 은혜의 지배 아래 들게 되고, 우리 인격 구조는 새로운 이미지를 믿음과 은혜의 수단을 통해 얻으면서, 언약 안에서는 통합된 인격주체가 세워지게 됩니다. 이 여정의 가장 밑바닥에는 타락하여 부패한 이성과 의지와 감각적인 욕구가 자리하고 있습니다. 그리고 추동은 핵심 감정에 의한 하나님, 타자, 이웃에 대한 구체적인 정신 구조물을 날실과 씨실처럼 직조합니다. 그렇게 왜곡된 정서는 단지 정서가 아니라 세상과 관계 맺는 감정 세력이며 하나님, 타자, 자신의 이미지라는 렌즈로 세계를 보는 세계관입니다. 이것을 루터의 언어로 옮기자면 "노예의지"라 할 수 있습니다. 루터는 단지는 의지의 문제를 다루었지만, 이렇게 한 개인이 자기 욕망을 추동함으로 맺어진 하나님, 타자, 이웃으로서 맺은 세계와의 관계는 이런 묶임 속에 놓여 있습니다. 이 나라가 세상 나라며 이 나라에서 벗어나 먹고 마시는 문제로 다투는 것이 아니라 의와 평강과 희락이 있는 관계로 들어가게 되는 것, 그것이 현재에 임재해 있는 하나님 나라를 사는 법입니다.

핵심감정 공부는 바로 인간의 정신적인 구조물이 구체적으로 어떤지를 밝히는 작업입니다. 인간에게는 백인백색의 핵심감정이 있습니다. 핵심감정은 이처럼 지극히 개인화된, 개인의 상황으로 특화된 감정이지만 백인백색의 감정을 모두 다룰 수는 없습니다. 그럼에도 불구하고 인간은 하나의 문서라고 할 수 있고, 그런 특징을 유형으로 보여주어야 실제로 책을 읽으시는 분들에게 도움이 될 것입니다. 특히 신학적인 면을 고려하여, 이 책에서는 이런 정신 구조물로서 죄의 세력이 어떤 방식으로 형성되고 어떤 결과를 만들어내며 하나님과 사람과의 관계에서 어떤 방식으로 작동하는

지를 살펴볼 것입니다. 그러려면 이에 관한 근거가 필요합니다. 그런 점에서 7가지 죄는 매우 좋은 구조물이라 할 수 있습니다. 그리고 이 구조물을 지우고 거기에 신학적인 덕의 구조물로 대치하는 과정이 바로 "핵심감정 지우기"와 "언약적인 인격주체 세우기"입니다.

인간 심성의 가장 밑바닥에는 마음 체계로서 죄의 구조물이 있습니다. 이 구조물로 살피기 가장 좋은 고전의 내용 중 하나를 꼽자면 7가지 대죄라고 할 수 있을 것입니다. 여기서 사용된 7개의 항목은 로마 가톨릭처럼 대죄나 그와 관련한 신학 체계를 다루는 것이 아니라 단지 핵심감정의 내적 유형을 보여주는 구조물로만 활용할 것입니다. 그리고 이것을 지우고 거기에 세워질 언약적인 인격주체의 구조물인 신학적인 덕인 믿음, 소망, 사랑을 특징을 간략히 다루겠습니다. 당연히 이 책이 다루는 대죄는 로마 가톨릭이 말하는 죽음에 이르는 죄가 아니며, 그런 죄를 지으면 참 신자라도 언약에서 끊어지게 된다는 의미도 포함되지 않습니다. 이 책에서는 대요리문답 149-152문에서 말하는 죄의 경중과 대소를 이용해서 우리 부패의 깊이를 가늠하고 지우기 위한 내적 지도를 만드는 작업을 위해 대죄를 이용할 것입니다. 이 깊이를 가늠하는 작업은 은혜의 수단과 믿음을 통해 우리의 성화를 촉진하기 위함입니다. 즉 성도가 죄의 문제에서 마음의 죄, 입술의 죄, 행위의 죄의 세력이 강성해지는 것을 막고 죄의 뿌리를 드러내고 발본색원하여 실제적으로 정욕에 힘을 공급하는 죄를 약화시키는 영적 토양을 만드는 것입니다.

7가지 대죄 개요

교만

교만(*superbia*)은 하나님께서 계셔야 할 중심에 자기를 두려는 태도를 의미합니다.[117] 그래서 교만은 다툼의 원인이 되며(잠 13:10), 패망의 선봉입니다(잠 16:18). 교만한 자들은 주의 법도를 따르지 않습니다(시 119:85). 여호와는 그런 자들을 미워하십니다(잠 16:5). 그런 점에서 교만은 모든 죄들의 원죄이며,[118] 모든 악의 일반적인 근원입니다.[119] 루이스(C. S. Lewis)는 교만을 하나님과 맞서는 악한 마음의 상태라고 말합니다.[120] 아담은 하나님께 맞서 하나님처럼 되려는 교만을 가지고 비교하기 시작하면서 죄에 빠지게 되었습니다.[121] 교만과 열등감은 동전의 양면과 같습니다. "핵심감정 열등감"은 교만의 다른 얼굴이기도 합니다.

탐욕

사탄은 40일 금식하신 예수님을 찾아와 시험합니다. 그 시험 중 하나는 천하만국을 보여주며 자신에게 절하면 이 모든 권세를 주겠다는 유혹이었습니다. 탐욕(*avaritia*)은 필요 이상의 것을 욕망하는 것입니다. 바울은 돈을 사랑함이 일만 악의 뿌리라고 보았습니다(딤전 6:10). 우리 주님께서 천국 비유에서 가시밭이 결실치 못하는 이유 중 하나는 바로 재물이었습니다(눅 8:14). 누가복음의 어리석은 부자는 넘치는 재산을 지킬 창고를 지어 보관할지언정 문 앞에 개들이 헌 데를 핥는 나사로를 돌보지는 않습니다(눅 16:19-31). 탐욕은 재물과 권세와 같은 많이 갖는 외향을 가지지만 내면적 모습은 음행입니다. 본회퍼(Dietrich Bonhoeffer)는 "탐욕은 음행과 결부되어 있다. 욕망은 충족되지 못한다. 탐심을 품은 자들은 세상에 속하고 만다.…음행과 탐욕은 우상숭배다"라고 말합니다.[122] "핵심감정 경쟁심"은 탐욕이 쓰고 있는 가면입니다.

시기

시기(indivia)는 사랑과 미움의 투쟁 속에서 미움에 의해 발생하기도 합니다.[123] 세익스피어의 『오셀로』에서 따온 "오셀로 증후군"은 질투에 눈이 멀어 파국을 맞는 사랑을 일컬을 때 쓰는 표현입니다. 캐시오에 대한 이야고의 시기, 오셀로는 연인 데스모니아와 부관 캐시오의 관계를 이야고의 암시 때문에 알게 되고, 그의 질투가 데스모니아를 죽음으로 몰고 갑니다. 사랑과 미움의 관계는 인간의 시기의 출발점입니다. 가인은 아벨을 시기했습니다. 그 시기가 아벨의 죽음을 불렀습니다. 시기는 우리 마음에 미움을 불러일으키고, 그것은 우리 삶을 파괴합니다. 시기는 인간관계를 파괴하며 삶을 붕괴시킵니다.

식탐

식탐(gula)은 단순히 식욕을 의미하는 것이 아니라 음식이나 약물에 대한 필요 이상의 욕심을 말합니다. 사람이 생명을 유지하는 데 필요한 양을 초과하여 지속적이고 강박적으로 먹거나 기타의 것들에 대한 집착을 보이는 것을 말하며 각양의 약물 중독도 여기에 속합니다. 이들은 집착의 노예들입니다. 압도적이며 반복적인 과도한 욕구가 물질, 대상, 느낌, 행동 등에 존재할 때 중독이라고 할 수 있습니다.[124] 식탐의 현대적 이해라 할 수 있는 중독에는 알코올, 마약 등의 약물, 니코틴, 도박, 도벽, 섭식 장애 등이 있

습니다.[125]

호색

호색(*luxuria*)은 결혼한 남녀 외에 다른 남녀에게 육체적 관계의 마음을 갖는 것을 기본 뜻으로 합니다. 우리 주님께서도 음욕을 품고 여자를 보는 자마다 간음했다고 말씀하십니다(마 5:28). 그런데 호색을 의미하는 라틴어는 의외의 지점을 시사해줍니다. "호화로움"을 뜻하는 "Luxury"가 이 단어에서 유래했습니다. 그래서 성경은 음욕을 의미하는 정욕(lust)에 육신과 안목을 붙여서 설명합니다(요일 2:16). 남자는 아름다운 여자를 주목해서 보는 데서, 여자는 그렇게 호화롭게 치장하는 데서 호색이 출발합니다. 그래서 욥은 자기 경건을 위해 자신의 눈과 언약을 맺고 어린 여자를 주목해서 보지 않았습니다(욥 31:1). 칼뱅은 호색에 대해서, "그것이 마음에서건 몸에서건 모든 더러움을 혐오하는 하나님 앞에서 정당한 것"이라고 말합니다.[126] 그러나 호색에 의한 음행은 단지 육체적 관계나 그와 관련한 마음의 범죄만을 의미하지 않습니다. 호세아 4:10-19의 사건은 혼음제의(sex rite)와 그에 따른 우상숭배의 맥락을 보여줍니다(출 34:15-16).

분노

성경은 분을 내어도 죄를 짓지 말고 해가 지도록 분을 품지 말라고 가르칩니다(엡 4:26). 성경의 이 진술은 분노(*ira*) 자체가 악한 것이 아니라 경우에 맞지 않는 분노와 분노의 지속 시간을 문제삼고 있습니다. 예컨대, 자녀를 노엽게 하지 말라는 권면은 합당한 가르침과 질서를 따라 돌봐야 한다는 것을 보여줍니다(엡 6:4, 골 3:21). 타나토스(*Thanatos*)로 표현되는 공격

(aggression)은 단지 적개(hostility)가 아니라 지배력(mastery)을 의미할 수도 있고, 주장하고 통제하는 정신 작용을 의미하기도 합니다.[127] 그러나 분노를 7가지 죄 목록에 포함시킬 때는 단지 지배력이 아니라 폭발적이고 생명을 빼앗는 치명적인 죄로서의 분노를 일컫습니다. 분노는 기도를 방해하는 사단이 촉발하는 가장 강력한 적이기도 합니다.[128]

나태

나태(acedia)는 5가지 성격 특성(Big 5 Personality traits)에서 신경성(Neur-oticism) 척도가 지나치게 예민해서 쉽게 감정적으로 지치고 정서적 소진되는 것입니다. 나태한 사람은 소진과 무기력을 반복하면서 나태한 상태에 이르게 됩니다.[129] 나태는 어떤 것에 대한 무관심을 뜻합니다. "핵심감정 무기력"의 전형적인 특징과도 겹칩니다. 아무런 감정을 느끼지 않으며 아무런 의욕도 없습니다.

신학적인 덕의 개요

믿음

믿음(fides)은 하나님을 아는 지식입니다. 칼뱅은 믿음을 "그리스도 안에서 값없이 주어진 약속의 진리에 근거한, 우리를 향한 하나님의 선의에 대한 확고하고 확실한 지식으로, 성령에 의해 우리 정신에 계시되고 우리 마음에 인쳐진 것"이라고 말합니다.[130] 칼뱅의 정의에서도 볼 수 있듯이, 몸과 영혼의 추동이 의식에 만들어내는 하나님표상이 개인의 경험들에 의해서 형성된 것이라면, 믿음은 성령에 의해서 확고한 지식으로 우리 의식에 계시된 것이라고 할 수 있습니다. 이 신학적인 덕은 자연 상태로는 저절로 생기지 않으며 성령에 의해서 주입된 은혜로 말미암아 습관으로서 믿음이 자리잡고 성장하게 됩니다. 이는 하나님을 인식하는 수단이며 하나님의 말씀을 먹는 입이라고 할 수 있습니다. 믿음이 지식이라는 말은 이성을 사용한 암기나 기억을 의미하는 것이 아니라 마음의 확신에 더 가깝습니다.[131] 믿음은 주입된 습관이며, 습관은 원래 자극-반응을 반복하면서 획득하는 성질로서 자연적이지만, 믿음은 초자연적인 방식으로 주입된 습관입니다. 계시의 자극과 인격주체의 반응 속에서 주고받음을 통해 형성되어야 하는 것이지만 하나님께서 우리 마음에 넣어주심으로 초자연적으로 형성된 신학적인 덕입니다. 이는 우리 마음의 하나님표상을 대신해야 합니다. 이스라엘이 출애굽 할 때, 누룩 없는 떡을 먹음 같이 애굽의 누룩이 우리 삶에서 제해져야 합니다. 그렇지 않으면 시내산에서 모세가 없는 40일 동안 금송아지의 누룩, 곧 내면의 하나님표상이 하나님께 계속 덧칠되기 때문입니다. 신자는 믿음을 통해서 하나님의 존재와 그 뜻을 확고하게 알게 되고, 마음에 확신이 일어나며, 경험 이전에 알게 되고, 하나님표상의 왜곡은 믿음이라는 신학적인 덕을 통해서만 교정됩니다. 물론 중생자라면 섭리 속에서 하나님을 배워가게 되며, 성경 계시에 대한 분명하고 확실한 깨달음이 성령의 조명으로 늘 따라옵니다. 믿음의 덕이 자라려면 말씀과 성례라는 은혜의 수단이 필요합니다. 또한 신앙고백은 말씀의 본의를 공적인 고백뿐만 아니라 내 삶을 통해서 섭리적으로 만나는 하나님에까지 우리 신앙을 확장합니다. 그래서 우리는 교리를 단지 문자로 배우는 데 그치지 말고 우리의 삶 속에서 깨우쳐야 합니다.

소망

소망(*spes*)이란 신학적인 덕은 자기표상의 교정으로서 초자연적인 덕입니다. 소망은 이미 내 안에 이루어진 하나님 나라이지만 아직 이루어지지 않은 먼 미래의 하나님 나라를 현재 내 삶 속에서 일어난 약간의 인격적 변화의 증거들을 통해서 보게 되는 덕입니다. 종말론적인 전망을 현재의 삶에 가져옴으로써 신자는 자신의 현재를 해석해내는 힘을 지니게 됩니다. 우리 삶이 때로는 순경이고 때로는 역경이지만, 어떤 때라도 신자는 섭리적인 관점을 가지고 자신의 인생과 주변 사람들과의 관계망 속에서 자신에게 닥친 일들을 해석해낼 수 있게 됩니다. 사실 소망의 증거는 현재에 있습니다. 현재 내 인격 속에 소망에 관한 증거가 있습니다. 베드로 사도는 소망에 관한 이유를 묻는 자들에게 대답할 것을 예비하라고 했습니다(벧전 3:15). 이 말은 현재 지금 여기에서 내 삶에 구원에 관한 내적인 증거가 있다는 의미입니다. 그러나 역설적이게도 현재 맛보는 이 하나님 나라를 먼 미래의 아직 이루어지지 않은 하나님 나라를 전망하고 그것을 현재로 당겨오는 힘의 원천이 됩니다. 그리고 먼 미래적 그의 나라가 다시 현재 삶에서 만나는 고통이나 좌절, 인생에 주어진 하나님의 주권적인 결과들에 대해서 받아들이고 순종하는 결과를 낳습니다. 이와 같이 현재적이며 미래적인 소망의 증거들은 믿음이 주는 힘에 의해 강화됩니다. 먼 미래적인 소망은 믿음이 주는 하나님의 뜻에 대한 이해과 하나님의 경륜을 바탕으로 강화되며 다시 그 소망이 우리 믿음의 인내를 견고하게 합니다. 마치 삼위일체께서 상호침투적으로 존재하시듯이 우리 인격의 두 이미지들, 곧 믿음과 소망이란 신학적인 덕이 상호 교류를 통해서 그의 나라가 우리 삶에 이루어지는 것을 견고하게 합니다. 이것을 가능하게 하고 소망이라는 신학적인 덕이 점점 자라도록 하는 은혜의 수단은 기도입니다. 기도는 초월을 내재로 당겨오거나 내재를 초월로 상승시키며, 먼 미래를 현재로 당겨오거나 현재로부터 종말을 전망하게 합니다. 기도는 내 뜻을 관찰시키는 과정이 아니라 하나님의 뜻과 공명하는 과정입니다. 기도는 아뢰는 것이기도 하지만 하나님의 은혜가 임하는 순간이기도 합니다. 기도를 통해서 현재에 종말의 전망을 담으며 내재에 초월을 담고 종말을 현재로 당겨오며 초월이 내재에 잇닿는 순간입니다. 기도는 우리가 신의 성품에 참여하는 것으로서 신학적인 덕인 소망이 자라도록 하는 수단이 됩니다.

사랑

사랑(caritas)이란 타자상을 교정하는 초자연적인 덕입니다. 자연적인 덕으로 우리는 얼마든지 사랑의 추동으로 사랑할 수 있지만, 이 추동의 힘은 항상 미움을 만나 형성된 양가적인 감정에 의해 항상 위기를 맞습니다. 그리고 이미 살폈던 대로 그 미움에는 죄악의 요소가 담겨 있습니다. 역설적이게도 죄악이 우리로 하여금 다시는 죄를 짓지 않는 영화에 상태로 나아가게 하는 인간론적인 동력의 역할을 한다는 것도 이미 밝힌 바 있습니다. 이 사랑은 고린도전서 13장의 사랑이며 그리스도께서 십자가에서 베푸신 사랑입니다. 이 사랑은 자연적인 덕이 아니라 초자연적인 덕으로서의 사랑입니다. 이 신학적인 덕을 보여주는 성경적인 장치가 십계명입니다. 『하이델베르크 요리문답』이나 『웨스트민스터 대소요리문답』, 더 소급해서 『루터의 소요리문답』과 어거스틴의 『신앙편람』에서도 십계명은 사랑을 가리킵니다. 성경 자체도 하나님 사랑과 이웃 사랑을 율법의 요약으로 받는 데서 이런 사실을 확인할 수 있습니다. 여기서도 알 수 있듯이 신학적인 덕으로서 사랑은 우리가 육적인 사랑에서 느끼는 감정적인 사랑이 아니라 타자에 대한 의무와 윤리가 반영된 사랑입니다. 그래서 그리스도께서 사랑이 율법의 완성이라고 하신 것입니다. 율법의 요구를 따라 만나게 되는 타자는 사랑의 대상입니다.

결론

죄의 경중과 대소에 따라 죄의 형벌이 다르지 않음에도 이를 구분한 이유는 성화를 촉진하려는 의도 때문입니다. 창세 전의 예정의 역사적 구현이자 그리스도가 이루신 칭의는 구체적인 방편을 통해 우리 삶에서 실제가 됩니다. 은혜의 방편을 통해 하늘의 법정에서의 칭의가 내 것으로 간주됩니다. 이는 교회를 통해 실현됩니다. 우리가 교회로 부름을 받은 것은 이 성화를 이루어 가는 공동체로 부름을 받은 것입니다. 그리고 이 은혜의 방편들을 통해서 우리 심령에 신학적인 초자연적인 습관이 자리 잡게 되고, 그 결과 선행이라는 열매가 맺게 됩니다.

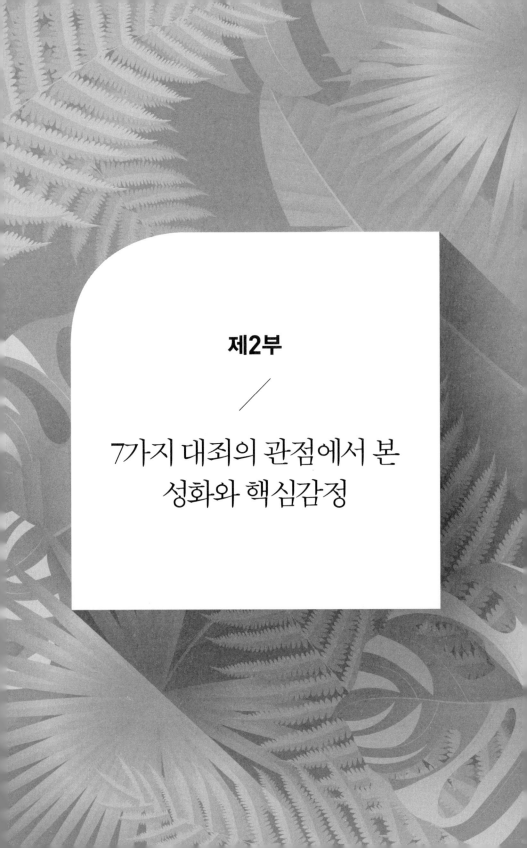

제2부

7가지 대죄의 관점에서 본 성화와 핵심감정

우리는 일상에서 루터의 노예의지를 말할 때, 이것이 지닌 함의에 대해서 쉽게 간과하는 경향이 있습니다. 중세 후기 반펠라기우스주의는 주입된 의를 가지고 극단적인 주의주의를 관철했습니다. 그 의를 가지고 의에 순종할 수 있다고 본 것이죠. 이 반동은 사실 아퀴나스의 자연신학으로 인해서 하나님의 자유와 의지가 자연의 섭리 안에 묶이는 내재주의의 한계에 대한 반동에서 시작된 것이었습니다. 그러나 중세 후기 그 반동으로 인해 다시 구원의 공로의 일부를 인간의 자력에 의해서 행할 수 있다고 말하는 펠라기우스주의로 대세가 기울어지게 되었습니다.

사실 주의주의적인 경향은 초기 어거스틴주의의 산물이기도 합니다. 초기 어거스틴은 마니교도들과 논쟁을 벌이는 데 마니교의 경전에도 예수 이야기가 자주 등장합니다. 마니교도들은 후대 기독교가 예수의 원래 가르침을 훼손했다고 보았습니다. 마니교 신자로서 9-10년간 생활했던 어거스틴는 지식이 구원의 열쇠라는 마니교의 믿음이 너무 수동적인 태도라고 보고 이러한 믿음은 이 믿음을 가진 사람의 삶에 어떤 변화도 일으키지 못한다고 비판한 것입니다.[132] 초기 어거스틴의 입장은 그의 『고백록』에서 유추해 볼 수 있습니다.

> 나는 여전히, 죄를 짓는 자는 우리 자신이 아니라 우리 안에 있는 다른 어떤 성품이라고 생각했었다. 이 생각은 나의 자만심을 부추겨 내가 어떤 죄도 짓지 않았다고 생각하게 했다. 그리고 내가 잘못을 저질렀을 때 그것을 고백하지 못하도록 하였다.…나는 내 안에 있으나 나의 일부는 아닌 이 알지 못하는 어떤 것에 책임을 전가하며 변명하는 일을 더 좋아하였다. 물론, 진정한 진실은 그 모든 것이 전적으로 나 자신의 책임이

며 나 자신의 신앙심 없는 행위와 말이 나 자신을 분열시켰다는 것이다. 내가 스스로를 죄인이 아니라고 생각하는 한 나의 죄는 전혀 치유될 수 없었다.[133]

초기 어거스틴은 마니교의 운명론적인 입장을 비판하면서 우리의 의지를 강조했습니다. 위 고백록에서도 보듯이 마니교에서의 그의 생활은 죄에 대한 책임 있는 자로서의 태도를 결여하고 있고, 그는 그런 태도가 전혀 죄를 치유하는 데 도움이 되지 못했다는 점을 분명히 하고 있습니다. 그러다가 후기 펠라기우스와 논쟁하면서, 어거스틴은 펠라기우스가 원죄 자체를 부정하고 스스로 행위와 순종의 공로로 구원을 얻을 수 있다는 주장에 반박하여 인간의 부패성 때문에 선을 행할 수 없는 상태라는 주장을 하게 된 것이죠. 이처럼 어거스틴 안에도 긴장이 존재합니다.

아퀴나스가 아리스토텔레스를 적용하면서 초자연과 자연 전체를 하나의 유기적 체계로 묶어냅니다. 이는 주지주의적인 경향이고 자연적인 법칙으로부터 하나님을 증명하는 것이며, 그런 자연신학은 결정적으로 하나님의 자유와 의지를 침해하는 결과를 가져왔습니다. 그 결과, 후기 스콜라주의의 신학은 하나님의 자유와 의지를 강조한 신학 체계를 기술하게 되었습니다. 이번에는 의지의 강조가 하나님의 구원의 일에 인간이 공로를 주장하는 펠라기우스적인 경향으로 기울게 된 것입니다. 그래서 후기 어거스틴은 하나님의 주권과 구원에서 우리가 참여할 수 있는 바가 없다는 것을 분명히 하게 됩니다.

이것이 노예의지가 실질적으로 가진 함의로서, 전기와 후기 어거스틴의 입장의 긴장을 담아낸 것입니다. 마치 서양 철학이 플라톤과 아리스토텔레스를 벗어나지 못하는 것처럼 기독교 2000년의 신학 논쟁은 전기 어거스틴과 후기 어거스틴 사이를 벗어나지 못했다고 할 수 있습니다. 그런데 후기 스콜라주의를 통해서 다시 은혜로 시작한 구원이 다시 2라운드의 논쟁에 휘말리게 된 것입니다. 종교개혁의 입장은 단호하게 구원에 인간의 행위가 참여할 수 있는 바가 없다는 것입니다. 그것을 함축적인 담아낸 것이 루터의 "노예의지"입니다. "노예의지"라는 표현은 의지가 무엇인가에 매여 있는 점을 보여줍니다. 그리고 이 매임은 바로 감정에 매임을 의미합니다. 그런 점에서 종교개혁신학은 이 지점을 매우 뚜렷하게 드러내고 있습니다. 노예화 된 의지의 심리학적인 설명이 바로 "핵심감정"입니다. 우리가 의지를 사용해서 구원의 요구에 반응할 수 없는 이유는 우리 의지가 매인 상태이기 때문입니다.

7가지 죄악은 바로 우리가 묶여 있는 죄의 사슬이 무엇인지를 보여주며 우리 의지가 무엇에 종속되었는지를 알려줍니다. 7가지 죄악은 우리를 의지를 노예로 삼은 핵심감정의 기제를 설명해줄 매우 좋은 방편입니다. 개혁신학은 대죄와 소죄의 형벌이 같다고 말하면서도 죄의 경중을 구분하고 우리가 더 매이게 되거나 더 심해지는 죄를 경계하고 있습니다. 대요리문답은 우리 죄의 경중을 경계합니다. 98-148문의 계명을 통해서 우리는 죄를 깨닫고, 153문이 말하는 대로 회개와 믿음으로 은혜의 수단들만 사용함으로써 우리 안에 신학적인 덕들이 생기며, 그 결과 91-148문의 내용이 비로소 신자의 삶에서 선행의 열매로 맺습니다. 그러므로 우리가 그리스도께 더 붙어 있도록 죄의 경중에 대한 깊은 이해가 필수적입니다. 그래서 여전히 7가지 구분은 개혁신학 안에서도 유효합니다.

CHAPTER 01
교만과 핵심감정

하나님과 그 분의 뜻을 거부하는 죄

교만은 사랑이나 만족, 심지어 상식의 가능성을 먹어치우는 '영적인 암'
이다.

_C. S. 루이스

위로부터 오는 습관과 그 구조

대요리문답은 죄의 형벌의 차이를 두지는 않지만 죄의 경중을 말하고
있습니다. 이 경중의 구분은 십계명(98-148문)과 은혜의 방편(154-196문) 사
이에 있습니다. 5-90문은 믿음을 가르치며 98-148문은 십계명, 곧 사랑
을 가르치며, 154-196문은 은혜의 방편, 곧 소망을 보여줍니다. 이렇게 대
요리문답은 믿음, 소망, 사랑이라는 신학적인 덕을 중심으로 이뤄져 있습
니다. 1-5문은 믿음을 설명하기 전의 서문에 해당하고, 91-97문은 사랑을
설명하기 전의 서문에 해당합니다. 그리고 149-153문은 소망을 설명하기
전의 서문에 해당합니다. 그리고 각 서문은 믿음과 사랑을 묶어주고 사랑
과 소망을 묶어주는 역할을 합니다. 믿음은 하나님을 아는 지식에 관한 것
이며 우리 안에 하나님표상을 교정하는 신학적인 덕입니다. 사랑은 우리
안에 타자상을 교정하는 신학적인 덕입니다. 소망은 우리 안에 자기상을
교정하는 신학적인 덕입니다. 특히 사랑은 완전하지 않습니다. 우리의 사

랑이 죄로 더 기울어질 수 있음을 보여주고 있습니다(152문). 이런 우리에게 소망을 주는 것이 바로 은혜의 수단입니다. 그러면서 153문은 죄로 기울어지는 우리 연약함과 우리가 온전히 지킬 수 없는 것에 대한 안타까움에도 우리가 믿음과 회개를 통해 절망치 않도록 우리를 붙잡습니다. 그리고 153문은 소망 가운데 은혜의 수단을 사용하는 구조를 지니고 있습니다. 하나님, 이웃, 자기에 대한 표상은 믿음, 사랑, 소망이라는 신학적 덕으로 수정되면서 우리 내면에 은혜의 습관들이 쌓이게 됩니다. 이 모든 일은 믿음에서 출발하여 사랑으로 현재성의 타자 윤리를 형성하고, 종말과 관련해서 미래적인 자기 윤리가 형성됩니다. 153문의 믿음과 회개는 154-196문의 은혜의 수단, 곧 그것이 지칭하는 그리스도께 붙게 만듭니다. 원래 신학적인 덕은 믿음, 소망, 사랑의 순서로 형성이 됩니다. 그러나 이런 형성을 위해서는 대요리문답의 구조처럼, 믿음(1-90문), 사랑(91-148문), 소망(149-196문)이 되어야 합니다. 왜냐하면 여기서 십계명(98-148문)은 두 가지 역할을 하기 때문입니다. 처음에 믿음에 입문한 신자는 죄를 각성하게 되고 무능력을 깨닫게 됩니다. 동시에 그는 믿고 회개하며, 그 결과 부지런히 은혜의 수단으로 인해 소망의 덕성이 생깁니다. 그렇게 형성된 소망의 덕(proven character)은 현실의 갈등을 견디는 힘을 증가시킵니다. 내적인 동력은 소망에 그 뿌리를 두고 있습니다. 그 소망 때문에 사랑의 용량이 늘어납니다. 그리고 어느 날 돌아보니 사랑의 계명을 통해 자랐다는 사실을 발견하는 구조입니다. 믿음과 소망이 사랑의 용량을 늘어나게 할 뿐 아니라 믿음과 사랑이 소망을 증진시키기도 합니다.

이 모든 것의 출발점은 믿음이라는 초자연적인 추동입니다. 여기서 우리는 개혁신학이 말하는 "오직 믿음"이라는 말을 잘 이해해야 합니다. 이는 말 그대로 정말 모든 데 있어서 믿음으로만 가능하다는 말입니다. 예컨대, 개혁신학은 율법의 제3용도를 말합니다. 그것은 바로 "성화의 준거"(norm of sanctification)라는 말이죠. 우리는 이 말을 성화되면 "율법을 지킨다"는 것으로 종종 오해하지만, 율법을 지키는 것이 결과 혹은 파생물이라는 이야기입니다. 그런데 이 깊은 함의를 이해하지 못하는 사랑은 율법을 지키려고 노력하게 됩니다. 그것이 "율법주의"입니다. 개혁신학을 가진 상당수의 사람들이 사실은 율법주의인데 그 사실을 잘 모르고 있습니다. "오직 믿음"은 이렇게도 오해됩니다. 하나님의 절대주권으로 이제 자신은 전혀 할 것이 없다거나 죄를 짓지도 않는다거나 자신이 무력한 존재라는 사실을 강조함으로써 자기를 기만하는 일로 경도되기도 합니다.

정리하자면, 개혁신학에서 "오직 믿음"은, 첫째, 자신이 율법을 지킬 수 없는 죄인이라는 사실을 깊이 인식하는 것입니다. 둘째, 이 인식으로 인해 율법이 그 사실을 계속 자극하므로 그리스도를 계속적으로 붙들게 되었다는 의미입니다. 셋째, 이 붙드는 일을 위해서 은혜의 수단을 계속적으로 사용한다는 말입니다. 넷째, 그렇게 사용된 은혜의 수단이 우리 안에 은혜의 습관 곧 덕을 만드는데, 이는 신앙적인 덕을 만든다는 말입니다(벧후 1:5-8). 다섯째, 그 결과 열매를 맺는 데 계속 실패하던 어느 날 율법의 어떤 계명을 따르게 됩니다. 마치 아이가 자신이 키가 언제 자랐는지를 모르고 계속 넘어지기를 반복하면서도 계속 자라는 것과 같습니다. 여섯째, 이렇게 참된 믿음은 은혜의 수단과 결부되어야만 성화의 결실, 곧 내적 증거의 일부를 갖게 됩니다. 일곱째, 믿음은 하나님을 아는 지식이지만 현대 사회가 말하는 통상적 대상에 관한 지식이 아니라 하나님 지식의 씨로 향하는 내적 경향성이자 습관입니다. 여덟째, 믿음은 점차 덕으로 드러나고 나중에는 사랑으로 결실하는 구조입니다. 아홉째, 이 믿음의 최종 목적은 하나님의 영광입니다. 그러나 이 영광도 믿음과 같은 구조를 지닙니다. 율법을 지키려고 해서 지키는 것이 아니라 믿음으로 은혜의 수단을 사용했더니 지킬 수 있는 덕성이 생긴 것처럼, 믿음으로 살아서 구원의 능력이 자신 안에 약동하는 만큼 영광이 드러납니다. 그래서 신자는 영광이 아니라 구원에 인식론적인 초점을 두어야 합니다. 그리고 최종 결과물을 전망하면서 뒤를 돌아보며 하는 고백이 영광입니다. 열째, 개혁신학은 영광의 신학입니다. 전 인격에 꽃핀 영광을 향한 덕성은 영광을 구해서가 아니라 하나님의 절대주권과 우리에게 주신 믿음의 도리를 굳게 붙들고 은혜의 수단이 주어지는 교회를 간절함으로 붙드는 데 있습니다. 그래서 영광은 곧 교회의 신학이기도 합니다.

교만의 정의

교만은 현실적인 인식을 넘어서는 자기 존중과 거기서 비롯된 무모한 우월감 혹은 자신의 자질에 대한 분에 넘치는 자기 인식을 일컫습니다. 어거스틴에 의하면, 교만은 비정상적으로 높아지는 것을 욕심내는 것이라고 말합니다.[134] 이처럼 교만은 자신이 가진 자질이나 가능성보다 더 높은 (supra) 곳에 자신을 두려는 데 있습니다. 그래서 교만을 수퍼비아(superbia)라고 하는데 라틴어 수퍼비아는 "위에 있는 것을 목표로 하다"라는 의미이기 때문입니다. 결국 교만은 하나님을 대적하는 마음으로 드러납니다.[135] 이런 교만을 어거스틴은 "인간 죄의 뿌리"라고 했습니다.[136] 많은 죄들은 결국 교만으로부터 발생합니다.[137] 교만은 하나님사랑(Amor Dei)[138]에 반대되는 자기사랑(Amor Sui)에 기원을 둔 죄입니다. 그들은 자기중심적인 삶을 살아가는 사람들입니다. 자기를 기쁘게 하는 것이야 말로 교만의 터전입니다(벧후 2:10). 높아지려는 마음은 좋은 것일 수 있지만 자기를 향해서 높아지게 되면 그것이 바로 교만이 됩니다.[139] 이는 인간의 몸과 영혼이 지닌 추동이 자기상에 과도한 에너지와 심상을 응집해서 생기는 상태입니다. 그리고 그런 상황에 만족감을 느끼며 좋은 것이라고 생각되는 것은 내면화해서 자기상에 부착을 하고, 잘못이라고 생각되는 것은 타자의 탓으로 돌리며 투사하는 태도를 보입니다. 그들의 교만은 다른 누군가를 찾아 자신들의 죄에 대한 책임을 전가합니다. 그래서 아담과 하와의 교만은 뱀에게 책임을 전가하고, 아담의 교만은 하와에게 책임을 전가합니다. 하지만 하나님의 명령을 어긴 것이 명백하므로 이런 구실은 변호가 안 되고, 도리어 정죄로 되돌아옵니다.[140] 그뿐만 아니라 하나님처럼 되려는 교만 때문에 하나님과 비교를 하게 되고, 그것이 열등감을 만들어 내기도 합니다.[141] 자기 모멸적인 열등감은 교만과 일란성 쌍둥이와 같습니다.[142] 이처럼 교만에서 모든 죄의 시작이 됩니다.[143] 교만은 가장된 아름다움입니다.[144] 예컨대, 어거스틴은 도나투스 이단의 교만을 "신성모독적인 교만과 거만함으로…그들은 단순히 거룩한 겸손, 보편적 평화, 기독교적 사랑을 가지고 있다고 생각되었다"라고 지적했습니다.[145]

교만의 정신역동

모든 죄와 어그러짐은 자신의 참된 감정을 현실적으로 이해하지 못하는 데서 비롯됩니다.[146] 교만은 인간이 자신의 창조주이신 하나님을 떠날 때부터 시작됩니다. 교만은 죄가 솟아나는 샘과 같아서, 그 샘을 버리지 않는 자는 누구를 막론하고 사악함으로 가득 차게 됩니다. 그 사악함 속에 교만은 숨어 있습니다.[147] 교만은 자랑과 과시라는 면도 물론 있지만, 하나님의 뜻을 피하고자 그분을 회피하고 벗어나려는 태도를 우선 보이며, 교만은 서로를 다투게 합니다. 교만은 인류 시조의 "하나님이 되고자 했던 결심"의 재현이며, 가장 교활한 형태의 교만은 거룩한 체하는 영적 교만이며 겸손한 체하는 교만은 최악의 교만입니다. 완벽한 체하는 사람이 가장 타락한 사람입니다. 그의 양심은 점점 화인을 맞게 되며 죄에 둔감해지고 사람들의 아픔에 공감하지 못하게 됩니다. 그들은 하나님의 거룩하심에 맞서는 사람들입니다. 죄의 본질은 이기주의이며 교만은 지나치게 자신을 내세우는 것입니다. 교만은 근본적으로 "자기중심성"이라는 특징을 갖습니다.

  "자신감의 결여"와 "자율성의 결여"라는 문제가 있을 때, 대체로 중독을 통해 이런 결여감의 충족을 얻으려고 시도합니다. 그래서 중독은 자기 고양을 그 목적으로 합니다. 이것을 통해 내적인 균형을 이루려 하지만 결국 정신과 신체의 붕괴로 이어지고 맙니다. 이런 결핍의 기원은 유아기에 있습니다. 예컨대, 0-3세의 아이를 키워본 부모들은 대체로 다 경험이 있을 텐데, 이 시기의 유아는 타인과 협력하는 놀이를 잘하지 못합니다. 아이들을 모아 놓아도 따로 노는 것을 발견할 수 있습니다. 아이는 자신이란 세계 속에 갇혀 있습니다. 엄마가 유일한 우주이며 세계입니다. 엄마는 자신의 다른 이름이며 엄마는 전능합니다. 이런 환경 속에서 아이는 심리적 출생합니다. 이 시기에 아이들에게 나타나는 "사고방식"을 흔히 "전능 자아"라고 부릅니다. 대개 어릴수록 현실과 꿈의 경계가 모호합니다. 그래서 아이들이 어떤 영상을 보고 곧잘 모방하는 것도 이 때문입니다. 그래서 종종 뉴스에서 아이들이 슈퍼맨이나 타잔 놀이를 하다가 떨어져서 다치는 이야기가 나오곤 했습니다. 이것은 아이들이 "꿈과 현실"의 경계가 모호한 사고를 하기 때문입니다. 아이들은 환상을 먼저 배우고 현실을 나중에 배웁니다. 그리고 이 환상은 영혼의 능력입니다.[148] 부모의 생식을 통해서 우리가 잉태될 때, 하나님께서 우리 몸에 순결한 영혼을 불어넣으십니다. 그리고 이 순결한 영혼은 하나님을 닮아 있습니다. 그 영혼으로부터 "전능 자아"가 출현합니다. 환상을 다루는 영혼의 능력은 창의성과 창조력, 무한한 상상력은 전능자의 DNA가 우리에게 남긴 흔적입니다. 물리적 자연계의 어떤 존재도 자신이 처한 환경으로부터 이미지를 분리하여 그것의 조합뿐만 아니라 전혀 새로운 이미지를 만들어 낼 수 없습니다. 이것이 인간이 하나님의 형상으로 만들어졌다는 증거이며 영혼을 지녔다는 증거입니다.

이 시기에 아동은 엄마와의 관계를 통해서 첫 번째 성장의 과제를 만납니다. 프로이트의 정신분석학을 사회심리로 재해석한 에릭슨(Erik H. Erikson)의 8단계를 보면, 0-1세 동안 신뢰와 불신, 곧 "애착"을 안정적으로 갖느냐 그렇지 못하느냐를 과업으로 가지게 됩니다. "안정 애착"을 보인 아이는 나중에 "사회적 관계"와 "리더십", "학업 수행 능력"에 있어서 더 높은 점수를 보이는 반면 "불안정 애착"을 가진 아이들은 대체로 낮은 점수를 보입니다. 그래서 이 시기의 과업은 "신뢰"며 이 신뢰는 세상을 이해하는 기본적인 양식이자 내적인 지도가 됩니다. 그리고 이것은 결정적으로 중요 애착 대상의 역할에 의해서 현저히 달라집니다. 이 시기에 교만이라는 치명적인 죄의 기초가 형성됩니다. 만약 이 시기를 건강하게 발달한다면, "사람을 신뢰하는 법"을 배웁니다. 흔히 "정신 건강"이란 나의 내적인 감정 상태와 현실이 비교적 일치하는 상태라 할 수 있습니다. 반대로 정신적 불건강이란 이와 반대로 현실과 전혀 다른 자기 내적인 완결 체계가 생산한 감정으로 세상을 인식하는 것입니다. 이때는 나 아닌 타인과의 소통을 처음 경험하는 시기이며 이 시기가 그 첫 단추입니다. 앞서 중독은 "자신감"과 "자율성"의 결여로부터 그에 대한 대용물을 찾아서 생긴다고 했던 것을 기억하시기를 바랍니다. 여기서 자신감이란 사람에 대한 기본적 신뢰감을 의미합니다. 이것은 사람들과 효과적으로 의사소통하며 자신의 원하는 바를 말할 수 있고 상대의 필요를 적절하게 채워주는 공감 능력을 일컫습니다. 자율성은 이런 성장의 일련의 작업들이 스스로의 내적인 체험과 필요에 의해서 자율적으로 이루어지는 것을 의미합니다. 그런데 중독은 "자율성" 대신에 "엄격한 자동성"의 결과입니다. 그리고 이 엄격한 자동성은 한없이 무기력한 존재인 아동이 자신의 양육자와의 관계에서 살아남기 위한 방편이라는 점입니다.

모순적이게도 자신감과 자율성이 결여된 이 상태는 바로 자기 존중이 없는 상태라는 점입니다. 영어권에서 교만에 해당하는 "pride"라는 단어는 그 사전적 의미가 ① 자기 존중, ② 자기 성취나 소유에 대한 만족으로 정의했습니다.[149] 만약 이 사전적 정의를 교만으로 이해하면, 우리는 건강한 자기 존중을 교만으로 정의해야만 합니다. 그러나 자기 존중과 교만은 구분해서 생각해야 할 필요가 있습니다. 우리는 스스로를 돌볼 필요가 있습니다. 성경도 "네 이웃을 네 몸과 같이 사랑하라"라고 권면합니다. 이 권면의 전제는 나를 돌보는 방식으로 이웃을 돌보라는 말입니다. 자신감과 자율성의 결여가 겸손이 아닙니다. 오히려 그런 위축은 자기를 확장하려고 시도하거나 중독으로 도피하는 문제를 일으킬 뿐입니다. 교만은 자신의 상황을 결핍으로 이해하고 비교하며 자기 지위보다 높은 곳을 바라봄으로써 생기는 역동입니다. 『핵심감정 치유』에서 보았듯이 사울의 열등감은 바로 교만의 증거이기도 합니다. 그래서 자기 연민은 현실을 보지 못하도록 하기 때문에 자기 존중과 반대로 작용합니다. 현실의 다양한 시그널이 위축과 수모로 해석되고 약한 자아는 이 감정을 감당하지 못하기 때문에 안으로 위축되며 결국 자율성과 자신감의 결여를 반복하게 됩니다. 자기 연민은 그렇게 자기를 곱씹습니다. 이는 높은 타자상을 전제하며 그것을 만족시킬 만한 내적 자기상이 없기 때문에 계속적으로 자기를 높은 곳을 향하도록 고양시킵니다. 이것이 교만이 위축과 확장을 반복하는 이유이기도 합니다. 우리는 수치심으로 우리 자신을 나무라는 것과 조금 나은 행동으로 타인 앞에서 우쭐대는 것을 멈출 때, "좋은 자긍심"과 "참된 겸손"을 경험하게 됩니다. 어거스틴은 교만을 치료하는 치료책으로 겸손을 제시합니다. 그는 "인간의 교만은 하나님의 치욕에 의해 억제되고 치유될 수 있다"고 했습니다.[150] 실제로 그리스도의 자기 비하는 교만의 해독제(antidote)입니다.[151] 이는 그리스도의 성육신과 십자가를 의미합니다. 역설적이게도 그리스도의 자기 제한은 우리의 자유가 되었습니다. 빌립보서는 그리스도의 이런 태도를 본받으라고 말합니다(빌 2:5-11). 이것만이 교만의 치료제입니다. 우리는 몰트만(Jurgen Moltmann)에게서 하나님의 자기 제한에 대한 단서를 얻을 수 있습니다.

> "성육신은 하나님의 자기제한을 전제한다.…1980년의 『삼위일체와 하나님의 나라』(Trinitat und Reich Gottes)와 1985년 출간된 몰트만의 『창조 안에 계신 하나님』(Gott in der Schopfung)은 이 무의 기원을 놀랍게 밝혀낸 탁월한 저술이었다. 몰트만은…무의 기원을 찾았는데,…침춤(Zimzum) 이론이다.…하나님의 창조 사역은 하나님의 전능성을 제한하는 자기제

한(Selbstzuruckhaltung)의 행위다. …피조물의 자유는 하나님의 자기제한 없이는 불가능하다. 하나님의 자기제한은 피조물을 위한 하나님의 큰 은총의 행위이다. 이 하나님의 자기제한을 통해 창조의 공간이 생겨났고 자유로운 인간이 탄생한 것이다."[152]

전능하신 자의 자기제한과 유한한 자의 자기 무한증식인 교만은 극명한 대조를 이룹니다. 스캇 펙(Morgan Scott Peck)은 『거짓의 사람들』(People of the Lie)이라는 책에서 마귀의 핵심적 심리를 "자기 연민" 곧 "나르시시즘"이라고 보았습니다. 초서(Geoffrey Chaucer)는 『캔터베리 이야기』에서 교만을 "심령의 부풀림"이라고 묘사했습니다. 남자들의 허세와 여자들의 허영은 이런 부풀림이 어떤 성격을 지니는지를 상징적으로 보여줍니다. 예컨대, 시중에 나도는 우스갯소리 중 여자들이 싫어하는 이야기, 3위가 군대 이야기, 2위가 축구 이야기, 1위가 군대에서 축구한 이야기라고 합니다. 이것은 전형적인 남자들의 자기 부풀림입니다. 자기 이야기를 군이나 축구라는 이야기 소재를 통해 극도로 부풀려 이야기 하는 습관, 이것은 유아의 "전능 자아"가 가진 사고방식과 같은 것입니다. 소위 국수주의라 불리는 국제 스포츠에서 국위를 선양한 선수들의 긍지를 자기의 것으로 가지고 오는 부풀림도 교만의 전형입니다. 교회에서 간증을 나눌 때 이루어지는 부풀림도 이런 마귀의 심리의 전형이므로 주의를 기울이지 않으면 시험에 들기 쉽습니다. 하나님을 닮은 우리 내면에서 하나님과 관계를 맺을 때만 하나님의 자기 제한과 우리의 자기 확장이 의미를 지닙니다. 하나님을 버리고 그를 대적하면서 우리의 무한 증식을 시도하는 모든 것이 교만입니다. 어쩌면 하나님과의 관계가 끊어진 채 출현한 전능 자아 자체가 우리 부패한 상태를 알려주는 것일지도 모릅니다. 이것은 인간은 가능성을 가지고 그것을 실현하는 방식으로 성장하기보다 양육을 통해 현실에서 자기제한을 경험하는 것이 필요함을 보여줍니다.

성장이란 환상의 무한한 가능성을 제한하고 피조물로서 자신을 인식하며 창조주의 주되심을 인정하고 그렇게 자기제한을 통해서 현실에 뿌리를 내리는 것입니다. 자기를 부풀리는 심리로서는 현실에 뿌리박은 영성은 형성할 수 없습니다. 때론 대단히 신비로운 신앙 경험들은 우리가 영적임을 알려주는 신호가 아니라 우리의 영적 교만을 드러내어 보여주는 현상일 수도 있습니다. 마치 사울이 선지자 중에 있느냐는 조롱이 이스라엘의 속담으로 자리 잡은 것처럼 말입니다. 교만은 궁극적으로 우리 자신을 현실 속에 머물 수 없게 합니다. 누가 자기 이야기만 부풀려 이야기 하는 사람이랑 친하게 지내고 싶겠습니까? 자신을 과대하게 포장하는 것은 일정한 정도의 자기만족을 가져다줍니다. 그러나 곧 바로 현실에서 자신의 그렇지 못함을 확인하게 되고 그것은 다시 본인의 수치심으로 이어집니다. 결핍에 대한 보상으로 자기에 대한 과대 포장과 수치심이 반복되면서 그것을 해결하는 방편으로 여러 가지 중독이 생기게 되는 것입니다. 그러나 중독에서 깨어날 때 다시 수치심이 그를 사로잡고, 그는 더 깊은 중독의 수렁 속에서 자신에 대한 부풀림의 만족을 추구합니다. 아이들이 학업에서 성취를 제대로 이룰 수 없을 때 게임에 몰두하는 행위는 게임이 가져다는 가상 세계에서의 자기 부풀림에 대한 만족을 가져다주기 때문입니다. 교만은 이렇게 자기 결핍과 결여에서 비롯된 자기 이름을 내려는 욕망과 결탁되어 있습니다. 바벨탑 사건에서 보듯이 "우리 이름을 내는" 것이 교만이라 이름하는 죄의 본질입니다. 놀랍게도 창세기 11장에서 스스로 이름을 내는 사건과 창세기 12장에 아브라함의 이름을 내시겠다는 하나님의 선언은 대조를 이룹니다. 교만이 치명적인 이유는 이처럼 자신을 부풀려 예배하기 때문입니다. 이런 점에서 교만은 모든 중독의 원천입니다.

루터는 칭의를 유일하게 거부하는 것은 인간의 마음속의 교만이라고 했습니다. 구원은 하나님의 전적인 선물입니다. 그래서 우리에게 필요한 것은 자존감을 얻기 위한 어떤 노력들이 아니라 '하나님에 대한 지식'이며 그 하나님이 우리에게 베푸시는 선물에 대한 확신입니다. 교만은 자기 연민 속에서 자기를 부풀리며 이름을 내기 위해서 자신의 여러 행위들이나 자신이 지닌 능력에 따른 가치 평가에 의존합니다. 이것은 필연적으로 수치를 가져올 수밖에 없습니다. 왜냐하면 우리 삶의 현실은 이와 전적으로 다르기 때문입니다. 교만은 그것을 행위로 얻고자 하므로 구원의 선물을 받기 어렵습니다. 이것은 인간이 고안해낸 종교입니다. 교만은 인간의 최대의 창조물입니다. 중독에서 벗어나는 첫 걸음은 바로 이 교만을 치료하는 것입니다. 교만은 우리의 눈을 가려 하나님을 아는 지식에 이르지 못하게 하는 내 눈의 들보입니다.

교만과 핵심감정

인간의 본질로부터 발현하는 추동은 정신에 세 가지 표상으로 드러납니다. 그것은 자기상, 하나님표상, 타자상입니다. 교만은 자기상의 부풀림으로 표면적으로 드러나지만 더 깊은 곳에서는 타자상의 지나친 비대함과 무관하지 않습니다. 그리고 비대함은 중간대상의 흔적으로 남은 하나님표상의 투사와 내사를 통해서 형성된 것이기 때문에 하나님표상에도 반영이 되어 있습니다. 그리고 교만은 이 상들 상호 간에 일어난 침투를 인식하지 못하게 합니다. 추동은 마치 은막에 필름을 비추듯이 우리는 정신에 표상으로 자기 본질을 인식합니다. 우리의 본질로부터 그렇게 인격이 나타나게 되는 것이죠. 인격은 표상들의 집합이자 응집체이며 주체로서 세상과 관계 맺기 위해 이 표상들을 운영 체계로 활용합니다. 핵심감정이란 이 운영 체계의 개인적인 특이점입니다. 그리고 이 특이점은 유전한 부패가 내재한 우리의 본질로부터 발현한 것이므로 당연히 죄의 빛깔을 띠고 있습니다. 이 죄성과 더불어 그의 성장 환경에 대한 적응이 씨실과 날실이 되어 천을 직조하듯이 우리의 두 가지 본질, 곧 몸과 영혼의 추동은 부패성과 함께 적응을 통해서 인격의 특이점을 형성하며, 이는 자연적인 덕입니다. 영혼의 기능인 이성과 의지, 몸의 기능인 감각적인 욕구가 덕을 형성하는 기본 재료입니다. 아리스토텔레스에 의하면, 이 덕들은 상호 연결되어 있습니다.[153] 따라서 이 본성의 추동이 의식에 표상한 자기상, 하나님표상, 타자상도 상호 연결되어 있고 표상의 성격 때문에 상호 침투하게 됩니다. 그리고 이 표상들에 의해서 덕이 밖으로 가시적으로 실현됩니다. 그러나 루터가 우리의 의지를 노예의지(*servum arbitrium*)라고 말한 것처럼, 이런 본성에서 나오는 덕은 결코 자유롭지 않습니다.[154] 왜냐하면 덕이란 습관(*habitus*)이기 때문입니다.[155] 습관은 주체가 자기 본성 때문에 가지게 되는 성향(disposition)이고, 항구적인 성격으로 본성에 따른 것이며, 본성은 작용하는 힘들의 실체를 의미하므로 습관은 본성의 지배를 받을 수밖에 없습니다.[156] 이런 자연적인 덕과는 대조적으로 초자연적인 덕도 있습니다. 그것은 은혜로 심깁니다. 이것은 하나님에게서 발생하고 인간에게 내재하는 초자연적인 것입니다. 덕은 영혼의 본질의 일부가 되는 기질을 의미합니다.[157] 초자연적인 덕에 해당하는 대표적인 것으로는 주입된 습관(*habitus infusus*)인 믿음을 들 수 있습니다.[158] 소망과 사랑 역시 초자연적인 덕으로서의 신학적인 덕(*virtus theologica*), 곧 습관이라 할 수 있습니다.[159] 믿음에서 출발해서 소망을 거쳐 사랑에서 완성됩니다(딤전 1:5).

자연적은 습관에는 교만의 성질이 개인의 특이점을 따라 존재합니다. 그것이 핵심감정이고 이 습관은 자유롭지 못한 노예의지며 뒤틀린 지성입니다. 교만이 지닌 핵심감정의 특성은 지성은 "과장"이란 특징을 지니며 백일몽과 같은 상상 속으로 도피하게 됩니다. 타자상에 추동이 집중되면 위축, 자기상에 추동이 집중되면 과장이라는 특징으로 나타납니다. 교만의 하나님표상은 무신론적인 신의 표상으로 하나님을 금수와 버리지 형상의 우상으로 바꾸어버립니다. 이들은 주술과 점술로 자신의 미래를 풍요롭게 할 신을 구합니다. 기이하게도 그들은 예수와 삼위일체 하나님을 그들이 섬길 신의 이름으로 삼을 수도 있습니다. 그러나 그들은 삼위하나님에 대해서 관심이 없습니다. 그들의 관심은 계시가 아니라 자기 욕망이며 그 욕망을 신에게 투영할 뿐입니다. 교만을 치료할 유일한 치료책은 앞서도 언급한 것처럼 그리스도가 취하신 자기 비하밖에 없습니다. 겸손만이 교만의 유일한 치료책입니다. 그러나 그것은 자기 죄를 깊이 인식할 때나 가능한 일이며 성경이 설명하듯이 겸손도 얼마든지 일부로 꾸며서 될 수 있는 악덕입니다(골 2:23). 이들의 예배에는 자의적인 자기 욕망으로 가득합니다. 교만한 사람들은 타인이 자기를 반대하는 것을 견디지 못합니다. 예배는 흥분과 감정적 고양으로 가득 차 있고 끝난 후에는 공허가 그 자리를 대신합니다. 그들이 예배에서 삼위하나님을 일컬을 지라도 이는 바알 숭배입니다. 이스라엘이 여호와 신앙을 따르면서도 바알과 아세라를 떠나지 않은 것과 같은 이유입니다. 교만은 우월감과도 일하지만 열등감과도 일

합니다. 교만은 마귀가 가장 좋아하는 메뉴 중 하나로 이후에 다루게 될 7
가지 죄는 모두 그 근저에 교만을 품고 있습니다.

교만의 죄와 성화를 위한 기도

거룩하신 삼위일체시여! 주께서 삼위로 계신 것을 닮게 하셔서 우리 안
에 하나님표상, 타자상, 자기상이 교정되게 하옵소서. 무엇보다도 우리 심
령에 깊숙이 뿌리내린 교만을 제하여 주옵소서. 우리 자신을 부풀리거나
자신에 대한 비참함이 밀려올 때, 그리스도를 붙들며 돌이키게 하옵소서.
자신을 사랑하지 않고 하나님만 사랑하게 하옵소서. 하나님을 내 삶에 세
번째 정도로 두면서 하나님 믿는다고 자위하지 않게 하옵소서. 성삼위일
체께서 택자들을 위해 성자라도 내어주신 것같이 우리 삶에서 하나님의 절
대주권이 최우선에 있게 하소서.

교만에 대한 『고백록』의 표현들

인간의 교만은 하나님의 높으심을 흉내 내려 합니다.[160]
성경은 교만한 자들에게는 이해하기가 힘듭니다.[161]
교만은 부분을 전체인 양 헛되이 사랑할 때 저지르는 일입니다.[162]
나는 교만의 무게로 말미암아 계속 심연으로 빠져 들어가고 있었습니다.[163]
그리스도는 이 낮은 세상에서 인간의 진흙으로 비천한 집을 지으심으로
교만한 자들을 낮추시고 순종하는 자들을 자기에게로 이끄셨습니다.[164]

토론을 위한 질문

(토론을 위한 질문들은 미리 작성해오셔도 좋습니다)

1. 대요리문답의 구조를 신학적인 덕에 따라서 세 가지로 구분해서 정리하고, 이를 설명해 봅시다.

2. 개혁신학의 "오직 믿음"의 구조를 10가지로 정리해서 설명해 봅시다. 그리고 믿음과 행위가 어떻게 다른지도 나누어 봅시다.

3. 제1부 제1장에서 다룬 원죄 교리에 대하여 개혁신학과 로마 가톨릭이 어떻게 다른지 설명하고 왜 그렇게 달라졌는지 이유를 말해 봅시다.

4. 제1부 제1-3장에서 언급된 로마 가톨릭교리가 왜 대죄와 소죄를 나누게 되었는지 행위 구원론적인 배경을 정리해 봅시다.

5. 개혁신학이 로마 가톨릭처럼 대죄와 소죄를 나누지 않음에도 죄의 경중을 나누는 이유를 서로 설명해 봅시다.

6. 교만의 정의를 정리해 봅시다. 교만의 특징들도 정리하여 발표해 봅시다.

7. 교만은 우리 정신에서 어떻게 역동하며 움직이는지를 나누어 봅시다. 자기 경험을 들어 나누면 더욱 좋습니다.

8. 『핵심감정 탐구』와 『핵심감정 치유』의 여러 핵심감정 중에서 교만을 배경으로 하는 감정은 무엇이 있을지 서로 생각을 나누어 봅시다.

9. 교만이나 자기 존중 혹은 긍지는 어떻게 다르고 어떤 증상이나 특징을 지니는지를 설명해 봅시다.

10. 제3장을 참고해서, 핵심감정과 자연적인 덕을 제거하고 거기에 자리해야 할 초자연적인 덕에는 무엇이 있는지 말해 보고 각각 자기상, 타자상, 하나님표상과 어떻게 관계에 있는지를 설명해 봅시다.

CHAPTER 02
탐욕과 핵심감정

하나님과 이웃을 우상으로 물화한 죄

탐욕은 일체를 얻으려고 욕심내다가 도리어 모든 것을 잃게 만든다.

_몽테뉴

위로부터 오는 습관과 그 구조

대요리문답 151문 3항은 특히 죄의 경중에 관한 핵심적인 설명을 담고 있습니다. 1항과 2항은 범죄자와 피해자의 상황에 따라 죄가 악화되는 것을 다루는데, 이는 죄의 본질적인 문제보다 범죄 상황에 따른 것입니다. 그에 비해서 3항은 범죄의 성격과 질에 따라서 악화되는 점을 다루는데, 사실상 이 조항이 경중을 다루는 핵심적인 조항이라 할 수 있습니다. 전통적으로 개혁신학은 마음의 죄, 입술의 죄, 행위의 죄로 나누었습니다. 3항은 범죄가 그 중심에서부터 시작해서 우리 행위 전반으로 퍼져 나가는 것에 대한 묘사입니다. 십계명(98-148문)과 은혜의 수단(154-196문) 사이의 149-153문은 은혜의 수단에 관한 서론이기도 하지만 십계명과 은혜의 수단을 잇는 해석적인 열쇠의 역할도 합니다. 대요리문답은 도덕법으로서의 십계명을 지키려는 태도 때문에 오히려 우리가 그것을 지킬 수 없는 존재라는 사실을 드러냅니다(149문). 그뿐만 아니라 단지 행위로만 인식되던 죄는 입술과 마음으로 깊이를 더하게 됩니다. 우리 주님께서는 산상수훈을 통해서 율법을 우리 마음의 범죄에까지 확장하시므로 그 본래의 목적과 의미를 드러내셨습니다. 성화의 준거인 율법은 그 자체로 선한 것이지만, 역설적이게도 율법을 지키려는 의도는 우리의 죄를 심화시킵니다. 152문은 마음, 입술, 행위의 죄를 순서로 기록하고 있지만, 실제 율법을 대면한 우리의 인식은 율법을 지키려는 태도가 처음에는 행위에 대한 것에서 출발하여 점차 언어와 마음으로 확대되고 그 이후 스스로 절망과 비참을 경험하게 된다는 사실을 깨닫습니다. 주입된 믿음은 우리를 율법에 끌리게 합니다. 믿음의 씨앗은 율법을 지키려는 반응을 보입니다. 마치 씨앗이 태양에 반응하듯이 믿음은 율법에 반응합니다. 그러나 우리 무능력과 부패가 우리를 비참의 지경으로 인도합니다. 이때 우리 자신을 만나게 됩니다. 이것이 75문에서 말하는 "**생명에 이르는 회개의 씨**"입니다. 그 비참은 우리를 그리스도께로 인도합니다. 우리를 그리스도께로 이끄는 습관이 믿음이며, 그렇게 교회로 나아가 교회로부터 베풀어지는 은혜의 수단을 사용하면서 우리는 하늘의 커튼 뒤에 계시는 초월자이신 하나님의 은혜에 연결이 됩니다. 그것을 잘 드러내 보여주는 것이 대요리문답 153문입니다.

153문. 율법을 거스르므로 우리가 마땅히 받아야 할 하나님의 진노와 저주를 피하게 하시려고 하나님께서 우리에게 요구하시는 것은 무엇입니까?

답. 율법을 거스르므로 우리가 마땅히 받아야 할 하나님의 진노와 저주를 피하게 하시려고 하나님께서는 우리가 하나님을 향한 회개를 하고 우리 주 예수 그리스도를 믿을 것과[1] 그리스도께서 중보의 혜택을 우리에게 전달하려고 사용하시는 외적 방편을 부지런히 사용할 것을 요구하십니다.[2]

1) 행20:21, 16:30, 31; 마3:7, 8; 눅13:3, 5; 요3:16, 2) 잠 2:1-5, 잠 8:33-36.

이 153문은 우리가 얻은 의를 율법을 지킴으로 얻는 의가 아니라 회개와 믿음을 통해서 그리스도께 접붙임을 받으며 그것을 강화하는 수단으로 은혜의 방편이 주어진 것이라고 봅니다. 로마서 3:20의 말씀대로 율법의 행위로는써 의를 얻지 못하며 율법은 죄를 깨닫게 합니다. 이제 율법 밖의 한 의는 예수 그리스도를 믿음으로 얻는 의입니다(롬 3:22). 그리고 그것은 율법의 증거를 받은 것입니다(롬 3:21). 대요리문답은 로마서의 이 구조를 따르고 있습니다. 율법에는 거짓 없는 믿음에서 흘러나오는 사랑(딤전 1:5)이라 불리는 이 신학적인 덕이 없으므로 우리는 그것을 지킬 수가 없고 그런 사실을 149-153문을 통해서 드러납니다. 153문은 로마서 구조의 핵심이고 대요리문답의 요약이며 복음의 구조를 보여줍니다. 우리는 율법을 지킴으로써 의를 얻는 것이 아니라 회개와 믿음으로 은혜의 방편(154-196문)을 사용함으로써 하늘에 계신 그리스도 안에 있는 원의와 공로에 닿는 습관을 형성하는 것입니다. 그래서 믿음은 필연적으로 소망의 덕으로 이어지는 구조를 가집니다(딤전1:5, 갈5:4-6, 롬5:3-5). 그 결과 우리 안에 신학적인 덕이 사랑으로 나타나고 우리는 율법의 요구에 순응할 수 있게 됩니다(롬 8:4). 그러니까 대요리문답이 구조적으로는 믿음(1-90문), 사랑(91-153문), 소망(154-196문)의 구조지만 우리에게 신학적인 덕이 생기는 순서는 먼저 믿음이 심기고, 이 믿음의 씨앗이 율법(91-153문)과 반응하면서 무능력하고 비참한 자신을 발견하고 그리스도께로 이끌리는 믿음으로 은혜의 수단(154-196문)으로 사용됩니다. 그 결과 사랑의 계명들(98-148문)에 순종하는 구조로 91-153문은 "죄를 깨닫게 하는 기능"과 "사랑의 계명"을 동시에 작동시킵니다. 그리고 이 구조는 제7장 "나태"에서 자세히 밝히겠지만 성화의 공동체적 · 공공신학적인 구조와도 맞물려 있습니다.

은혜의 방편과 교회는 성전과 지성소의 구조가 반영되고 있습니다. 즉, 성소의 촛대(말씀과 그 조명, *cum verbo*), 떡 상(성찬), 분향단(기도)은 하늘을 상징하는 성소의 휘장 너머 지성소의 두 돌판(말씀), 만나 항아리(성찬), 아론의 싹난 지팡이(다스림) 등과 모사의 구조를 가지고 있으며, 원형과 모형의 구조를 하고 있습니다. 은혜의 수단은 휘장 너머 하늘의 참 교회에 맞닿는 수단입니다. 이는 마치 거울에 비추인 모사와 원형의 관계라고 할 수 있습니다. 은혜의 수단은 초월을 향한 단말(port)입니다. 우리는 은혜의 수단을 통해서 하늘의 참 교회와 그리스도에게 연결됩니다. 도표로 나타내면 아래와 같습니다.

도표 2. 성소와 지성소, 은혜의 수단과 교회

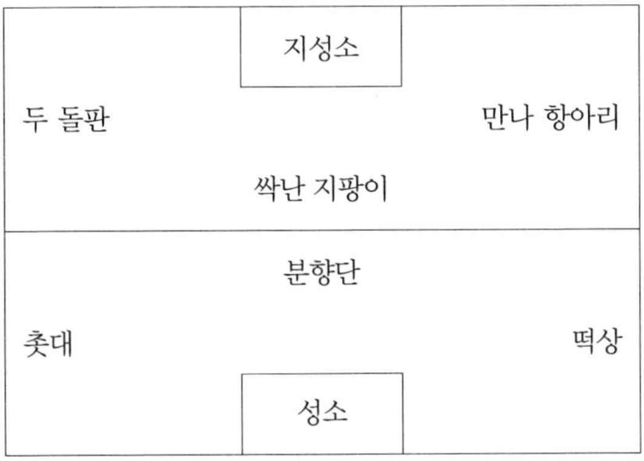

우리는 하늘의 습관인 믿음을 처음에는 주입된 씨앗(*semen fidei*)으로 받았습니다.[165] 믿음은 추동을 지니며, 율법을 지키려는 성향(*habitus fidei*)으로 나타납니다.[166] 그러나 아직 초자연적인 영역과의 단말인 덕이 제대로 갖춰지지 않았기에 로마서 7장처럼 원하기는 하지만 도리어 악을 행하는 상태가 발견되고 드러납니다(롬 7:19). 그것이 149-153문이 말하는 바입니다.

율법을 지키려 할수록 부패는 실존적으로 심화됩니다. 이때 율법은 자기 비참을 깨닫고 회개하도록 하며 그리스도께로 인도하는 역할을 합니다. 우리가 믿음을 도구로 삼아 은혜의 수단을 사용하면 하늘의 지성소에 있는 그리스도의 의에 가닿도록 성령께서 역사하십니다. 이 의는 아담이 상실했던 원의, 곧 참 지식과 의와 거룩함입니다. 종교개혁자들은 이 의의 주입을 거부하고 그리스도 안에 있다고 말합니다. 그리고 이 의를 통해 원의와 연결되는 단말인 믿음과 소망과 사랑이라는 덕을 지니게 된 것입니다. 이 믿음은 참 지식을 반영하여 우리가 지닌 하나님표상을 교정하며, 소망은 의를 반영하여 자기상을 교정하며, 사랑은 거룩함을 반영하여 타자상과 인격적 관계를 교정하는 역할을 합니다. 하나님을 아는 지식의 증가 (1-90문)는 자기 비참을 아는 지식의 증가(91-148문)을 가져오고, 이 둘이 상호작용하여 은혜의 수단(149-196문)을 붙들도록 해서 하늘의 지성소에 나가게 하며, 그의 상속자라는 사실을 확인함으로써 소망의 증거가 우리 안에서 점점 강성하여지고, 그 결과 소망의 덕이 자기상을 교정하면서 내면에 종말에 대한 전망을 가지게 함으로써 현재를 인내하게 합니다. 믿음과 소망으로 가닿은 하늘의 은혜는 우리 삶의 전망을 변화시킵니다. 스포츠 시합의 마지막 바퀴에서 사력을 다하는 이유가 결승점과 메달이 보이기 때문인 것과 마찬가지로, 은혜의 수단을 통한 상승은 우리로 하여금 결승점을 보게 합니다. 그 전망이 우리 사는 방식과 윤리를 변화시키는 것이죠. 이것을 한마디로 표현하면 소망입니다(롬 5:2-5). 소망으로 인해 성령이 우리 심령에 부어지고 그 힘을 따라서 사랑(91-153문)이 열매로서 등장합니다. 이때의 믿음을 행동하는 믿음(*actus fidei*)[167]이라고 하며 그래서 선행은 구원의 열매이지 조건이 아닌 것입니다.

이렇게 믿음의 덕은 계명으로 말미암아 비참에 처함으로써 그리스도의 비하와 하늘의 성소에도 동참하게 합니다. 이 장래적인 일의 증거를 우리 성품에 갖게 되는 것을 소망이라고 합니다. 믿음과 소망으로 인해 성령이 우리 마음에 사랑을 부으시는 단말이 형성되는 것입니다. 사랑의 덕이 생겨 율법의 요구에 응답하는 구조를 지닙니다. 149-153문은 율법이 우리 부패를 드러내는 장면을 묘사한 것으로 그중 대표적인 부패성 중의 하나는 바로 탐욕이라고 할 수 있습니다.

탐욕의 정의

탐욕을 의미하는 히브리어 "타아와"(תאוה)는 자기만족을 위해 뭔가를 원하고 바라는 갈망을 뜻합니다. 이는 경계를 뜻하는 "아와"(אוה)에서 유래했으며 '경계를 넘어서다'는 뜻입니다. 탐욕을 뜻하는 라틴어, 아바라치아(avaritia)에 대한 『고백록』에서의 대응 용어는 쿠피디타스(cupiditas)로 "어긋난 사랑"을 뜻합니다. 이는 "경계를 넘어서다"는 아와(אוה)의 뜻을 함의합니다. 특히 『고백록』에 나타난 탐욕의 용례는 무질서 개념이 반영되어 있습니다.[168] 이에 대척점에 있는 질서 개념이 사랑(caritas)입니다. 어거스틴은 탐욕을 지배 욕구(libido dominandi)와 관련짓기도 합니다. 이는 자기 소유가 아닌 것을 지배하는 욕구를 의미합니다. 이처럼 탐욕은 경계를 넘어선 욕구입니다. 『고백론』에서 탐욕은 이런 의미이며 현재에 살아 있는 과거의 경험으로부터 오는 이미지이며 옛 습관의 산물입니다.

> "내 기억 속에는 과거 나쁜 습관이 새겨둔 여러 쾌락의 이미지들이 아직
> 도 남아 있습니다."[169]

어거스틴이 말하는 습관은 바로 리비도(*libido*)가 의식에 표상한 것들로서 그 이미지들의 집합으로 자기상이 형성됐음을 깨닫고 고백합니다. 이 이미지들로 된 감정 세력이 바로 핵심감정입니다. 이 이미지는 의미의 사회적인 구성(social construction of meaning)의 결과입니다. 이는 타자들에 대한 이미지로 생각, 감정, 그들의 행동을 해석하는 추론에서 비롯됩니다. 타자의 마음을 이해한다는 것은 타자가 지닌 시각, 정서, 개념이 내 아이디어 속에 내재하게 된 것을 의미합니다.[170] 그러나 타자를 있는 그대로 이해하는 것이 아니라 타자를 평가할 때 자신의 관점을 자기도 모르게 타자도 그런 것처럼 인지함으로 오류를 발생시킵니다.[171] 이것이 경계를 넘는 마음이며, 탐욕은 이렇게 발생한 오류를 정당화합니다. 『고백록』에서 어거스틴은 리비도의 힘을 마니교처럼 악으로만 보지 않습니다. 도리어 극단적인 금욕주의와 다른 해석의 여지를 열어두었습니다.[172] 프로이트도 리비도를 중립적인 것으로 보며 본능과는 다른, 사람이 지닌 특이점으로 봅니다. 어거스틴은 리비도에 여러 성격이 뒤섞인 것을 감지하고 표현한 것입니다. 어거스틴의 입장을 좀 더 살펴보기 전에 동양 고전은 탐욕에 대해 어떤 입장을 지녔는지 살펴봅시다. 동양 고전인 『맹자』는 성욕과 부를 사람의 근본적인 욕망으로 보면서 이 자체가 문제라기보다 그 방향성을 문제 삼고 있습니다. 그 방향성의 유일한 길로 부모에게 순종하는 것을 들었는데, 여기에 하나님을 대입하면 『맹자』의 메시지는 사실상 성경의 메시지와 크게 다르지 않습니다.

天下之士悅之…好色人之所欲…富人之所欲…惟順於父母可以解憂(천하에 선비가 좋아해주는 것은 사람들이 하고 싶은 바이나…색을 좋아하는 것은 사람들이 하고 싶은 바이고…부를 얻는 것도 사람이 좋아하는 바이지만…오직 부모에게 순종하여야만 근심을 풀 수 있었다.)**173**

차이점이라고 한다면 『맹자』는 인간의 욕망에 대해서 낙관적이라는 점일 것입니다. 이것은 아마 일반 계시 영역의 한계일 것입니다. 그에 비해 앞서 인용한 어거스틴의 고백은 바울의 표현을 떠오르게 합니다. "율법이 탐내지 말라 하지 아니하였더라면 내가 탐심을 알지 못하였으리라(롬 7:7b)." 율법은 현재에 살아 있는 그의 과거의 습관을 들추어내는 것입니다. 십계명을 담은 98-148문은 이중적인 기능을 합니다. 믿음으로 율법을 대면한 자들에게 개인적 과거를 들추므로 자기에게서 돌이키게 하며 믿음은 은혜의 수단(154-196문)을 추동함으로써 하늘의 성소에 맞닿아 그 소망의 증거를 우리에게 남겨줍니다. 153문과 같이 회개와 믿음으로 구원의 은혜들에 애착하게 됩니다. 그렇게 자기를 아는 지식과 하나님을 아는 지식이 맞닥뜨려서 빚어낸 덕성이 소망입니다. 그렇게 은혜의 수단은 하늘의 성소에 우리를 연결합니다. 그 소망의 사닥다리를 따라 하늘에 닿고 거기로부터 성령이 우리 마음에 사랑을 부으시는 것입니다. 그 능력이 우리에게 공급되면 비로소 98-148문의 요구에 응답하는 사랑의 덕이 나타나게 됩니다. 이는 바울의 로마서가 지닌 논리와도 같습니다. 그래서 톰슨(Chiristopher J. Thompson)은 『고백록』을 10-13권에 비추어서 1-9권을 해석해야 한다고 밝힙니다. 1-9권의 개인적인 경험들이 10-13권을 통해서 보편적인 사랑의 윤리로 거듭나게 되는 구조를 하고 있습니다.**174**

다시 어거스틴의 탐욕에 관한 입장으로 되돌아가 봅시다. 그는 세상의 것을 사랑할 수 없다고 말하지 않습니다. 다만 그는 무엇인가를 하나님과 동등하게 사랑할 때 그것을 문제 삼았습니다.

> "누군가 세상의 것을 사랑하되 당신을 위한 사랑의 수단으로 사랑하
> 지 않고 당신과 동등하게 사랑한다면, 그는 당신을 덜 사랑하는 자입니
> 다."[175]

이것이 골로새서가 "탐심은 우상숭배"라고 말하는 이유입니다(골 3:5). 어거스틴은 이렇게 말합니다. 탐심이란 우리 마음이 오롯이 하나님의 것이어야 함에도 그 마음에 하나님을 위하지 않고 자신을 위해서 그것을 사랑하는 것입니다. 그래서 탐심은 우상숭배로 이해됩니다. 본회퍼(Dietrich Bonhoeffer)도 비슷한 맥락에서 탐욕을 설명했습니다.

> 탐심을 품은 자들은 세상에 속하고 만다.··· 음행과 탐욕은 우상숭배다.
> 인간의 마음이 하나님과 그리스도에게 속하지 않고 세상의 탐스러운 보
> 물에 속한 것이 되어버리기 때문이다[176]

결국 탐욕이란 "방향성을 잃어버린 사랑"입니다. 하나님이 세우신 질서는 하나님을 사랑하고 하나님을 위해서 써야 할 물질과 권력과 쾌락 그 자체를 욕망하는 것입니다. 탐욕은 타자를 위한 존재로서 자기, 하나님을 위한 존재로서 자기를 잃어버린 자가 하는 사랑입니다. 자기 욕망의 정당화로서 하나님과 이웃을 그렇게 물화해버리는 것이 탐욕입니다. 민수기 11장을 보면, 이스라엘이 고기를 먹고 싶어 하나님께 불평을 합니다. 그 불평을 들은 하나님께서는 진 사면의 하루 걸어가야 할 거리만큼 두 규빗 이상

의 높이로 메추라기가 쌓이게 하십니다. 그렇게 넉넉하게 주셨음에도 이스라엘 백성들은 고기를 두고 아귀다툼을 합니다. 그것이 하나님이 그들에게 진노하신 이유며 그 고기가 입안에 있어 씹히기도 전에 그곳이 탐욕의 무덤이 된 이유입니다.

탐욕의 정신역동

라틴어에서 온 영어 단어, 탐욕(avarice)은 어원적으로 거슬러 올라가면, 비참한 구두쇠를 암시합니다. 탐욕에 지배당한 사람은 파멸에 이릅니다. 마음이 차가워지고 위에 궤양이 생기고 영혼이 궁핍해집니다. 탐욕이 이처럼 냉담함과 차가움과 결부된 것은 우연이 아닙니다. 성경에서도 탐욕은 이처럼 냉담한 이기심으로 그려집니다. 누가복음 12:15-21에 나오는 비유가 그러합니다. 이 비유는 탐심에 대한 경고로 시작합니다. "저희에게 이르시되, 삼가 모든 탐심을 물리치라. 사람의 생명이 그 소유의 넉넉한 데 있지 아니하니라"라고 하셨는데, 어리석은 부자가 곡간을 크게 짓고 곡식을 쌓아 두고 행복하라고 자기 영혼에게 명하지만 결국 그 영혼을 하나님이 찾으시면 무익하게 됨을 비유했습니다. 누가복음 16장에 나오는 부자와 나사로의 비유는 이 냉담함이 더 극명하게 그려집니다. 부자의 집 앞의 나사로는 개들이 와서 그 헌 데를 핥음에도 전혀 돌봄을 입지 못합니다. "형제의 궁핍함을 보고도 돕고자 하는 마음을 막으면 어떻게 그 안에 하나님의 사랑이 거하겠느냐"라는 요한 사도의 말씀은 탐심이 그저 이기적 욕망에서 그치는 것이 아니라 이웃에게 미치는 해악임을 명시적으로 묘사하고 있습니다(요일 3:17). 하나님께서 우리가 쓰기에 넉넉한 소유를 주심은 배부르게 먹으라고 주심이 아니요, 궁핍한 이웃을 돌보라고 청지기 사명으로 맡겨 주신 것입니다. 이것은 나사로 비유 전에 나오는 청지기의 비유가 잘 보여줍니다. 대부분의 사람들이 이 비유를 이해하기 힘들어 합니다. 이 비유가 잘 이해되지 않는다면, 자신의 상태가 탐심에 물들어 있다고 믿어도 좋습니다. 주인의 가산을 낭비하다시피 하는 것을 오히려 주인이 칭찬하고 있습니다. 이것은 우리가 물질의 소유주가 아님을 보여주는 것입니다. 청지기에게 물질은 철저히 자기만족을 위한 것이었습니다. 타자 역시 자기만족적인 대상일 뿐 인격으로 이해되지 않았습니다. 하나님을 향해서도 마찬가지입니다. 탐욕은 내가 주인이 되어서 청지기로서 물질을 사용하는 것이 아니라 물질과 정욕이 내 마음을 점령해서 그것이 주인이 되어서 다른 대상들도 모두 물욕으로 물화시키는 감정을 일컫습니다. 그리고 이것은 계명을 대면해서만 그 진면목을 드러내는 것입니다. 그래서 16장의 불의한 청지기 비유는 물욕에 물든 사고를 가진 사람은 이해하기 힘듭니다. 비유의 최대 강점은 사태를 비틀어서 풍자적으로 현실의 문제를 꼬집는 데 있습니다. 마치 주인의 물질을 축내고 문서를 위조하고 주인을 속이는 청지기의 행동은 이런 뒤틀림입니다. 현실을 뒤트는 비유를 통해서 물질을 쌓아두고 돕지 않는 이 탐욕이 얼마나 뒤틀려 있는지를 드러내어 보여줍니다. 나눔과 베풂은 그리스도인의 마땅한 미덕입니다만 오늘 물질과 성을 우상으로 섬기는 탐욕의 숭배자들은 자신의 탐욕을 채우는 데 교회를 이용합니다.

이 냉담함을 잘 보여주는 사례를 하나 들어봅시다. 도스토예프스키(Fyodor Dostoyevsky)의 『카라마조프가의 형제들』에 나오는 양파의 비유가 냉담함의 파괴적 성격을 잘 보여줍니다. 옛날 매우 사악한 농부 여인이 죽었을 때, 단 하나의 선행도 남기지 않았습니다. 마귀가 그녀를 잡아 불못에

던졌는데, 이를 안타깝게 여긴 수호천사가 그녀의 선행이 없었는지에 관한 기억을 짜내서 하나님께 "그녀가 한 번 정원에서 양파를 뽑아서 거지에게 준 적이 있습니다"라고 아룁니다. 이에 하나님께서 "너는 그 양파를 그녀에게 내밀어서 잡고 나오게 하라. 만약 네가 그녀를 끌어내면 낙원에 갈 것이지만, 만약 양파가 끊어지면 그녀는 불 못에 머물러야 하느니라"라고 답하셨습니다. 천사는 양파를 내밀며 그녀에게 "어서 양파를 잡으시오. 내가 당신을 끌어내겠소"라고 했습니다. 천사는 조심스럽게 그녀를 끌어 올렸습니다. 천사가 막 그녀를 끌어내려는 순간, 다른 죄인이 그녀가 끌려 올라가는 것을 보고 탈출하기 위해 그녀를 붙잡기 시작했습니다. 그러자 그녀는 그를 발로 차기 시작했습니다. "내가 나가야지 당신은 아니야. 이것은 내 양파이지 당신 것이 아니란 말이야." 그녀가 이 말을 하자마자 양파는 끊어졌습니다. 그리고 그녀는 불 못으로 떨어졌고 천사는 슬피 울며 떠나갔습니다.[177] 물론 이 사례가 성경적 타당성을 보여주는 것은 아닙니다. 성경은 분명 우리의 구원이 행위에 있지 않고 그리스도의 구속에 공로에 있음을 명시적으로 밝힙니다. 이 예시는 탐욕의 성격에 대한 비유입니다. 탐욕은 이기적 욕망에서부터 출발합니다. 그녀가 남긴 한자락 긍휼과 선행인 양파마저도 결코 타자를 위한 것이 아니라 자신을 위한 것임을 비유적으로 보여줍니다. 어리석은 부자의 비유에서도 보았듯이 우리는 지금 우리에게 필요하지 않은 것들을 쌓아 놓고 나누기를 거부합니다. 내가 가지기는 심드렁하지만 남을 주기엔 아까운 것입니다. 사도 베드로는 소돔과 고모라의 죄악상을 이야기하면서, 그들을 "탐욕에 연단된 마음을 가진 자"(벤후 2:14)라고 말합니다. 참으로 냉혹한 정죄입니다. 이 말씀을 우리 삶을 표현한 것 치고는 너무 지나친 것으로 생각합니다. '탐욕에 연단된 마음을 가진 자'를 자신과 연관시키는 것을 정신적으로 회피합니다. 그러나 "욕심이 잉태한 즉 죄를 낳고, 죄가 장성한 즉 사망에 이른다"(약 1:15)라는 말씀은 탐욕이 지닌 은밀하고 침투적인 성격을 잘 보여줍니다. 탐욕은 천천히 스며드는 죄악입니다.

우리는 가지면 가질수록 더 많은 것을 가지길 원합니다. 여성이 예쁜 핸드백을 하나 사면 그 핸드백에 어울리는 옷을 원하고 그 옷에 어울리는 구두를 원합니다. 탐욕은 중독이 됩니다. 많이 가질수록 더 많이 원하게 됩니다. 기브롯 핫다아와(הַאֲמָה־תֹורבֹק)의 이스라엘 백성처럼 처음 섞여 들어온 무리의 불평은 곧 남보다 더 먹겠다는 탐욕으로 그들의 무덤을 삼게 됩니다. 누구나 돈과 권력과 성적 욕망을 갈망할 수도 있으며, 화장품, 책, 창고 대방출 세일 같은 것들을 좋아할 수도 있습니다. 그러나 사탄은 처음에는 우리가 무언가를 손에 넣고 싶어 하는 것들을 손에 넣게 하고 점차 거기에 중독되어 묶여버리는 것을 어둠 뒤편에서 지켜봅니다. 그다음에는 가진 것들을 보전하려는 욕구를 상대로 작업에 들어갑니다. 그리고 부를 차곡차곡 쌓고 있는 우리의 마음이 탐욕으로 물들게 합니다. 그렇게 탐욕에 물든 자들의 은행 잔고는 가득할 지 몰라도, 그들의 영혼은 텅 비어 있습니다. 거기에는 끔찍할 정도로 비뚤어지고 썩어 빠진 역겨운 감각만 남아 있을 뿐입니다.

불교에서는 일찍부터 탐(貪), 진(瞋), 치(痴)를 삼독(三毒)이라 불렀습니다. 탐은 탐욕을 일컬음이요. 진은 분노를 말하며, 치는 어리석음을 말합니다. 불교의 천로역정이라 불리는 서유기의 세 요괴는 이것들에 대한 비유이기도 합니다. 돼지인 저팔계가 바로 탐욕을 드러냅니다. 그는 천봉원수(天蓬元帥)였으나 달의 여신인 항아(嫦娥)를 희롱한 죄로 요괴가 된다는 설정도

여색에 대한 탐욕을 보여줍니다. 손오공이 투전승불(鬪戰勝佛)이라 불리는 것은 그의 분노에 대한 은유입니다. 권렴대장(捲簾大將) 사오정은 서왕모(西王母)의 복숭아 잔치에서 수정을 깨트린 죄로 요괴가 됩니다. 이는 부주의함과 어리석음을 보여주며 그가 사는 곳은 "흐르는 모래 강"(流沙河)으로 어리석음에서 비롯된 탁함을 은유합니다. 이름인 오정(悟淨)은 맑음이 무엇인지를 깨닫는다는 의미로 깨달아서 탁함에서 벗어난다는 의미가 담겨 있으며, 그의 직함인 권렴(捲簾) 역시 드린 발을 걷어 올린다는 뜻으로 흐린 것을 선명히 보게 됨을 뜻합니다. 그가 귀가 어두운 것도 이런 어리석음을 은유하고 있습니다. 이 세 가지는 서로 연결되어 있습니다. 대체로 탐욕은 경계를 넘어서 욕망하는 데서 비롯되며, 분노는 욕심껏 되지 않음에서 비롯됩니다. 욕심대로 되지 않는 것이 삶이지만 안 되는 줄 알면서도 포기하지 못하고 그것에 미련을 가지는 것이 어리석음입니다.

신앙도 마찬가지입니다. 야고보는 "욕심이 잉태한즉 죄를 낳고, 죄가 장성한즉 사망을 낳느니라(약 1:15)"라고 말합니다. 모든 죄는 탐욕이 자라 이룬 열매입니다. 믿음은 하나님을 아는 지식이지만 탐욕은 우리로 노하게 만들며 어리석게 만들어 하나님과 자신을 아는 지식에서 점점 멀어지게 합니다. "무식이 용맹"이란 말이 있습니다. 이것은 무지 속에는 분노가 가득함을 보여줍니다. 정말 용감해서가 아니라 분노는 사리 분별을 마비시켜 일을 그르치게 한다는 말입니다. 욱하는 마음에 일을 벌이고 후회하는 경우를 일컫습니다. 그 분노는 탐욕에서부터 출발합니다. 예컨대, 아이들을 키우다보면 화낼 일이 많습니다. 왜 그렇습니까? 남의 아이에겐 관대하면서 나의 아이들에게는 화를 냅니까? 그것은 아이의 현재의 상태보다 부모의 욕심이 앞서기 때문입니다. 이처럼 분노는 탐욕의 증거인 셈입니다. 이는 분노를 다루면서 좀 더 자세히 설명하겠습니다. 결국 탐욕이 빚은 분노는 이성을 마비시키고 미련을 버리지 못한 채 어리석은 결정을 하게 합니다. 이 일의 출발점이 바로 탐욕입니다.

　탐욕은 우리를 무감각하게 합니다. 탐욕의 무감각은 통계적으로도 입증이 됩니다. 미국의 자선 행위 실태 보고서인 「Giving USA」의 통계를 보면 개인들의 기부는 지난 40년간(1977-2016) 84%에서 72%로 줄어들고 있습니다. 2015년에 비해 2016년의 개인 기부는 2.5% 줄어들었습니다. 그뿐만 아니라 여전히 종교 기부가 가장 높은 수준이지만 1996년에 기부금의 45%에서 2016년 32%로 줄어들고 있는 추세입니다.[178] 더 있어서 더 도울 수 있을 것이라 생각하기 쉽지만 통계가 보여주듯이 탐욕은 가질수록 더 많은 것을 원하게 만듭니다. 탐욕에 연단된 마음은 이웃을 잊게 만들며 그들과 공감할 수 없도록 만듭니다. 탐욕의 다른 특징은 하나님을 의지하지 못하게 한다는 것입니다. 앞서 언급한 요한일서 3:17을 킹제임스 성경(KJV)에서 직역하면, "이 세상의 물질을 가진 자가 형제의 필요함을 보고도 동정의 내장을 닫으면 어떻게 그에게 하나님의 사랑이 거하겠는가"로 옮길 수 있습니다. 성경은 종종 우리의 가장 깊은 내면을 장기에 비유했습니다. 우리말에도 "애가 탄다" 혹은 "애끊는" 등의 표현에서 애는 창자를 일컫는 말입니다. 이는 슬픔을 표현하는 말입니다. 이처럼 탐욕은 하나님의 사랑이 우리 몸으로 경험되는 것 자체를 부정하게 만듭니다. 탐욕은 하나님께서 우리 몸에 보내는 신호를 읽지 못하도록 하며 이것은 우리 삶으로부터 유리되도록 한다는 사실을 은유합니다. 삶과 별거를 시작한 그는 결코 하나님과의 동거할 수 없습니다. 그는 자기를 의지할지언정 결코 사람들과의 관계에서 그 무엇도 경험할 수 없습니다. 타자를 돕지 않는 마음은 하나님을 만나지 못하게 되는 원인이 되는 것입니다.

탐욕과 핵심감정

탐욕은 7가지 죄 중에서도 욕동과 추동의 성격을 가장 직접적으로 보여
주는 죄입니다. 어거스틴은 성적 탐욕이 매우 심한 유형의 사람이었습니
다. 어거스틴은 성적 탐욕으로 시간과 삶을 허비했었습니다.[179] 그는 그의
경험을 바탕으로 요한일서 2:16에 나오는 "육신의 정욕과 안목의 정욕과
이생의 자랑"을 따라 어거스틴은 『고백록』을 풀어갑니다.[180] 인간의 욕망
을 누구보다 깊이 이해했던 어거스틴은 인간의 욕동을 세 가지로 나누었는
데 그것은 쾌락의 욕구(*libido sentiendi*), 지식의 욕구(*libido sciendi*), 지배의 욕구
(*libido dominandi*)로서,[181] 프로이트가 말한 리비도(*libido*) 이론은 이처럼 어거
스틴에게까지 소급할 수도 있습니다. 그 원형적인 아이디어는 『고백록』에
있습니다. 어거스틴처럼 파스칼도 이를 따라 해석하는 글을 썼습니다.[182]
아리스토텔레스와 아퀴나스의 덕 이론과 개혁신학의 습관 이론도 욕동 이
론의 원형이라 할 수 있습니다. 『고백록』에서는 탐욕(*cupiditas*)과 사랑(*caritas*)
은 완전히 구별되지 않습니다. 이 둘은 뒤섞여 있습니다. 이것이 바로 욕동
(추동)의 특성입니다. 더 탐욕적이거나 덜 탐욕적이거나, 덜 사랑하거나 더
사랑하는 다양한 상태를 보입니다. 탐욕은 사랑에 의해서 치유됩니다. 이
신학적인 덕은 대요리문답에서 91–148문의 십계명과 관련된 내용에서 드
러납니다. 그러나 이 사랑의 덕은 행하는 믿음으로 드러나며, 152문에서는
믿음과 회개의 마음으로 이 사람의 덕을 은혜의 수단으로 사용함으로써 그
리스도를 알기에 게으르지 않게 되고, 우리 안에 소망의 덕이 증가하면서
우리 인격에 사랑으로 드러납니다(벧후 1:5–8).

이 추동은 내가 정말 원하고 바라는 것과 그것이 좌절되었을 때 겪게 되는 미움을 일컫습니다. 추동이라는 복잡하고 어려운 개념보다 내가 정말 원하는 욕망과 그 좌절로서 미움이 환경에 적응해서 타자와 관계 맺는 엄격하게 자동화된 방식으로 감정 세력이 균형을 이룹니다. 그것이 핵심감정입니다. 이는 매우 주관적인 감정이며 동시에 그가 보는 세계관입니다. 이는 획득된 습관이며 자연적인 덕입니다. 우리 자신을 이해함에 있어서 내가 정말 원하고 바라는 것이 무엇인지를 제대로 아는 자신의 일은 자신의 핵심감정을 이해하는 데 있어 정말 중요한 과업이기도 합니다.

탐욕의 죄와 성화를 위한 기도

창세 전에 우리를 택하시고 섭리 중에 언약을 맺으신 성삼위일체시여! 우리를 지혜롭게 하셔서 우리 안에 탐욕과 사랑을 구별하게 하옵소서. 더 탐욕적인 마음과 덜 탐욕적인 마음, 덜 사랑하는 마음과 더 사랑하는 마음을 분별하는 지혜를 주시옵소서. 사랑의 덕을 쌓도록 우리에게 주신 율법을 대면하여서 우리 탐욕을 발견케 하옵소서. 그것을 발견하게 될 때, 자기만족을 구하지 않고 그리스도께 무릎을 꿇고 회개와 믿음으로 그리스도만을 구함으로 그리스도를 아는 지식에 열매를 맺게 하옵소서. 탐욕으로 번영을 하나님이라 여기지 않게 하시고 우리 삶에서 탐욕의 우상을 버리고 돌아서서 하나님 한 분만을 사랑하게 하옵소서. 탐욕으로 인해 우리 심령이 냉정해지지 않게 하옵소서. 하나님과 이웃을 위해 지음 받은 자신을 발견하게 하시고 사랑으로 역사하는 믿음이 우리 심령에서 일어나 참되게 그리스도를 따르는 제자로 살게 하옵소서.

토론을 위한 질문
(토론을 위한 질문들은 미리 작성해오셔도 좋습니다)

1. 성경 해석의 3가지 원리(문법적 · 역사적 · 신학적 해석)와 신학적인 덕을 연결해서 설명해 봅시다. 이 성경 해석의 중요성에 대해서도 나누어 봅시다.(제3장의 위로부터 오는 습관들 참조)

2. 대요리문답을 세 부분으로 나누어 봅시다. 믿음, 사랑, 소망이 각기 몇 문부터 몇 문까지인지 외어 봅시다.

3. 제1부 제1장에서 다룬 원죄 교리에 대하여 개혁신학과 로마 가톨릭이 어떻게 다른지 설명하고 왜 그렇게 달라졌는지 이유를 말해 봅시다.

4. 대요리문답의 인식론적인 구조를 설명해 봅시다. 가장 중요한 문답은 153문인데 왜 그런지도 설명해 봅시다.

5. 대요리문답 153문과 로마서의 구조를 비교해서 복음의 구조를 설명해 봅시다. 제2부 제1장에서 배웠던 "오직 믿음"의 10가지 원리를 다시 복습합시다.

6. 탐욕의 정의를 정리해 봅니다. 탐욕은 무엇으로 치료하는지 서로 말해 봅시다.

7. 탐욕과 사랑은 어떻게 분별할 수 있는지 서로 말해 봅시다.

8. 탐욕의 반대가 금욕이 아닌 이유를 말해 봅시다. 왜 기독교 신앙은 금욕주의가 아닙니까?

9. 탐욕의 정신 역동을 참고해서 그 특징을 정리해 봅시다.

10. 탐욕을 통해서 추동의 성격을 정리해 봅시다. 추동을 두 가지 개념으로 정
리하고 그 의미는 무엇인지 설명해 봅시다.

CHAPTER 03
시기와 핵심감정

악한 눈으로 저지른 죄

공기처럼 가벼운 사소한 일도, 질투하는 이에게는 성서의 증거처럼 강력한 확증이다.

_셰익스피어

위로부터 오는 습관과 그 구조[183]

칼뱅의 성경 해석에 대한 견해는 두 가지로 알려져 있습니다. 그것은 크라우스(Hans Joachim Kraus)로 대표되는 "단절설"과 스트롤(Henri Strohl)로 대표되는 "연속설" 입니다. 여기서 단절과 연속은 "중세 사중해석과의 관계"를 의미합니다. 크라우스는 칼뱅의 해석을 현대 성경 해석의 윤곽을 미리 보여주면서 중세적인 잔재를 지운 것으로 보았습니다. 그는 칼뱅의 『로마서 주석』서문과 『기독교강요』를 근거로 단절을 말했습니다. 그에 비해 스트롤은 칼뱅의 해석을 중세와 본질에서 차이가 없으며 오히려 중세로의 복귀라고 평했습니다. 단절을 주장한 크라우스의 견해가 더 지배적이며, 학계에 일반적으로 통용됩니다. 그러나 멀러(Richard A. Muller)는 두 견해를 모두 비판하고 칼뱅의 주석들로부터 칼뱅이 사중해석을 하는 부분들을 찾아냅니다. 이런 점에서 크라우스의 단절이라는 견해는 옳지 않습니다. 칼뱅의 성경 해석에는 분명 중세와 연속적인 요소가 있으며, 특히 칼뱅은 사중해석이 지닌 종말론적 특성을 더 잘 발전시켰습니다. 사중해석은 문자적 · 알레고리적 · 도덕적 · 종말론적 해석을 의미합니다. 그 내용을 정리하면 다음과 같습니다.

1) 역사적 문법적 의미(*sensus historicus or literalis*) : 문법적 · 신학적 해석

기록 당시의 의미를 중시하는 역사적 문법적 해석을 뜻합니다. 역사적 과거에 저자와 청중 사이에 주어진 계시적인 의미를 강조합니다. 예를 들자면, 구약에서 예루살렘은 옛 이스라엘의 수도 예루살렘을 의미하는 것으로 해석하는 것입니다.

2) 기독론에 기초한 모형론적인 의미(*sensus allegoricus*) : 믿음에 의한 해석

기독론적인 적용을 강조하는 알레고리적 해석으로 믿어야 할 바를 강조한 해석입니다. 주로 모형론적인 의미에 강조점이 있으며 늘 그리스도와 관련해서만 적용됩니다. 예컨대, 구약의 예루살렘은 신약의 교회나 그리스도의 몸으로 해석하는 것입니다.

3) 교회론에 기초한 모범적인 의미(*senus tropologicus*) : 사랑에 의한 해석

현재적인 실천을 강조하는 도덕적 해석으로 주로 우리가 사랑해야 할 바를 강조합니다. 교회론적인 맥락에 따른 해석이며 오늘날 신자의 윤리에 강조점을 둡니다. 예컨대, 예루살렘은 오늘 우리가 다니는 교회와 그 삶으로 해석하는 것입니다.

4) 종말론에 기초한 영적 의미(*sesus anagoricus*) : 소망에 의한 해석

미래의 완성을 지향하는 종말론적인 해석을 일컫습니다. 즉, 소망해야 할 바를 중심으로 하는 해석이며 종말론적인 그리스도에 대한 대망하는 해석입니다. 예컨대, 예루살렘을 완성될 천국, 즉 새 하늘과 새 땅으로 해석하는 것을 일컫습니다.

　대중적인 편견들과는 달리 중세 사중해석은 어거스틴의 『신망애편람』의 믿음, 사랑, 소망의 구조의 확대이며 이것이 얼마나 역사적이며 종말론적인지 알 수 있습니다. 더 소급하자면, 성경에서 그 기원을 찾을 수 있습니다. 예컨대, 유대 공동체에 권면으로 주어진 히브리서의 후반부 11–13장은 믿음, 소망, 사랑을 차례로 묘사하며, 로마서 5:3–5이나 갈라디아서 5:4–6 등은 믿음이 사랑으로 발전해가는 구조를 보여줍니다. 후대로 내려오면, 『하이델베르크 요리문답』, 『웨스트민스터 대소요리문답』도 이 구조를 가지고 있습니다. 흔히 개혁신학이 꺼린다고 알려진 알레고리적 해석을 사용한 것은 비단 칼뱅뿐만 아니라, 다른 종교개혁자들 가령, 루터, 멜란히톤(Philipp Melanchthon), 외콜람파디우스(Johannes Oecolampadius)의 특징이기도 했으며 심지어 바울도 갈라디아서 4장에서 알레고리를 사용했습니다. 이런 현상은 하나님의 말씀은 교회를 위한 말씀이어야 함을 강조했기 때문에 생긴 현상이기도 했습니다. 참고로 교부들의 성경 해석에서 알레고리적 특징이 두드러진 곳은 거의 대개가 기독론적인 강조 때문이었습니다. 즉, 성경은 그 전체를 그리스도 중심적으로 해석해야 하므로 무리하게 알레고리를 사용해서라도 그렇게 적용했었습니다.

　그러나 이런 교부들과 어거스틴적인 요소에도 불구하고 멀러는 스트롤이 해석한 칼뱅의 중세 복귀 주장 역시 문제가 있다고 보았습니다. 왜냐하면, 칼뱅의 성경 해석은 문법적이고 역사적인 성경 해석을 중세 성경 해석자들보다 훨씬 더 중요시했기 때문에 칼뱅의 해석은 중세와는 분명한 차이가 있다고 보았기 때문입니다. 이런 점을 고려하여 멀러는 칼뱅의 성경 해석의 특징을 다음과 같이 설명했습니다.

(1) 칼뱅은 동시대 다른 성경 해석자들과 비교하자면 간단 명료성(brevitttas)을 지향합니다. (2) 칼뱅은 사중해석을 적용하지만 약속-성취의 구도 속에서, 그리고 하나님 백성의 지속되는 역사 속에서만 적용합니다. (3) 칼뱅은 문법적이고 역사적인 성경 해석을 더 강조함으로써, 사중해석이 지닌 약점을 보완하고 지나친 알레고리를 피했습니다.

칼뱅의 성경 해석은 한마디로 말하자면, 역사적·문법적인 뜻을 따라서 믿음, 소망, 사랑의 덕으로 신학적인 해석을 하는 것입니다. 모든 본문에 이 네 가지 의미를 다 담을 수는 없지만 성경은 본질적으로 이 네 가지 의미로 해석되어야 하며 그 결과 우리 내면에 쌓이는 신학적인 덕이 바로 믿음, 소망, 사랑인 것입니다. 오늘 우리에게 성화가 없어 보이는 이유는 성경을 해석하는 이러한 전통적인 방법을 잃어버렸기 때문입니다. 핵심감정을 치유하고 성화가 우리 삶에서 구현되도록 하려면 바로 이 해석이 회복되어야 합니다. 사실상 대요리문답의 구조는 바로 이 해석을 보여주는 것입니다. 특히 사랑의 열매가 나타나려면 칼뱅이 강조했던 종말론적 관점 곧 소망에 근거한 해석이 깊이 있게 나타나야 합니다. 그뿐만 아니라 이 해석은 복음의 핵심을 보여주는 것이기도 합니다.

시기의 정의

시기는 언제나 자신이 생각해 낼 수 있는 가장 사실에 근거한 비난, 혹은 사실에 가장 근접한 비난을 제기합니다. 그것이 남긴 상처는 언제나 더 깊습니다. 시기는 "악의를 가지고 보다"라는 라틴어 인비디아(invidia)에서 유래했습니다. 신약성경에서 시기에 해당하는 헬라어는 문자적으로 "악한 눈을 갖다"라는 뜻입니다. 시기는 7가지 치명적인 죄 가운데 가장 더럽고 추악하고 야비하고 불쾌한 것으로 불립니다. 아퀴나스는 시기를 "어떤 사람의 좋은 것이 우리의 좋은 것보다 뛰어나기만 하면, 그 사람의 좋은 것을 두고 하는 통탄"이라고 정의했습니다.[184] 독일어 샤덴프로이데(schadenfreude)는 "남의 불행에서 느끼는 갖게 되는 쾌감"을 뜻하며, 시기의 의미를 잘 드러내어 보여줍니다. 시기라는 죄악의 특성을 잘 보여주는 핵심감정은 경쟁심이라 할 수 있습니다. 특히 우리나라는 시기가 많은 문화적 특징을 지니고 있습니다. "사촌이 땅을 사면 배가 아프다"는 속담은 이런 특성을 잘 보여줍니다. 교부 크리소스톰(John Chrysostom)은 이런 시기의 특성을 "의복을 갉아 먹는 좀 벌레처럼, 사람을 갉아 먹는다"라고 표현했습니다.[185] 한국인들은 그 문화가 지닌 상호의존적인 특성 때문에 비교를 통해서 자기 정체성이나 존재감을 확인하는 경향이 강합니다.[186] 그래서 웃지 못할 소리로 자동차를 고를 때, "승차감"보다 "하차감"이 중요하다는 말이 나돌 정도입니다. 차 안에서 편한 것이 중요한 것이 아니라 차에서 내렸을 때 사람들이 봐주는 평판이 더 중요하다는 말입니다. 시기는 그저 남에게 뽐내려는 것으로 끝나지 않습니다. 그것은 남을 해코지하는 것으로 발전하게 됩니다. 이것을 루이스는 "시기가 교만에 뿌리를 두고 증오의 꽃을 피우는 것"이라고 묘사했습니다.[187] 시기는 이처럼 자기 의에서부터 흘러나오는 미움의 악덕입니다. 조선 후기 역사가 유난히 당쟁이 많은 것도 이 때문입니다. 동인과 서인으로 갈리고 동인은 다시 퇴계 이황(영남학파, 주리파)을 중심으로 한 남인과 남명 조식을 중심으로 한 북인으로 갈리었습니다. 서인은 다시 율곡 이이(기호학파, 주기파)를 중심으로 한 노론과 우계 성혼(강화학파, 양명학 연구)을 중심으로 한 소론으로 갈리게 됩니다. 이 당쟁의 역사는 단지 당쟁에서 그치는 적이 아니라 정적의 숙청과 유배, 죽음을 부르는 환국(換局)으로 이어졌습니다. 이처럼 시기는 그 욕구를 결코 멈추지 않고 만족을 모르며 끊임없이 자학을 유발합니다.[188] 성령께서는 이런 시기의 죄를 대적하십니다(약 4:5).[189] 그래서 초서는 시기를 "존재하는 가장 나쁜 죄"라 했습니다.[190]

시기의 정신역동

시기는 다른 사람들이 잘 되는 것을 한탄합니다. 자신이 어떤 대가를 치르든지 개의치 않고 경쟁자들을 해롭게 하는 것이 시기의 본질입니다. 선망(envy)은 단순히 다른 사람의 재능이나 소유를 부러워하는 것이라면 시기(jealousy)는 상대의 재능이나 소유를 빼앗으려는 마음입니다. 『후한서』(後漢書)의 『양수전』(楊修傳)에 나오는 "계륵"(鷄肋)이라는 표현은 "닭의 갈비라는 뜻으로 그다지 큰 소용은 없으나 버리기에는 아까운 것"을 이르는 표현인데 시기심을 가장 적절히 표현해주는 고사 중 하나입니다. 나에게는 크게 의미가 없음에도 남의 가지는 것을 볼 수가 없어서 빼앗고 보는 마음입니다. 이 마음의 근원은 교만입니다. 내가 그보다 높아야 하는데 그가 나보다 더 재능을 가진 것 같은 영역을 견딜 수가 없는 것입니다. 이런 감정은 주로 경쟁의 환경에서 습관화됩니다. 부모의 사랑과 인정을 받고 싶고 형제들은 많으며 부모가 노골적으로 어떤 일을 칭찬하거나 편애를 하는 경우, 이렇게 빼앗아 가지고자 하는 마음이 습관으로 자리 잡습니다. 시기의 특징을 보여주는 대표적인 심리적인 증상 중 하나는 바로 리플리 증후군(Ripley Syndrome)입니다. 예컨대, 1990년 6월 25일 발생한 곽재은 양의 유괴 살인사건은 세간을 떠들썩하게 했습니다.[191] 범인은 23세의 홍순영이라는 여성으로 1986년 숙명여대 정치외교학과 학생으로 4년 간 가짜 대학생 행세를 하고 졸업 후에는 KBS 기자 행세를 하다가 결혼이 좌절되자, 남자 친구의 직장 여자 동료를 닮았다는 이유만으로 유아를 납치 살해하고 유아의 부모에게 금품을 요구하다가 체포되어 사형을 받은 사건이 있었습니다.[192] 세간에 주목을 많이 받은 이 사건은 자기상에 집중되어야 할 추동이 자아이상(ego ideal)에 집중되면서 현실에 대한 감각을 잃어버리고 가짜를 진짜 자신이라고 생각하고 거짓 삶을 살아온 사건입니다. 불행히도 이 사건은 자기를 속이는 일에서 그치지 않고 그녀 속에 불타는 시기는 유괴 살해 범죄로 이어지고 맙니다. 그녀의 유괴 동기는 아이가 남자 친구의 직장 여자 동료를 닮았기 때문이라고 진술했습니다. 그녀는 타인에 대한 시기심으로 가짜 인생을 살았으며 결혼이 반대에 부딪히자 추동은 닮아 보이는 아이에게로 증오로 투사되고 맙니다. 결국 법정 최고형인 사형을 얻도 받은 그녀는 이듬해인 1991년에 사형을 당했습니다.

다른 예로서는 올림픽 피겨 국가대표 선발전에서 후보였던 하딩(Tonya Maxine Harding)의 측근이 경쟁자였던 캐리건(Nancy Kerrigan)을 올림픽 국가대표 후보에서 떨어뜨리려고 습격한 사건입니다. 1994년 릴레함메르(Lillehammer) 동계올림픽 미국 국가대표 선발전 대회가 있던 해, 예비 후보였던 두 사람 중 한 명만이 대회에 참여할 수 있었는데, 여자 싱글 프리경기를 이틀 앞둔 1월 6일 습격이 일어났습니다. 캐리건을 습격한 남자가 하딩을 경호했다는 보도가 나오자 미국 전역이 발칵 뒤집혔습니다. 더군다나 범인은 이 사건을 사주한 장본인이 전 남편인 길루리(Jeff Gillooly)라고 진술했고 결국 올림픽 직후 하딩은 미국 빙상 연맹에서 제명을 당하고 그해 3월 18일 토냐 하딩은 혐의를 인정하고 집행유예를 선고 받았습니다. 이 사건은 2017년 이 내용을 다룬 연극 "T"가 인기를 얻으면서 「The New York Times」에서 재조명되었고[193] 『아이 토냐』(I, Tonya)라는 영화가 개봉되기도 했습니다. 이처럼 시기는 타인의 재능이나 삶을 탐을 내고 그것을 훔치려 들고 타인을 해치면서 자기가 차지하려 듭니다.

시기는 기본적으로 교만을 배경으로 합니다. 시기가 넘치는 사람은 자기 분수에 넘치는 것을 바라고 가지려고 합니다. 자기를 부풀리는 것이 교만의 특징이라면, 시기는 거기서 더 진전된 형태의 태도를 보입니다. 그래서 루이스(C. S. Lewis)도 교만을 뿌리로 하고 피는 꽃이 시기라고 표현했습니다. 교만의 자기를 부풀리는 특징을 심리적으로 설명하자면, 그것은 추동이 자기에게 집중되면서 일어나는 일입니다. 몸과 영혼으로부터 발현한 추동은 마음에 그것들을 표상합니다. 인간은 하나님과 세상과 관계 맺기 위해서 적어도 세 가지 표상을 만듭니다. 자기상, 하나님표상, 타자상입니다. 처음에는 외적이며 내적인 자극들을 자기를 표상하는 데 집중하던 이 힘이 점차 타자를 향해서 추동을 집중합니다. 이 시기에 생기는 갈등을 제대로 통합하지 못하면서 하나님표상과 타자상의 원형이라 할 수 있는 환상으로서 자아 이상(ego ideal)과 과도하게 동일시하는 현상이 일어납니다. 앞서 홍순영의 사례는 이에 대한 전형적인 예라고 할 수 있습니다. 자신이 목표로 하던 대학에 2번이나 떨어지고 우연히 주운 여대 학생증은 인생을 바꾸어 놓게 됩니다. 4년 간 수업과 시험, MT까지 학과의 모든 일에 다 참석했고 심지어 졸업식까지 참여했습니다. 그녀는 정말 그렇게 살고 싶었던 것이죠. 그녀는 자기를 그렇게 부풀렸습니다. 그녀는 현실을 살지 않고 환상을 따라 자기를 부풀린 채 거짓된 삶을 살았습니다. 그러던 중 캠퍼스에서 사귄 남자 친구와 결혼이 남자 친구의 부모님이 반대하면서 어려움에 부딪히게 되었습니다. 자기 이상을 향하던 추동은 좌절되면서 적개가 일어났지만 자기 이상 속의 남자 친구나 그 가족을 향해 그것을 분출할 수 없었던 그녀는 남자 친구의 여자 동료를 닮았다는 이유만으로 동네에서 여자 아이를 납치하여 감금합니다. 미움이 시기의 형태로 분출된 것입니다. 첫 시도는 가족에 의해 살인까지는 이르지 않았지만, 결국 그녀의 시기는 곽 재은 양을 납치하고 살해하는 데 이르게 됩니다.

이미 교만의 정신역동에서도 설명을 했지만, 진정한 영성은 자기제한의 길을 걸으셨던 삼위하나님을 따라서 걷는 것입니다. 교만의 자기 부풀림은 타락에서 비롯된 하나님처럼 되려는 헛된 몸부림입니다. 그것이 우상을 만들어 냅니다. 홍순영의 가짜 삶은 그녀가 바라던 우상이었고 그 추동은 자기 현실과 미움을 통합해내지 못했습니다. 그녀는 아마도 어린 시절 사랑받거나 인정받을 수 없다는 감정을 가졌을 것입니다. 그런 그녀의 감정이 추동의 힘을 자아 이상에 집중되도록 했고 이 이상적인 자기는 현실을 결여하게 되었습니다. 그녀가 남자 친구와의 현실적인 다툼이나 여자 동료에 대한 아쉬움을 상대방에게 표현하는 대신에 여자 동료를 닮은 아이에게 투사했다는 것은 그녀의 현실에서의 후퇴가 어느 정도인지를 보여줍니다. 아마도 그녀는 어려서 공상 같은 것을 많이 했을 것입니다. 그녀의 삶은 환상으로 점철되어 있었습니다. 3수에도 불구하고 대학 입시에 떨어졌을 때 우연히 주워 든 학생증은 그녀의 이 역동의 힘을 강화시켰습니다. 그러다가 결혼이 좌절되면서 이 추동의 힘은 환상 내에서 더 머물 수 없게 되고 적개를 분출할 현실에서 가장 연약한 대상을 찾은 것입니다. 이 심리는 가인의 마음과도 유사합니다. 시기란 자기 부풀림 이후에 찾아오는 절망에 대한 미움의 반응입니다. 현실에 더 발을 딛고 있는 사람이라면 이 좌절과 고통을 통합할 수 있었겠지만 그녀는 그렇지 못했습니다.

하딩의 경우도 마찬가지입니다. 정도의 차이는 있지만 좌절을 만났을 때, 그가 보인 행동은 그 미움과 적대를 구체적으로 실현하는 것이었습니다. 이것은 현실감이 낮음을 보여주는 지표이기도 합니다. 주로 아이들이 자기 충동을 조절하지 못하고 그 미움을 친구들에게 표현하기를 주저하지 않습니다. 그러나 자라면서 타인과의 관계에서 적절한 만족과 인정을 얻으면서 추동의 힘은 현실적인 타자상에 안착하게 됩니다. 하딩은 현실에서 경쟁자를 만나면서 삶이 무너져 내립니다. 『아이, 토냐』(I, Tonya)라는 영화는 무엇이 그녀를 '악녀'로 만들었는지를 보여줍니다. 엄마의 지독하고 학대로 보이는 사랑은 그녀의 삶에 추동이 드러내는 두 가지 힘을 통합할 수 없도록 만들었을 것입니다. 그녀의 증언에 의하면 7세 무렵부터 엄마로부터 물리적인 폭력을 늘 겪어야 했다고 합니다.[194] 그녀의 현실을 인정하지 못하는 태도는 릴레함메르 동계올림픽 경기 도중에 드러납니다. 스케이트 끈이 풀렸다며 심사위원들에게 재경기를 요구합니다. 자신이 처한 현실을 인정하고 받아들이지 못하는 태도를 보이는 것이죠. 아마도 이런 태도는 학대에 가까운 그녀의 엄마가 보인 양육 태도에서 비롯된 것이라고 추측됩니다. 리바운드를 따내기 위해 상대 선수를 밀쳐 내는 농구 선수처럼, 시기는 상대방을 불리한 상황으로 몰아냅니다. 경쟁자와 선의의 경쟁을 하고 함께할 수가 없는 것이죠. 누군가의 승리는 누군가의 패배로 각인되었을 것입니다. 그것이 생존을 향한 강한 투쟁적인 경향을 만들었을 것입니다. 시기는 자기 부풀림의 교만과 그 좌절 감정이 함께 손을 잡고 걷는 것과 같습니다. 사실 그 감정은 늘 곁에 있어 왔지만 인정할 수 없는 감정입니다. 그래서 시기심을 정직하게 고백하는 사람들은 거의 없습니다.

교만은 자기 부풀림이고, 탐욕은 그 먹잇감이며, 시기는 부풀림의 좌절이 겪는 자기 파괴의 욕망입니다. 그럼 어떻게 해야 우리는 시기에서부터 벗어날까요? 사울은 다윗을 향해서 가졌던 시기로 그의 영혼을 피폐해져 버렸습니다. 마침내 그는 자신이 내쫓았던 신접한 자를 스스로 찾아가는 데까지 이르고 맙니다.

　　어떻게 해야 시기가 가져다주는 이 비참을 우리는 벗어날 수 있을까요? 해밀턴(Bethany Hamilton)은 하와이 출신의 소녀 서퍼였습니다. 어느 날 서핑을 나갔다가 상어에 공격을 받아 왼팔을 잃어버렸습니다. 그러나 그녀가 다시 서핑에 복귀하는 데는 한 달이 걸리지 않았습니다. 2004년 그녀는 ESPY어워드(Excellence in Sports Performance Yearly Award)에서 컴백상 수상자로 최종적으로 선정되었고 폭스가 주관하는 틴 초이스 어워드(Teen Choice Awards)의 용기 특별상 수상자가 되었습니다. 이 해에 『소울 서퍼』(Soul Surfer : A True Story of Faith, Family, and Fighting to Get Back on the Board)라는 자서전을 출간했습니다. 2011년에는 자선을 바탕으로 『소울 서퍼』라는 영화가 개봉되기도 했습니다. 그녀는 한쪽 팔을 잃었지만 그런 자신의 삶을 받아들입니다. 그녀는 여전히 자기보다 어려운 형편에 있는 이들에 대해서 연민을 갖습니다. 그녀가 자기 삶을 받아들일 수 있게 될 때까지 그녀와 가족들의 신앙이 작용했습니다. 그녀도 자신이 당한 일을 받아들이기 어려웠지만 마침내 가족과 친구들의 도움으로 이겨내며 같은 어려움을 겪는 수많은 사람들에게 희망이 됩니다. 그녀가 서핑을 다시 시작한 것은 그녀를 두렵게 한 바다에 다시 들어가겠다는 것만은 아니었습니다. 그녀의 목표는 서핑대회에 출전하는 것이었습니다. 그녀는 좌절했었으나 곧 이겨냅니다. 그녀에게는 경쟁자의 우승에도 박수쳐 줄 수 있는 넓은 품과 삶에 대한 열정이 있었습니다. 재해 현장에 봉사를 갔다가 아이들에게 서핑을 가르치면서 그녀는 하나님의 섭리를 깨닫습니다. 그리고 좌절을 딛고 서핑으로 돌아왔을 때, 아버지가 그녀에게 쉽지 않을 것이라고 하자 그녀는 "쉬울 필요 없어요, 가능하면 되요"(I don't need easy, I just need possible.)라고 대답합니다. 그녀를 붙잡은 것은 소망이었습니다. 그녀를 붙잡은 것은 믿음이었으며 그녀를 붙잡은 것은 사랑이었습니다.

그녀의 삶이 다른 점이 무엇일까요? 에런라이크(Barbara Ehrenreich)는 이상한 발견을 합니다. 유방암 환자들의 모임에서 마치 암이 없다는 듯이 긍정주의로 일관한 경우가 암을 인정하고 받아들인 경우보다 먼저 죽음을 맞더라는 것입니다.[195] 현대 긍정주의 산업과 시기는 같은 병에 걸려 있습니다. 우리 삶의 일부로 받아들여야 할 고통과 좌절을 삶으로부터 밀어내는 병입니다. 해밀턴은 자신의 삶의 고통을 정면으로 받아들입니다. 이 장면은 마치 그리스도께서 십자가를 지시기 전날 밤에 드렸던 기도의 장면을 떠오르게 합니다. 그 기도는 우리가 할 수 없는 그리스도만의 것이 아닙니다. 우리가 매 순간 우리 삶에서 만나는 고통의 순간에 취해야 할 태도이며 기도입니다. 삶은 내가 좋아하는 것만으로 가득하지 않으며 내가 먹고 싶은 것만 먹으며 살 수 없습니다. 너무나 자명한 일이지만 대부분의 사람은 자기 제한을 겪으신 그리스도를 따라 살지 않고 자기 부풀림의 길을 걷습니다. 시기를 이겨내는 좋은 길 중 하나는 삶의 어두운 부분을 받아들이는 것입니다. 그것을 통섭해내는 것입니다. 쓰레기 더미에서 장미꽃을 피우는 일입니다.

시기와 핵심감정

7가지 치명적인 죄들에는 반대되는 덕이 있습니다. 예컨대, 분별, 정의, 용기, 절제, 믿음, 소망, 사랑 등입니다.[196] 그러나 이것들은 지나치게 작위적입니다. 7가지로 끼워 맞춘 감이 적지 않습니다. 아마도 이것은 스콜라신학이 아리스토텔레스를 차용하면서 그의 윤리학이 말하는 4가지의 자연적인 덕(정의, 신중, 절제, 용기)과 신학적이며 초자연적인 덕(믿음, 소망, 사랑)을 혼합한 결과인 것 같습니다. 이런 7가지의 덕에 대한 관념은 아퀴나스적인 자연신학을 함의하고 있으며, 전적 부패의 교리를 강조하는 개혁신학에서는 채택될 수 없는 신학의 구성 방식입니다. 그래서 이 책은 그저 단순하게 믿음, 소망, 사랑의 세 가지 덕만을 말할 것입니다. 제1부 제3장의 도표(p.100 참조)에서도 보았듯이 이 세 가지 덕목은 결국 성령의 열매로 나타나며 이것 역시 우리의 덕성이기 때문입니다. 앞서도 말했듯이 시기는 "핵심감정 경쟁심", "핵심감정 열등감"과 관계가 깊습니다. 야곱의 경쟁심은 라헬과 레아의 경쟁으로, 이는 아들들의 경쟁으로 이어졌습니다. 특히 형들의 요셉에 대한 시기는 비극을 낳았습니다. 그럼에도 요셉은 형들을 용서하고 그가 겪은 삶의 고통들을 통섭해냅니다. 그러나 사울은 열등감이 빚어낸 시기를 극복하지 못합니다. 그의 영혼은 피폐해지고 맙니다. 시기는 모든 덕과 선함을 비웃습니다. 성경은 시기에 대해 이렇게 말합니다. "마음의 화평은 육신의 생명이나 시기는 뼈의 썩음이니라"(잠 14:30). "분은 잔인하고 노는 창수 같거니와 투기 앞에야 누가 서리요"(잠 27:4). 시기는 모두가 짓는 죄이지만 아무도 고백하지 않는 죄입니다. 그럼에도 불구하고 시기를 알아차릴만한 몇 가지 징후가 있습니다. 첫째, "해를 끼치려는 악한 의지"가 있습니다. 둘째, 질투로 남이 잘 되는 꼴을 못 봅니다. 셋째는 낙담이며, 넷째는 위선입니다. 가인에게 죄의 소원을 다스리라는 주님의 말씀에서 첫째 징후를 감지할 수 있으며 요셉의 형들이 "꿈꾸는 자가 오는도다"라는 말에서 둘째 징후를 감지할 수 있습니다. 신접한 자를 찾아가는 사울에게서 셋째 징후를 볼 수 있으며, 얍복 강을 건넌 후 에서를 만나는 야곱에게서 넷째 징후를 볼 수 있습니다.

시기는 심리학적으로 보면 오이디푸스적인 요소를 가집니다. 클라인은 그 시기심의 본질적 출발점을 젖가슴이라고 밝혔습니다.[197] 시기는 우리 안에 최초의 타자를 형성하는 감정이기도 합니다. 프로이트의 오이디푸스 콤플렉스를 생후 3년 이후로 보았지만, 클라인은 2년 이상 당겨서 1세 전후의 감정으로 설명했습니다. 시기는 "탐나는 어떤 것을 다른 사람이 소유하고 즐기는 것에 대해 분노하는 감정으로, 그것을 망치거나 빼앗고자 하는 파괴적 충동"을 의미합니다. 그 정도가 다를 뿐 모든 사람이 공통적으로 느끼는 감정이지만, 동시에 7가지 치명적인 죄 중에서 가장 나쁜 죄이기도 합니다.[198] 시기는 우리 내면의 사랑과 미움을 파편화하고 분화시키는 원초적인 감정입니다. 시기는 사랑과 미움을 하나로 묶을 수 없게 하는 감정인 셈입니다. 예컨대, 소녀는 자기보다 그림을 더 잘 그리는 여자 친구를 참을 수 없었던 어느 날, 친구가 그린 그림을 갈기갈기 찢어 버렸습니다. 그러나 소녀는 겁을 먹고 수치스러움을 느꼈으며 자긍심에도 큰 상처를 입었습니다. 아이가 처음에 느꼈던 결핍감은 이제 죄책감과 절망으로 인해 더욱 악화되었습니다.[199] 시기 후에 밀려오는 죄책과 수치심은 상황을 악화시키고 통합시킬 수 없게 하며 마지막으로 치닫게 합니다.

시기의 죄와 성화를 위한 기도

거룩하신 삼위일체시여! 우리 존재가 자라는 동안 시기심을 맞닥뜨릴 때, 우리 내면의 어두운 부분을 인정할 줄 알게 하소서. 혹여 우리 삶에 고통이 엄습해 오더라도 주께서 선하게 우리 삶을 경륜하신다는 믿음을 잃지 않게 하소서. 우리가 자라는 동안 원치 않았던 가정환경으로 인해 혹은 학대를 당할 때더라도 우리 마음을 한쪽으로 몰아서 내 삶을 현실에서부터 유리시키는 죄를 범치 않게 하소서. 아벨을 시기함으로 땅으로부터 유리하는 삶을 살아야 했던 가인의 죄를 반복하지 않게 하소서. 우리 안에 사랑과 미움을 통합하는 힘을 주소서. 자기 제한을 통해서 인류를 구원하신 삼위하나님을 본받아 자기 부풀림이 아니라 겸손케 하시고 내 삶의 허락된 주의 섭리를 인정할 줄 알게 하소서.

토론을 위한 질문
(토론을 위한 질문들은 미리 작성해오셔도 좋습니다)

1. 대요리문답의 삼중 구조와 성경의 사중 해석의 공통점이 무엇인지 말해 봅시다. 그리고 사중 해석에 대해서 요약해 봅시다.

2. 오늘 우리에게 여전히 사중 해석이 왜 유효한지 설명해 봅시다.

3. 칼뱅의 성경 해석의 3가지 특징을 요약해 봅시다.

4. 시기에 대해서 나의 언어로 정의해 봅시다. 그리고 서로 나누어 봅시다.

5. 시기의 두 가지 사례, 순영과 하딩의 사례를 요약해서 발표해 봅시다.

6. 해밀턴의 사례는 시기와 어떻게 다릅니까? 그 차이점을 나누어 봅시다.

7. 『핵심감정 탐구』와 『핵심감정 치유』의 여러 핵심감정 중에 시기를 배경으로 하는 감정은 무엇이 있을지 서로의 생각을 나누어 봅시다.

8. 사랑과 미움을 통합하는 일이 왜 중요한지 이야기 해 봅시다.

9. 나한테는 시기가 없는지 내 경험을 나누어 봅시다.

10. 시기심의 자기상, 타자상, 하나님표상은 어떤 구조일지 나누어 봅시다. 믿음, 소망, 사랑의 덕이 시기를 어떻게 치료할 수 있을지도 나누어 봅시다.

CHAPTER 04
식탐과 핵심감정

자기를 지나치게 사랑하는 자의 죄

식탐은 호색의 쌍둥이 형제다.

_맥시 더남

위로부터 오는 습관과 그 구조

덕은 습관(*habitus*)을 의미합니다.[200] 습관은 보통 자연적인 것이며 환경과의 상호 작용에서 비롯되는 것이지만 신학적인 습관은 하나님의 은혜로 주입된 것입니다. 주입된 신학적 습관이 바로 믿음입니다. 이 믿음이 지향하는 곳은 그리스도 안에 있는 "의"입니다. 그러나 주입된 믿음의 씨는 모두 같은 상태는 아닙니다. 은혜의 수단은 이 주입된 습관을 자라게 할 목적으로 주어진 외적인 방편입니다. 달리 말하면 믿음은 은혜의 수단에 의해 점점 강화되고 자라가는 구조를 지녔습니다. 우리 주님께서도 "너희 믿음이 작은 까닭이니라. 진실로 너희에게 이르노니 만일 너희에게 믿음이 겨자씨 한 알 만큼만 있어도 이 산을 명하여 여기서 저기로 옮겨지라 하면 옮겨질 것이요, 또 너희가 못할 것이 없으리라"(마 17:20)라고 말씀하셨습니다. 이는 믿음에도 크고 작음, 약하고 강함이 있음을 보여줍니다. 우리 내면에 심겨진 회개와 믿음은 말씀과 성례에 반응하면서 하늘에 계신 그리스도의 의와 연합됩니다. 이미 살펴본 대로 대요리문답은 믿음(1-90문), 사랑(91-

148문), 소망(149-196)의 구조로 되어 있습니다. 은혜의 수단은 하나님을 아는 지식으로서 믿음과 자기를 아는 지식인, 소망을 함께 성장하게 합니다. 믿음이 율법(98-148문), 회개가 은혜의 수단(154-196문)에 반응함으로 하늘의 성소에 계신 그리스도의 의에 연결됩니다. 이 과정에서 91-148문은 두 가지 기능을 합니다. 1차적으로는 믿음과 회개를 촉진하고 죄를 깨닫게 하며(롬 3:20), 우리를 그리스도께로 인도합니다(갈 3:24-25). 십계명이 이런 기능을 할 때 은혜의 선물을(71문) 주셔서 우리 안에 일으키신 믿음(32문)과 마음에 심겨진 회개(75문)가 하늘의 성소와 연결하는 단말(port)과 종말에 이루실 구원의 증거를 신자의 마음에 남깁니다. 이는 성장한 믿음의 다른 국면으로서 소망의 덕입니다. 달리 말하면 초자연적인 은혜를 담는 그릇을 우리 심령에 만든 것이라고 할 수 있습니다. 이신칭의의 법정적인 성격 때문에 경험적인 것이 아니라는 점을 앞에서 말씀드린 바가 있습니다. 이 소망은 그리스도 안에 있는 의에 대한 내적인 증거이며 연단(proven character)의 결과입니다. 믿음은 우리를 하늘의 성소에 가닿게 합니다. 그렇게 가닿은 증거가 우리 심령에 생기며, 그것이 소망입니다. 그런 점에서 소망은 하늘의 신분에 대한 현재적 경험이자 증거이며 자기상과 관련이 있습니다.

칼뱅이 『기독교강요』의 인식론적인 기초를 하나님을 아는 지식(믿음)과 자기를 아는 지식(소망)으로 둔 것도 이 때문입니다. 믿음의 성장은 내적인 소망을 확고하게 하며 소망의 견고함은 믿음을 확실하게 합니다. 믿음은 하늘의 법정에서 이뤄진 칭의와 맞닿아 있으며, 소망은 내 안에 이루신 구원의 일인 성화와 맞닿아 있습니다. 그렇게 우리 마음에 하늘의 증거를 두신 것은 하늘에서 뜻이 이루어진 것처럼 우리 마음에 사랑을 부으셔서 이 땅에서도 이루어지게 하시고자 함입니다. 그렇게 사랑의 계명(91-148문)은

2차적인 기능을 합니다. 우리 안에 이루신 하나님이 하신 일의 열매를 확인하는 기능을 합니다. 선행이 믿음의 열매라는 것은 이런 의미입니다. 그러니까 율법을 지키는 행위가 구원의 공덕이 아니라, 율법(91-148문)을 지킬 수 없음에 절망한 우리는 회개하고, 율법(91-148문)으로 그리스도께 인도함을 받은 우리는 그리스도가 전 생애 동안 율법의 모든 조항에 순종하신 것과 십자가에서 대속하신 그 공덕을 믿습니다. 이렇게 회개와 믿음을 반복하면서 교회를 통해 베풀어진 은혜의 방편을 사용함으로 우리 안에 믿음과 소망의 덕이 성장하고 이 성장의 과정에서 하나님표상과 자기상에 교정이 일어납니다. 초자연적인 덕은 자연적인 악덕을 교정합니다. 우리는 이것을 성화라고 합니다. 성화의 결과는 바로 주변의 타자를 대하는 방식, 즉 하나님을 어떻게 이해하는지에 따라 자신을 어떻게 이해하는지가 드러납니다. 그래서 믿음은 소망과 함께 최종적으로 사랑의 계명을 이루게 됩니다. 이것이 새 언약으로 우리 마음에 새겨진 율법입니다(렘 31:31-33). 우리 주님께서 네 소자에게 하는 것이 내게 하는 것이라고 하신 것도 이런 맥락입니다(마 25:40).

그리스도 안에 내재한 구원의 능력과 연결하는 믿음의 생성과 성장 방식을 이해할 필요가 있습니다. "핵심감정 찾기"는 우리를 빚으신 창조와 내 성장 과정 속의 섭리의 정황을 살피므로 하나님표상과 자기상을 이해하는 과정을 말합니다. "핵심감정 보기"는 이 상들의 역동 구조를 이해하게 됨으로써 자신이 갇혀있는 세계관과 무기력하고 비참한 자기 자신을 깨닫는 과정입니다. 원래 믿음은 율법에 반응하는 특성이 있어서 비참과 죄를 깨닫게 하는 역할을 하는데, 공동체의 역동과 타자와의 관계 속에서 "핵심감정 보기"를 경험하게 합니다. 이 경험은 서로에게 편지가 되고 향기가 되는 일입니다. 마치 율법이 우리를 그리스도께로 인도하는 것과 같이 구도자가 비참을 맛보는 것은 그리스도께 초대를 받는 상황이라고 할 수 있습니다.

우리 내면의 죄의 요소들이 핵심감정과 함께 의식의 수면으로 떠오르는 것을 경험하게 됩니다. 이 과정 자체가 복음의 초대라고 할 수 있습니다. 이미 믿음이 주입된 성도들에게는 성화가 구체적으로 일어나게 됩니다. 사실 핵심감정 공동체 훈련은 중생자와 구도자를 구분하지 않습니다. 놀랍게도 이 두 생경한 사람들이 하나의 공동체를 이루었음에도 각자에게 변화가 일어납니다. 이것은 복음의 우리 심령에 맞닥뜨릴 때 일어나는 심리적인 변화의 환경 때문입니다. 지금 7가지 치명적인 죄악을 다루는 이유도 1차적으로는 죄의 구조와 성질을 이해하도록 하기 위함이며 회개의 재료가 되도록 하는 것입니다. 그래서 구도자들은 "핵심감정 보기"의 과정이 복음에 대한 초청으로 이해될 수 있으며, 중생자에게는 성화를 북돋우면서 핵심감정과 더불어 우리 안에 죄의 세력의 어떤 방식으로 자리하는지를 더욱 깊이 이해하게 됩니다. 회개는 자기 비참을 깨닫는 데서부터 시작하며, 믿음은 그렇게 비참으로부터 그리스도께로 인도받는 것을 통해서 확인됩니다. 그러나 믿음은 회개보다 먼저 있지만 회개 후에 인식론적으로 드러납니다.

"핵심감정 지우기"는 본격적으로 믿음과 회개가 작동하는 방식을 모방한 것입니다. 다만 이것이 일어나는 방식은 하나님의 말씀을 개인적으로 대면하는 방식이나 공동체가 설교를 듣는 방식이 아니라 공동체의 상호작용 속에서 일어나도록 설계하고 구조화된 것입니다. 성경은 신자를 모든 사람들에게 나타난 그리스도의 향기라고 말합니다(고후 2:15). 더 직접적으로는 신자를 그리스도의 편지(고후 3:3)라고 합니다. 그리스도의 공동체는 그들을 그리스도께로 인도하는 역할을 합니다. 우리 삶의 방식과 태도는 다른 그리스도인들에게 말씀을 비추는 거울의 역할을 할 수 있습니다. 핵심감정 공동체 훈련은 그 자체로 제자훈련이라 할 수 있습니다. 이 과정이 더 제자훈련으로 기능하기 위해서는 핵심감정이 드러나는 중에 죄의 심리적인 요소를 제대로 이해하고 파악할 수 있어야 합니다. 이 책은 그 과정의 이해를 돕기 위한 것입니다. 7가지 죄는 마음에서부터 비롯된 것으로 우리 죄악의 심리적인 기초와 뿌리를 드러내는 과정이라 할 수 있습니다.

식탐의 정의

현대 사회에서 식탐이라는 행동을 죄로 규정할 수 있을까요? 7가지 죄를 다루면서 가장 고민했던 질문 중 하나입니다. 텔레비전을 켜면, 항상 어느 채널에선가 소위 "먹방"(Mukbang)이 등장합니다. 먹방은 유튜브를 통해서 국제적인 용어로 부상했습니다. ASMR(Autonomous Sensory Meridian Response)로 식욕을 자극하는 먹는 방송들이 넘쳐나는 시대를 살고 있습니다. 이전의 신학자들은 어떤 점에서 이런 식탐을 죄로 규정했던 것일까요? 성경에서의 이와 관련한 직접적인 교훈으로는 십자가의 원수로 행하는 자의 특징 중 하나로 자신의 배를 신으로 삼는 자라는 것(빌 3:19)과 교회에서 분쟁을 일으키는 자들의 특성 중 하나로 자기 배를 섬기는 자(롬 16:18)라고 묘사한 것입니다. 이 두 지적의 공통점은 배를 섬기거나 신으로 삼는 자들이 모두 분쟁의 원인으로 제시되었다는 점입니다. 식탐은 단지 식탐이 문제가 되는 것이 아니라 그 이면의 욕망이 문제일 수도 있습니다. 동아일보 신춘문예에 3번이나 당선되었던 작가 천운영은 그의 단편소설집 『바늘』에서 식탐, 폭력성, 성적 욕망의 관계를 다음과 같이 묘사했습니다.

미연이 이렇게 두 눈을 똑바로 뜨고 쳐다보면 내 속에 잠재된 육식성이 열을 받아 부르르 끓어오르곤 한다. 나도 모르게 무서운 식욕이 솟구쳐 미연의 상체를 거머쥐고 이를 들이밀고 싶은 충동이 인다. 잡뼈를 보관하는 영하 20도의 냉동고로 숨어들어가 그 뜨거운 육식성을 동결시키고 싶다.[201]

이처럼 식탐은 프로이트가 설명한 인간의 두 가지 추동, 곧 성과 공격성과 맞닿아 있습니다. 그래서 식탐은 사랑 그리고 미움과 곧잘 연결됩니다. 정서적 만족감과 음식으로 인한 만족감이 중추신경계에 주는 신호는 같습니다. 그래서 정서적인 결핍은 푸짐한 식사가 그 만족을 대용하게 해줍니다. 그래서 실연의 아픔을 겪은 이가 무기력과 함께 식탐에 빠지기도 합니다. 식탐과 호색은 심미적 사람들의 특징이기도 합니다.[202] 식탐이 호색의 쌍둥이 형제라는 것도 다 이 때문입니다. 푸드 포르노라는 말이 있을 정도로 식탐으로 사람들은 위로를 얻고 있습니다. 흔히 말하는 용어로 "먹는 게 남는 거"라는 표현은 먹는 일이 얼마나 우리 일상과 깊이 연관되어 있는지를 알 수 있습니다. 우리 주님께서는 먹는 것이 우리를 더럽게 하지 않고 마음에서 나오는 것이 우리를 더럽게 한다고 하셨습니다(막 7:18-23). 그러나 단지 먹는 것이 아니라 그에 대한 중독이라 할 수 있는 식탐은 포르노와 같은 중독성으로 우리를 영적인 일에서 멀어지게 합니다. 이 문화적인 영향력이 얼마나 대단하지 한번 살펴봅시다.

중국 소설, 『홍루몽』은 연애 소설인 동시에 푸드 포르노다. 주인공들은 희귀하고 일상적인 재료가 뒤섞인 요리를 먹고 마시며 사랑을 한다.…

181

제2부 **CHAPTER 04** 식탐과 핵심감정

나쓰메 소세키(夏目漱石)의 성장소설『도련님』에는 메밀죽, 매화전병 등의 각양 음식이 등장하고, 다수의 일본인들은 소설에 나온 레서피를 좇은 책과 작가의 음식 철학을 연구한 책을 내기도 했다. 『카모메 식당』이란 영화에 등장하는 오니기리와 시나몬 롤, 영화, 『안경』에 등장하는 우메보시, 지라시 초밥 등은 음식을 연출한 푸드스타일리스트 이이지마 나미(いいじま なみ)를 감독보다 먼저 한국에 불러들였다. 한국의 경우, 성석제는『칼과 황홀』에서 맛에 관한 지도를 그리고 "은혜를 베풀고 영향을 준 전국의 음식점과 찻집, 술집"을 정리하며 "무엇을 먹고 마신다는 것은 생의 축복"이라고 기술했다.[203]

그래서 음식에 대한 태도는 단지 음식에 대한 태도가 아닐 뿐더러 정서·심리적인 차원을 넘어서 도덕적이고 종교적인 지향성을 나타냅니다.[204] 아퀴나스는 "너무 빨리, 너무 비싸게, 너무 많이, 너무 몰두하여 음식에 대하여 까다롭게 불평하는 것은 식탐의 죄"라 하였습니다.[205] 교회 중고등부 수련회에서 자주 듣는 웃지 못할 소리 중 하나는 그 해 수련회가 음식이 어땠느냐에 따라서 수련회 때 은혜 받았는지 여부가 판별된다는 것입니다. 그러나 성경은 하나님 나라가 먹고 마시는 문제가 아니라 의와 평강과 희락이라고 말합니다(롬 14:17). 먼저 그의 나라와 의를 구하라고 합니다(마 6:33). 성경의 이런 메시지에 아랑곳하지 않고 오늘 그리스도인들은 세상에서 쏟아지는 수많은 소위 먹방과 수많은 소설과 영화로 위로를 얻습니다. 그런 점에서 사실 가장 위험한 유혹 중 하나가 바로 먹는 것입니다. 우리 주님께서도 40일을 금식하시고 마귀에게 처음 받으셨던 시험이 돌을 들어 떡덩이가 되게 하라는 것이었습니다(마 4:3). 우리 삶에 필수 요소로서 매일 먹어야 하는 것이면서도 우리를 위태롭게 할 만한 유혹이기도 한 것입니다.

식탐의 정신역동

식탐은 결코 완전히 만족하지 못할 육체의 즐거움을 미친 듯이 추구하는 것입니다. 식탐은 그저 식탐으로 그치지 않고 신체와 정신의 변화를 가져옵니다. 예컨대, 지방과 칼로리가 높은 "인스턴트 식품"은 마약처럼 뇌의 핵심 보상 중추를 지나치게 자극, 쾌감을 불러일으킴으로써 먹지 않고는 도저히 견딜 수 없게 해서 마약 중독과 유사한 반응이 일어납니다. 쾌감을 유발하는 신경전달 물질인 "도파민2수용체"(D2R)의 과도한 자극으로 처음에는 도파민이 과다 분비되지만 여기에 적응한 몸은 도파민2수용체의 활동을 줄이게 됩니다. 그러면 마약 중독자가 더 많은 쾌감을 위해서 투여량을 늘리는 것처럼, 고열량에 의한 고도비만이 오래 계속되면 도파민2수용체가 줄어들고 점점 만족을 위해서 고열량 식사가 늘어나게 됩니다.[206] 점차 충동을 조절할 수 없게 되고 충동성이 높아지면서 공격성도 함께 높아지게 됩니다. 2003년 1월 30일자 「텔레그래프」(The Telegraph)의 보도에 의하면, 뉴저지의 프린스턴 대학의 심리학자 회벨(John Hoebel)은 설탕과 지방이 뇌에서 아편과 유사한 물질의 방출을 자극하므로 중독 효과를 낸다고 말합니다. 또 위스콘신 의대의 신경학자 캘리(Anne Kelly)는 소금을 포함한 달콤하면서도 지방이 많은 식품이 펩티드 종류의 천연 합성 진통제를 만들면서 지방 섭취가 6배 증가하는 중독 증세를 쥐 실험을 통해서 밝혔습니다.[207] "기름지고 달고 짠 맛"의 중독성을 보여줍니다. 식탐에 관한 이런 생화학적 정보가 우리에게 보여주는 것은 이것이 중독의 성향, 곧 탐욕의 일부라는 점입니다. '식탐'이라는 우리 말 조어방식도 이런 지점을 잘 드러내어 보여줍니다. 그뿐만 아니라 식탐은 심리적인 이유에서 출발하기도 합니다. 섭식 장애를 가진 환자들은 불안, 자신에 대한 불완전함, 부적절감, 가짜 같은 자기에 대한 헛헛한 느낌으로 고통을 받습니다.[208] 그들은 굶고 폭식하고 토하기를 반복하거나 하루 종일 씹고 뱉기를 반복합니다.[209] 체중 증가에 대해 과도하게 두려워하고, 체형에 대해 집착하면서 저체중의 심각성을 부정하였고, 때때로 폭식 후에 스스로 손가락을 목에 넣어 구토를 유도하는 제거 행동을 반복합니다.[210] 우리 몸은 자기상과 밀접한 관련이 있습니다. 섭식 장애는 일종의 자기상 장애입니다. 생애 초기 유아는 엄마와 자신을 동일 대상으로 파악합니다. 젖을 빠는 행위를 통해서 얻은 만족감과 부분대상으로서 젖가슴에 대해서 갖게 되는 심상으로부터 자기가 형성되는 것입니다. 이 심상에 문제가 생기게 되면 음식을 먹는 행위를 거부하거나 폭식을 반복하게 됩니다. 음식은 엄마 젖과 같이 자기 긴장을 풀어주는 기능을 하고 자기를 방어해주기도 하며 자기 공허에 대한 만족감으로 사용됩니다.[211]

우리가 식탐으로 떠올리게 되는 이미지는 고도 비만입니다만, 섭식 장애에서 보듯이 식탐이란 단지 외형적으로 보이는 고도 비만의 형태로만 드러나는 것은 아닙니다. 때로는 심리적 자기상의 문제로 인해서 거식과 깡마름, 위산 역류에 의한 치아 훼손, 식도염과 무월경, 상장간막동맥 증후군(superior mesenteric artery Syndrome)[212] 등을 수반하기도 합니다. 또한 위 실험의 고열량 식품의 중독 증상은 단지 개인의 악덕만으로 치부하기 힘듭니다. 오늘날 특히 미국에서의 비만은 오히려 식품 사막(Food Desert)으로 불리는 현상이 그 원인입니다. 1960년대 모든 계층이 고루 살던 미국은 도시화가 진행되면서 고소득층은 도심으로 이동하고 저소득층은 도심 외곽에 남게 됩니다. 도심에는 건강한 음식에 대한 수요과 공급이 있는 반면, 저소득층이 거주하는 도심 외곽에는 수요와 공급이 모두 사라지고 저렴한 패스트푸드점만 남게 됩니다. 그래서 먼 거리를 이동해도 건강한 음식을 구할 수 없는 지역을 "식품 사막"이라고 일컫게 되었고, 미국 사회에는 보편화된 현상으로 미국인들의 비만을 부추기는 원인으로 지목되었습니다. 이런 문제를 타개하기 위해 오바마(Barack Obama) 재임 시절, 미셸 오바마(Michelle Obama)는 소아 비만의 퇴치를 위한 식품 사막 퇴치 운동을 벌이기도 했습니다.[213] 한국 사회도 점차 소득에 의해 도심 개발이 일어나면서 젠트리피케이션(gentrification)이 일어나고 있습니다. 도심에서 저소득의 원주민은 밀려나고 자본가들이 도심을 장악하게 되는 현상입니다. 이런 현상이 가속화되면 우리도 미국처럼 식품 사막을 초래할 수 있고 그 결과 국민 건강을 악화시키는 현상을 초래할 수도 있습니다. 오늘날 비만은 단지 식탐의 빚은 개인적 악덕이 아니라 탐욕과 냉정이 빚은 구조적인 악덕인 셈입니다.

식탐이 구조나 개인의 탐욕에서 비롯된 악덕이 아니라 질병인 경우도 있습니다. 프래더-윌리 증후군(Prader-Willi Syndrom)으로 이 유전병은 배부름을 느끼지 못하는 병입니다. 1956년에 프래더와 윌리가 처음 보고한 아버지로부터 유래한 15번 염색체의 장완근위부(15q11q13)의 미세 결실이 원인인 경우가 75% 정도이며[214] 부모로부터 각각 한 개씩 유전되어야 할 15번 염색체 두 개가 모두 어머니로부터만 유래되는 편친 이체성(uniparental disomy)로 인해 발생하는 경우가 25% 정도 원인으로 발생하는 질환입니다.[215] 비만과 지적장애가 주요한 증상이며 주로 2세 경부터 증상이 나타납니다. 외모에서도 특징이 있습니다. 입술이 아몬드 모양으로 동그랗고, 윗

입술이 얇고 눈은 처지고 이마가 좁습니다. 음식을 못 먹게 하면 공격적인 모습도 보이며 지능이 낮고(IQ 20~90) 성장 속도도 느리며, 우리나라에 대략 200~300명의 환자가 있는 것으로 알려져 있습니다.[216] 이런 유전적 질환을 식탐의 죄로 볼 수 있을까요? 우선 우리가 분명히 해야 할 것은 한 개인을 이해하는 방식으로 이 환자들을 결코 그렇게 볼 수 없다는 점입니다. 우리 주님께서 맹인으로 난 것이 누구의 죄인지를 물은 제자들에게 그 부모나 그의 죄가 아니라는 점을 분명히 하십니다(요 9:1-3). 이처럼 오늘날은 구조에서 비롯된 악과 유전적인 요인에 의한 질병에 이르기까지 식탐에는 개인의 윤리적 선택이라는 요인 외에도 구조 악의 요인과 타락한 세상으로부터 오는 질병의 요인이 있으므로 신중하게 판단해야 할 필요가 과거보다 더 늘어났습니다.

식탐의 심리적 이유는 정신역동 이론에서는 음식이나 흡연 등에 대한 집착은 구강기적 고착으로 설명합니다. 캡스(Donald Capps)는 에릭슨의 사회심리이론을 접목해서 식탐이 애착 형성기인 0-1세 동안의 문제로 발생하는 것으로 설명합니다.[217] 이 이론들에 의하면, 식탐은 위장이나 몸의 만족이 아니라 입의 만족이라는 것입니다. 유아들은 자신의 생존을 전적으로 양육자에게 위탁하고 있습니다. 이 과정에서 세심하며 공감적인 부모가 아이의 욕구와 필요에 민감하게 반응하여 이 욕구를 해결해주면 이런 고착이 생기지 않습니다. 고착은 주로 부모의 자기중심적 반응에 의해 유아의 욕구가 왜곡될 때 생깁니다. 과도하게 만족이 계속적으로 주어지거나 반대로 적절한 만족이 주어지지 못할 때 역시 고착이 생깁니다. 앞서 설명한 도파민2수용체의 감소로 인한 탐닉 현상이 나타나게 되거나 만족하지 못함에 대한 심리적 결핍으로 고착되기도 합니다. 유아는 발달 단계에서 다음 발달 과업의 성취에서 좌절을 겪게 되면 퇴행하게 됩니다. 퇴행적 고착으로 구강기적 성격이 자리 잡기도 합니다. 그런 까닭에 이런 욕구는 완전히 만족을 주지 못합니다. 식탐의 본질적인 문제는 무엇을 어떻게 먹고 마시냐는 것이 아니라 포만감과 만족을 얻고자 하는 마음으로 먹고 마신다는 데 있습니다.[218] 그러나 우리는 먹든지 마시든지 무엇을 하든지 자신의 만족이 아니라 하나님의 영광을 위해서 해야 합니다(고전 10:31).

위에서 살펴 본 식탐은 어떤 형태이든지 삶의 균형과 비례를 상실한 것입니다. 삶의 모든 날이 노동이나 휴식일 수 없습니다. 삶은 적절한 균형을 이루고 있어야 합니다. 그리고 그 지향점은 하나님의 영광을 위한 것이어야 합니다. 그러나 특정한 감각적인 만족을 얻기 위해서 음식을 탐닉하는 것, 혹은 다른 문제에서 비롯된 스트레스와 고통을 반감시킬 목적으로 음식의 탐닉을 균형추로 삼는 것은 모두 삶의 균형과 비례를 상실한 것입니다. 그런 점에서 호색과 식탐은 서로 닮아 있습니다. 고린도전서 10:31에서 보듯이 식욕은 자연스런 몸의 필요와 욕구입니다. 그러나 식탐은 자연스러운 식욕라 다른 것과의 균형을 찾아야 하는 본능을 보지 못하게 합니다. 음식에 탐닉함으로써 그의 몸과 영혼 전체를가 식탐에게 지배당하고 조정당합니다. 이미 앞서 살폈던 음식에 의한 중독은 그의 삶을 지배하고 고도비만은 자기상을 결정하는 몸의 이미지를 훼손함으로 정서적인 손상을 유발합니다. 그리고 식탐하고 호색하는 사람들에게서 한때 그들을 매료시켰던 기쁨이 사라진다는 사실이 더 큰 비극입니다. 예컨대, 술주정뱅이는 모든 기쁨이 사라졌다는 압박감 때문에 그 고통을 잊으려 다시 술에 빠지는 악순환으로 일어납니다.

음식은 우리 몸과 존재 방식을 결정합니다. 앞서 살핀 대로 엄마 젖가슴은 자기상의 형성에 직접적으로 관여합니다. 같은 방식으로 성찬은 자기상의 교정에 직접적으로 관여합니다. 은혜의 방편인 성찬 역시 이런 은유와 유비를 가득 담고 있습니다. 개혁신학에서는 그리스도의 살과 피를 보이도록 한 떡과 포도주에 우리가 참여에 대해 실제로 영적 임재를 경험하는 시간으로 묘사합니다. 칼뱅은 "우리는 그 몸을 상징하는 떡을 받을 때 그 몸 자체도 우리에게 함께 주어지는 것임을 확실히 믿어야 할 것"이라고 말합니다.[219] 고린도전서 11:24의 주석에서는 그리스도의 몸이 실제로 우리에게 주어져서 우리 영혼을 위한 온전한 양식이 된다고 밝힙니다.[220] 요한복음 6:35의 주석에서는 이렇게 밝힙니다.

> 나는 믿는 것 외에 다른 방법으로 그리스도를 먹을 수 없다는 것을 인정한다. 그러나 먹는 것은 믿음의 결과이지 믿음 그 자체는 아니다. 믿음은 멀리서 그리스도를 바라 볼 뿐만 아니라 그리스도를 영접하여 우리의 소유가 되고 하고 우리 안에 거하게 하시기 때문이다.···그러므로 믿음이 어떻게 그리스도와 연합하게 하는지를 이해한다면 우리가 믿음에 의해서만 그리스도를 먹을 수 있다는 것은 사실이다.[221]

우리의 섭취, 우리가 먹는 것, 먹는 방식, 마시는 것, 마시는 방식이 우리 존재를 형성합니다. 그것에 의해서 자기상이 형성되듯이, 우리가 영적으로 그리스도를 먹음으로 그것에 의해서 우리의 영적 심상인 "의인"으로서 심상을 갖게 됩니다. 우리는 우리가 먹는 것 그 자체입니다. 그것이 육체적인 것이든 영적인 것이든 마찬가지입니다. 성경은 음행을 다른 죄와 달리 우리 몸에 대해서 짓는 죄라고 말합니다(고전 6:18). 마찬가지로 식탐

역시 몸에 범하는 죄입니다. 그래서 중세 사상가들은 식탐과 호색이 몸을 형성한다는 점에서 같은 것으로 보았습니다. 차이점은 식탐은 주로 자기상과 직접적인 연관이 있다면 호색은 타자상과 직접적인 연관이 있는 죄입니다. 이처럼 식탐과 호색은 몸과 연관되어 있고 그런 까닭에 통제가 어렵고 심리와 내부적인 동기를 동반하는 죄입니다. 사람들의 자기 이미지는 대부분 자신의 몸과 밀접하게 연관이 있습니다. 유방암으로 유방 절제 수술을 받은 여성의 고민은 죽음의 공포보다 여성으로서의 여성성에 대한 손상에 대해 더 많은 고민을 합니다. 이것은 우리의 정체성이 우리 육신과 매우 밀접하게 결탁되어 있음을 보여주는 것입니다.

식탐과 핵심감정

식탐은 대표적으로 우리 몸의 추동을 보여줍니다. 프로이트가 관찰한 구강기적인 특징은 추동이 지닌 신체적인 특징을 잘 보여줍니다. 프로이트 자신도 이것을 몸의 욕동으로 설명을 했습니다. 프로이트 저작에서 욕동(Triebe)[222]은 "정신과 신체 사이의 경계를 나타내는 말"[223]로 일반적으로 쓰인다. 신체·생리적 개념으로서 "심리학보다는 생리학과 더 밀접하게 연관된 인간 유기체의 일반적이고 충동적인 생리적인 힘을 말합니다."[224] 프로이트는 동물의 타고난 본능을 가리킬 때만 "Instinkt"라는 독일어를 사용했습니다. 인간에게는 본능이란 용어를 사용하지 않았습니다. 심지어 본능적 욕망의 저장고로 흔히 이해되는 심리적 구조물인 이드(*id*)조차도 심지어 본능이 아닙니다.[225] 이런 욕동이 인간 성장에 있어서 가장 처음 머물렀던 곳이 바로 입이며 입은 우리가 먹고 사는 삶의 중심에 있습니다. 몸으로부터 우리는 자기 이미지를 갖습니다. 같은 방식으로 우리는 영적 자기 이미지를 영혼의 입인 믿음을 통해서 그리스도를 먹게 됩니다. 칼뱅도 믿음을 "영혼의 입"으로 유비하기도 했습니다.[226] 그런 점에서 식탐이란 우리 영혼과 몸이 형성하는 자기상의 결핍과 직접적인 연관이 있습니다. 동시에 우리 자기상의 교정 역시 그리스도와의 연합에서부터 비롯된다는 점을 알 수 있습니다. 믿음은 본질적으로 하나님표상에 관여하지만, 그리스도와 연합을 통해서 이뤄지는 일은 하나님표상의 변화에만 관여하지 않고 자기상의 변화에도 관여합니다. 성찬은 우리가 그리스도의 몸으로서 우리 정체성을 찾는 방식이며 이 땅에 있으면서 하늘에 계신 그리스도와 함께 하늘에 앉게 되는 방법입니다(엡 2:6). 주의 성찬에서 "너의 마음을 들어 올려"(sursum corda)라는 문구를 사용했습니다.[227] 이것은 개혁교회와 장로교회가 예배를 열 때, 예배로 부를 때, 하나님의 성호를 부를 때, 사용되는 문구이기도 합니다.

식탐의 죄와 성화를 위한 기도

거룩하신 삼위일체시여! 우리로 영혼의 입을 벌려 그리스도의 살과 피를 실제로 공급받아 우리가 그리스도의 몸이 되도록 우리를 도우소서. 우리 믿음을 더욱 견고케 하셔서 우리 의를 자신에게서 찾지 않고 오로지 그리스도에게서만 찾는 자들이 되게 하소서. 우리가 믿음으로 그리스도를 먹음으로써 참되고 진실하게 그리스도의 몸으로만 이 세상과 오는 세상에서 발견되게 하소서.

토론을 위한 질문

(토론을 위한 질문들은 미리 작성해오셔도 좋습니다)

1. 주입된 초자연적인 믿음의 습관은 어떤 방식으로 자라게 됩니까? 정리해서 서로 나누어 봅시다.

2. 믿음과 행위의 관계에 대해서 그간 배운 내용을 바탕으로 정리해 봅시다. 선행이 왜 믿음의 열매라고 설명되는지를 말해 봅시다.

3. 믿음과 회개는 어떤 방식으로 작동하는지 설명해 봅니다.

4. 하나님을 아는 지식과 자기를 아는 지식이 믿음 및 소망과 어떻게 연결이 되는지를 설명해 봅시다.

5. 핵심감정 공부가 왜 제자훈련이 되는지도 설명해 봅시다(『핵심감정 치유』 부록을 참고하세요).

6. 식탐의 정의를 정리해서 설명해 봅니다.

7. 음식과 성은 우리 몸과 밀접하게 결탁되어 있습니다. 특히 식탐은 자기상에
   직접적으로 관계합니다. 자기의 내 경험에 빗대어 나누어 봅시다.

8. 식탐의 정신 역동을 설명해 봅시다. 또 자신의 식탐 경험을 들어서 나누면
   더욱 좋습니다.

9. 기름진 식사와 식탐은 우리 뇌와 정서에 문제를 일으킵니다. 어떤 문제를 일으키는지 설명해 봅시다.

10. 식탐의 문제와 성찬을 유비를 통해 설명해 봅시다.

CHAPTER 05
호색과 핵심감정

몸을 우상의 전으로 삼은 죄

에로스는 신이 되기를 그칠 때만 악마가 되기를 그친다.

_C. S. 루이스

위로부터 오는 습관과 그 구조

어거스틴은 하나님을 사랑하는 것과 이웃을 사랑하는 것이 성경 해석의 목적이라고 밝혔습니다. 하나님과 이웃을 사랑하는 데 이바지하지 않는 해석을 하는 사람은 아직 성경을 제대로 이해하지 못한 사람이라고 밝힙니다.[228] 제2부 제3장에서도 밝힌 사중 해석은 본질적으로 이 지점을 지향합니다. 웨스트민스터 대요리문답의 구조, 곧 믿음(1-90문), 사랑(91-148문), 소망(149-196문)의 구조도 본질적으로 이 사랑의 덕성을 기르는 데 그 목적이 있습니다. 믿음에서 시작한 이 여정은 율법을 통해서(91-148문) 믿음과 회개를 도구로(153문), 은혜의 방편(154-196문)을 사용해서 하늘의 성소에 계신 그리스도 안에 있는 의에 우리가 연결되게 합니다. 그 연결은 우리 안에 생긴 소망의 덕을 단말로 이어갑니다. 믿음이 하나님을 아는 지식을 만든다면 소망은 우리 자신을 아는 지식을 만들며, 이 두 인식의 상호작용이 하나님과 이웃에 대한 사랑의 실천으로 드러나게 합니다. 이 점에서 개혁신학은 선행을 믿음의 열매라고 합니다. 사랑은 바로 이런 점을 보여줍니다.

신학적인 덕으로서 믿음, 소망, 사랑이 영적인 발달의 과정입니다. 그리고 이 발달은 성경의 바른 해석에서부터 출발합니다. 어거스틴은 그리스도의 성육신의 과정을 다음과 같이 설명합니다.

> 그가 오신 방법은 "말씀이 육신이 되어 우리 가운데 거하시는" 것뿐이었습니다(요 1:14). 우리 마음의 생각은 듣는 사람의 귀를 통해서 그의 마음에 남게 하려고 우리는 말을 합니다. 그때, 우리 생각은 소리로 변할 때, 없어지지 않고 완전히 그대로 있습니다. 담화의 형태를 취하는 변화 과정에서 본성이 변하지 않는 것처럼 하나님이신 그 말씀은 그 본성의 변화 없이 육신이 되어 우리 가운데 거하시게 되었습니다.[229]

그리스도의 성육신 과정은 말씀이 우리 몸에서 덕을 이루는 과정을 유추할 수 있도록 도와줍니다. 우리는 말씀을 들음으로 인해 자연적인 본성의 변화를 겪지 않으면서도 초자연적인 덕으로서 믿음, 소망, 사랑이 우리 안에 생기므로, 우리는 땅의 것을 따라서 살지 않고 위의 것을 구하면서 살게 됩니다(골 3:2). 그렇게 우리는 그리스도의 몸이 되어 갑니다. 그것을 위해서 우리에게 계시로서 기록된 말씀을 주셨습니다. 바울은 성경의 목적을 "교훈의 목적은 청결한 마음과 선한 양심과 거짓이 없는 믿음에서 나오는 사랑"(딤전 1:5)이라고 설명합니다. 어거스틴은 바울의 이 표현을 인용하면서 말씀을 충분히 이해하고 성경에 대한 그의 모든 지식으로 이 세 가지 은사, 곧 청결한 마음과 선한 양심과 거짓 없는 믿음에서 나오는 사랑을 육성하는 데 이바지하는 사람이 침착한 마음으로 성경을 해석해야 한다고 말합니다.[230] 7가지 죄가 부패한 마음에서 나오듯이 사랑도 우리 마음의 덕에서 나옵니다. 원래 우리 마음은 죄로 기울어져 있지만 신학적인 덕인 믿음은 그것이 참되다면 반드시 사랑을 이끌어내게 됩니다. 바울의 표현과 어거스틴의 해석은 바로 이 지점을 보여줍니다. 우리는 신자가 영혼의 입인 믿음을 통해서 하나님의 말씀을 먹으므로 우리는 그리스도의 몸이 됩니다. 말씀이신 그리스도께서 육신이 되셨듯이 우리는 말씀을 먹으므로 그리스도의 몸이 됩니다. 그것이 구원의 과정이며 우리가 죄를 이기는 길이며 기독교 상담이 궁극적으로 가야할 길입니다. 성경적 상담은 지나치게 표피적이며 일반 심리학을 신학에 적용하려는 기독교 심리학은 믿음의 초자연적인 성격과 그 적용이 구원에 관한 일이라는 점을 간과한 오류가 있습니다.

호색의 정의

호색에 해당하는 헬라어 "아셀게이아"(ἀσέλγεια)는 사회적인 모든 규율을 어기는 자기 제약의 결핍 상태로, 즉 방종을 뜻하며, 태초에 혼돈과 같은 무질서를 뜻합니다. 이와 유사한 단어로서 음란을 의미하는 라틴어 럭셔리아(luxuria)도 호색이 단순히 육체적이기만 한 것이 아니라 사치스럽고 또 그러한 것에 끌리는 욕망과 충동으로 내적인 무질서와 타자를 향한 추동을 엿볼 수 있습니다. 사람들이 사치품이나 명품에 집착하는 것은 그 물건으로 인해 자기 가치를 올리려는 추동입니다. 이 힘은 생후 4개월부터 관찰됩니다. 1991년 개봉한 『양들의 침묵』(The Silence of the Lambs)에서 스탈링(조디 포스터 분)이 추적하던 범인 버팔로 빌은 5명의 여성을 납치 살해해서 그들의 피부로 옷을 만듭니다. 그렇게 자신이 그녀들의 아름다움을 소유할 수 있을 것이라는 심리의 반영입니다. 이런 심리는 두 가지를 전제합니다. 자기상의 열등함과 타자상에 대한 동경을 포함합니다. 그것은 허영과 허세의 심리라고 할 수 있습니다. 또한 타자와 거기서 비롯되는 선망을 자기 것으로 가지려는 욕망에서 비롯됩니다. 이 지점은 시기와 닮아 있기도 합니다. 그와 같은 내면적 동기들이 성욕과 결부되면 성적인 부정을 낳습니다. 식탐과 호색은 인간의 근원적인 욕망과 맞닿아 있습니다. 태초에 에덴에서 하와가 "먹음직도 하고 보암직" 하다는 생각은 식탐과 호색의 기원을 보여줍니다. 욥이 자신이 눈과 언약을 맺어 젊은 여자를 보지 않겠다고 한 것은 호색의 출발점이 보는 데 있기 때문입니다(욥 31:1). 호색은 안목의 정욕에서부터 출발합니다(요일 2:16). 그래서 우리 주님께서도 "음욕을 품고 여자를 보는 자마다 간음했다"고 하신 것입니다(마 5:28). 이처럼 성욕과 식욕은 의지로 하여금 큰 힘을 가지게 하여, 심지어 하늘에라도 닿게 하는 두 가지 큰 추진 요소이며, 이 두 본능에 직면하면 허약한 양심은 붕괴되고 맙니다. 그러므로 한편으로 먹고 마시는 것, 다른 한편으로 성교는 우상 신과 함께하는 공동체가 지닌 두 개의 현저한 상징일 뿐만이 아니라 또한 인간의 능력으로 하여금 활동하도록 하는 수단이기도 합니다.[231] 성이 단지 남녀 간의 윤리 혹은 성적인 문제뿐만 아니라 영적인 문제에 해당한다는 점은 성경에서도 발견됩니다. 유다서 1:7(소돔과 고모라와 그 이웃 도시들도 그들과 같은 행동으로 음란하며 다른 육체를 따라 가다가 영원한 불의 형벌을 받음으로 거울이 되었느니라)에서 소돔의 범죄는 6절의 천사들의 범죄와 같은 범죄로, 7절의 "그들과"는 6절의 천사들을 가리킵니다. 그들의 죄는 소돔의 동성애를, 좇아 육체를 취한 천사들을 범하려 했던 죄와 같은 죄라는 점을 보여줍니다. 그리고 이런 해석은 14절에서 인용된 에녹서 때문이기도 한데, 이는 창세기 6장의 범죄를 천사와 인간 간의 성적 범죄로 해석한 것으로서 에녹서의 이런 견해는 초대 교부들에게서도 자주 인용되었습니다.[232] 그러므로 유다는 에녹서를 인용하면서 6-7절의 내용을 천사와 사람의 범죄로 해석하고 있는 것이 분명합니다. 켈리(J. N. D. Kelly)도 이 본문을 "소돔과 고모라와 그 이웃 도시들이 이들과 같은 방식으로 부도덕을 행하고 다른 육체에 대해 탐욕을 부리다가 영원한 불의 형벌을 받아 실례의 하나가 된 것 같이"라고 번역했습니다.[233] 논점은 7절의 대명사가 도시를 가리키는지, 천사들을 가리키는지의 문제였는데 문법적으로 천사를 가리키는 것이 분명하고, 이에 따라서 소돔과 고모라의 범죄도, 천사들의 타락도, 창세기 6장의 범죄도 천사와 사람이 그 본래의 성적인 정체성을 부정하며 또한 그 범위를 넘어서 근본적인 하나님의 창조 질서를 혼돈으로 바꾸어 놓은 데 있습니다. 이는 베드로후서 2:4-10a의 해석과도 맞닿아 있습니다. 4-9절은 원문상 하나의 문장으로 가정법을 사용해 하나님의 심판을 세 가지 사례로 들고 있습니다. 첫째, 범죄한 천사들의 심판(4), 둘째, 노아 홍수의 심판(5), 셋째, 소돔과 고모라의 심판(6)이 그것이며, 7-9절은 심판뿐만 아니라 하나님의 구원을 설명합니다. 그리고 결론이 10a절인데, 이 세 가지 예시가 지칭하는 죄에 대한 교훈적 결론입니다. 인용해보면, "특별히 육체를 따라 더러운 정욕 가운데서 행하며 주관하는 이를 멸시하는 자들에게는 형벌할 줄 아시느니라"(벧전 2:10a)입니다. 이처럼 호색이 단지 남녀 간의 성적인 부도덕만을 의미하지 않고 우상숭배나 창조 질서를 어지럽히는 일과 연결되는 것도 바로 이 때문입니다. 바울이 로마서에서 죄를 설명하면서 동성애를 언급하는 것은 단지 남녀 간의 문란만을 의미하는 것에 그치는 것이 아니라, 핵심은 창조 질서의 교란이자 그것을 통해서 베드로 사도가 말하는 것처럼 "주관자를 멸시"하는 것입니다. 로마서를 인용해 보겠습니다.

"그러므로 하나님께서 그들을 마음의 정욕대로 더러움에 내버려 두사 그들의 몸을 서로 욕되게 하게 하셨으니, 이는 그들이 하나님의 진리를 거짓 것으로 바꾸어 피조물을 조물주보다 더 경배하고 섬김이라. 주는 곧 영원히 찬송할 이시로다. 아멘. 이 때문에 하나님께서 그들을 부끄러운 욕심에 내버려 두셨으니, 곧 그들의 여자들도 순리대로 쓸 것을 바꾸어 역리로 쓰며, 그와 같이 남자들도 순리대로 여자 쓰기를 버리고 서로 향하여 음욕이 불 일듯 하매, 남자가 남자와 더불어 부끄러운 일을 행하여 그들의 그릇됨에 상당한 보응을 그들 자신이 받았느니라(롬 1:24-27),"

바울은 정욕과 우상 숭배를 연결하고 있습니다. 그리고 그것은 창조 질서를 어지럽히는 일과 연결되어 있습니다. 태초에 삼위하나님께서 하신 창조 사역도 이 혼돈(תֹהוּ)과 공허(בֹהוּ)에 질서를 세우고 채우는 일이었습니다. 그 질서를 거스르고 주관자를 멸시하는 일이 바로 호색의 본질입니다. 이 주관자의 질서는 우리에게 성적 역할로 우리 DNA 속에 기록되어 있습니다. "한 사람이 자신을 성적 존재로서 어떻게 보는가 하는 성적 자아 개념"234이 추동을 따라 우리 의식에 표상되어 있습니다.

또 다른 단어 부도덕한 성관계를 의미하는 단어로 음행으로 번역되는 "포르네이아"(πορνεία)와 그 유사 단어가 있습니다. 음행은 사회적·종교적인 규범들을 벗어난 불륜의 행위가 되는 다양한 성행위 방식을 묘사한 것입니다. 앞서 설명했다시피 호색은 본질적으로 하나님의 창조 질서를 어그러뜨리는 것입니다. 음행은 이것의 직접적인 행위로 오늘 사회 윤리의 한 분야로 이해될 수 있습니다. 성경은 부부 간의 성적 결합만을 합법적으로 봅니다. 음행은 이 결합 외에 모든 다른 방식의 육체적인 성적 결합의 방식을 일컫습니다. 사회적이며 종교적인 규범을 벗어나 어그러진 관계를 맺게 되는 이유는 우리의 죄 때문이며 음행 역시 이런 죄악들 중의 하나입니다. 이들은 하나님께서 성경을 통해서 규정하신 성 역할을 거스르는 정체성을 택합니다. 이는 동성애, 소아성애, 변태적인 성애, 사물 성애 등이 이런 정체성 왜곡을 보여줍니다. 성 역할은 남성과 여성 각기 행위나 태도가 적당히 규정되어 있는 문화적 기대치를 의미하지만[235] 기실 이 문화적인 기대치는 하나님의 창조 질서의 자연 계시로서의 반영이었습니다. 그러나 부패한 본성이 이것을 어그러뜨리고 있는 것입니다.

호색의 정신역동

「U. S. News and World Report」에 보도된 "포르노 산업"이라는 기사에 의하면 1996년 한 해 동안 미국인들이 도색 잡지, 음란 컴퓨터 프로그램, 성인용 유선 방송, 나체 쇼, 음란 연극, 음란 비디오, 성 행위 보조 기구 등을 위해 쓴 돈이 80억 달러이며, 7억 5천만 달러 내지 10억 달러 정도가 음란 전화비용으로 지출되었다고 보도했습니다.[236] 이처럼 모든 욕망 가운데 성적인 욕망이 가장 통제하기 힘듭니다. 호색은 자신의 쾌락을 위해 상대방을 지배하고 이용하여 조종하려는 욕망입니다. 호색은 의존적인 사랑의 욕구를 무한 확장하므로 지배적이 되고, 대상에게 내가 원하는 역할을 부여하게 됩니다. 그래서 호색은 쉽게 분노로 바뀝니다. 매춘부를 찾는 사람들은 과다한 자기와 지배욕에 불타는 경우가 많습니다. 미국 보스턴 지역의 성 구매 남성 101명과 비 구매남성 101명을 대상으로 각각 2시간씩 면접 조사를 한 결과, 성 구매자들은 비 구매자들에 비해 성매매 여성의 감정 상태를 예측하지 못하는 특성을 보였고 여성들의 실제 느낌과 벗어난 감정 상태를 표현했습니다. 이것은 성 구매자들이 공격적이고 폭력적인 방식의 성매매를 하는 이유이며 동시에 그들의 호색적인 특징이 폭력적이고 지배적이라는 의미로 해석될 수 있습니다.[237] 이는 호색이 교만과 같은 자기 부풀림의 특징을 공유하는 내적 상태라는 점을 보여줍니다. 우리나라의 경우, 2013년 여성가족부가 1,200명의 남성에게 실시한 온라인 성매매 실태 조사에서 성 구매 경험이 있는 남자는 56.7%(680명)로 응답자의 2명 중 1명 이상이 성매매를 경험했고 이들은 평균 6.99건의 성매매를 한 것으로 나타났습니다.[238] 이것은 우리 사회 남성이 지배적이며 공격적이라는 점을 보여줍니다. 지나치게 자기를 확장한 채로 산다는 의미이기도 합니다. 흔히 하는 말로 "한국 사람은 동업을 못한다"라고 말하는 이유이기도 할 것입니다. 『핵심감정 치유』에 나왔던 오만 증후군과 같은 심리적인 상태가 바로 호색의 죄를 품을 때 나타납니다.[239] 호색은 성적 권력 행사의 범죄인 셈이죠. 그래서 권력자들은 호색의 죄에 더 쉽게 더 많이 빠지게 되며, 소통의 부재를 더 많이 경험하게 됩니다. 모순적이게도 가장 친밀감의 필요에서 시작된 섹스가 가장 소통이 부재하는 경험과 연결이 되는 것입니다.

인간은 성적인 힘들을 사회적인 힘으로 승화해왔습니다. 예컨대, 벌로(Vern Bullough)는 "그 원초적인 힘들 중에서 성적 욕망은 가장 중요한 것이다. 그 에너지는 본래의 성적 목표에서 다른 목표로 승화되어 더 이상 성적이 아닌, 사회적으로 더 존립이 가능한 요소로 전환된다"[240]라고 했습니다. 프로이트 방식으로 표현하자면 에로스와 죽음의 욕동이며[241] 곧, 성충동과 공격충동[242]을 의미합니다. 이것을 사울(Saul)은 의존적 사랑의 욕구(derive)[243]와 적개심[244]이라는 감정적 구조물로 해석했습니다. 이처럼 호색은 전혀 상반된 감정인 듯 보이는 사랑과 미움의 추동으로 인해 자신과 이웃을 비참한 상태로 떨어뜨립니다. 이 어울리지 않는 둘이 공존하는 것이 바로 성폭행의 범죄입니다. 왜 범죄에 있어서 폭행과 섹스가 결탁하는지는 이런 이유로 볼 때 자명한 것으로 보입니다. 호색은 이기적인 육욕입니다. 이는 단순히 매력적인 남자와 여자를 바라보는 시선이 아니라 그 마음에 폭력적인 육욕의 욕망이 도사리고 있는 것입니다. 어거스틴은 "호색의 의도와 목적으로 여자에게 시선을 고정하는 자는 누구든지…여자를 대상 곧 물건으로 하락시키는 자는 누구든지" 음행의 죄를 범하는 것이라고 말합니다.[245] 호색은 상대의 존재, 인격, 내면세계에 대해서 관심이 없습니다. 다만 욕망과 그 확장이 있을 뿐입니다.

이것은 보통 건강한 성 충동과는 다릅니다. 호색과 건강한 성 충동의 차이를 알려면 먼저 건강한 성 충동을 정의할 수 있어야 할 것입니다. 그럼 사람은 어느 정도의 성 충동을 지니고 있을까요? 남자와 여자는 성 충동에서 어떻게 다를까요? 바우마이스터(Roy F. Baumeister)는 『Journal of Sex Research』의 1965–2001년까지의 모든 논문과 『The Archives of Sexual Behavior』의 1990–2001년까지의 모든 논문을 조사했습니다. 첫째, 섹스 생각의 빈도를 조사했습니다. 매일 남자는 50%가 여자는 20%가 섹스를 생각한다는 연구(Laumann, Gagnon, Michael, and Michaels, 1994), 1주일에 3–4번 이상 성적 욕구를 느끼는 남자는 91%, 여자는 52%로 보고된 연구(Beck, Bozman, and Qualtrough, 1991), 일일 평균 성적 충동 횟수로 남자 4.75회, 여자 2회라는 연구(Jones and Barlow, 1990), 성적 충동, 통제를 위해 노력하는 정도를 나타낸 점수에서 남자가 여자보다 높게 나타난 연구(Vanwesenbeeck, Bekker, and van Lenning, 1998), 섹슈얼 판타지에서 남자가 더 빈번하면서도 다양하다는 연구(Leitenberg and Henning, 1995)가 있었습니다. 둘째, 원하는 섹스 빈도에 대해서 조사했습니다. 결혼 20년차 부부가 원하는 섹스 빈도로 남편이 부인보다 50% 높다는 연구(Ard, 1977), 현재보다 더 많은 섹스를 원하는 비율로 남편 60%, 부인 32%라는 연구(Brown and Auerback, 1981), 섹스를 원하지만 하지 못하고 있는 사람에 대한 연구에서는 남자의 비중이 94%라는 연구(McCabe, 1987) 등이었습니다. 여기서 볼 수 있듯이 남성의 성적 욕구가 여성에 비해 압도적으로 높다는 사실을 알 수 있습니다. 그 외에도 자위를 어느 정도 하는지에 관한 연구도 살폈는데 1주일에 한 번 이상 자위하는 비율로 남자 45%, 여자 15%라는 연구(Jones and Barlow, 1990), 자위해본 적 없는 사람의 비율로 여자 39%, 남자 11%라는 연구(Arafat and Cotton, 1974), 60세 이상에서 여전히 자위하는 남자가 여자보다 더 많다는 연구(Bergstrom-Walan & Nielsen, 1990) 등이 있었습니다.[246] 자연적인 상태로 보기에는 남자의 경우 많은 성욕은 그리 부자연스러운 것이 아니라는 점을 알 수 있습니다. 여자는 대체로 배란기에 자연적으로 성욕이 가장 높이 증가하는 것으로 보고되어 있습니다.[247] 굳이 이런 경험적 연구를 거론하지 않더라도 예전부터 성은 인간과 떼려야 뗄 수 없는 관계였습니다. 맹자도 성적으로 매력 있는 사람을 좋아하는 것이 사람의 자연적인 욕망이라고 말합니다(好色人之所欲).[248]

그러나 개혁신학의 입장에서 자연 상태란 부패한 상태며 이 부패한 상태가 빚어내는 성욕은 왜곡되기 마련입니다. 자연스럽게 일어나는 성욕과는 달리 호색은 기회만 주어지면 언제든지 그 일을 하겠다는 심리적인 태세를 가리킵니다. "여자를 보고 성욕이 생기는 것"과 "음욕을 품고 여자를 보는 것"은 다른 것입니다. 여자의 배란기나 생리 전후의 성욕과 잠언 7장의 음녀의 욕망은 다른 것입니다. 앞의 두 가지 경우에서 전자들이 자연스런 성욕이라면 후자들은 호색이라 할 수 있습니다. 호색은 우리 행위가 초래할 결과를 생각하지 못하게 합니다. 단지 지금 당장의 말초적인 자극과 그에 대한 만족을 원하는 마음입니다. 그것은 마치 목말라 죽게 된 사람이 소금을 탐내는 것과 같습니다.

호색을 사랑으로 착각하는 이유 중 하나는 몸에 대한 그릇된 이해입니다. 몸은 악이 아닙니다. 몸은 장래에 우리가 입게 될 부활의 구체적인 실체 중 하나이며, 회심한 자에게는 이미 이 몸의 부활이 시작된 것입니다. 마침내 이 몸은 주님 오실 때까지 완전해져서 성령께서 거하시는 성전으로 세워져가는 것입니다. 수세기에 걸쳐 발전된 성을 억압하는 관점은 몸을 악으로 보는 옳지 못한 생각에서 비롯되었습니다. 오히려 억압적인 빅토리아 시대는 사람들의 성적 욕망을 다스리는 데 도움을 주지 못했습니다. 특히 오랫동안 유교적 관습 속에 있던 한국 사회에서 성은 금기 중 하나였습니다. 1980년대만 해도 화장실에 가면 성적 낙서들이 가득했습니다. 그러나 최근 JTBC의 「마녀사냥」, KBS joy의 「연애의 참견」과 같은 TV 프로그램을 통해서 접하게 되는 20대의 성과 연애 풍속도는 정말 격세지감이라 하지 않을 수 없습니다. 매체의 발달은 성을 접하는 연령을 낮추고 점점 성은 통제력을 얻기도 전에 성적 문제들에 직면하는 상황을 낳았습니다. 청년 사역을 하는 어느 목사님께 듣기로 요즘 20대 그리스도인들은 혼전 성관계를 아무렇지도 않게 생각하는 문화에 노출되어 있다는 말을 들었습니다. 만약 사실이라면 교회가 그것을 쉬쉬하는 동안에 청년들은 세속적인 가치관으로 그들의 생각의 체계가 침탈당하고 만 것이라고 할 수밖에 없을 것 같습니다.

그러나 하나님은 성을 필요악으로 만들지 않으셨습니다. 빅토리아 시대의 억압은 더는 오늘의 문제가 아닙니다. 오히려 지금은 지나치게 개방화된 현실을 어떻게 다룰 것인지를 고민해야 할 때가 되었습니다. 몸을 악하게 보는 관점보다 반대로 몸짱과 같은 신조어에서도 알 수 있듯이 지금은 몸을 찬양하고 숭배하는 세대가 되었습니다. 몸에 대한 관점의 변화는 성을 보는 관점에도 변화를 불러왔습니다. 억압은 집착으로 변했습니다. 우리는 몸과 성에 집착합니다. 이 시대의 광고나 텔레비전의 아이콘은 섹시(Sexy)라는 말로 표현할 수 있습니다. 이 시대는 성에 집착하고 성을 상품화합니다. 원래 성은 그런 것이 아니었습니다. 히브리어의 "알다"와 "성관계를 가지다"에 해당하는 단어는 같은 단어로 "야다"(יָדַע)입니다. 성관계란 서로를 알아가는 것이어야 합니다. 그러나 호색에게 성은 하나의 상품입니다. 그것은 서로를 인격적으로 아는 것이 아니라 나의 욕구의 만족을 위해서 비용을 지불하고 만족을 얻는 것입니다.

호색과 핵심감정

호색은 빈약한 자기상을 가지고 있습니다. 그들은 종종 자신이 나쁘고 악한 사람이라고 여깁니다. 그러나 주위 사람들은 이 사실을 거의 알아차리지 못합니다. 사실 변화의 핵심은 여기에 있습니다. 왜냐하면 그들은 종종 자신을 최고로 여기는 것처럼 행동하기 때문이며, 허세를 부리고 잘난체 하며 자신을 추겨 세우기 때문입니다. 그들은 자만심에 가득 차 있으며 거들먹거리면서 다른 사람들에게 자신이 얼마나 대단한지에 대한 확신을 심어주려고 노력하며 자신이 좋은 사람임을 증명하려고 애씁니다. 주변에서 가치를 자신의 것으로 당겨옵니다.『양들의 침묵』의 범인 버팔로 빌처럼 타인의 아름다움을 착취합니다. 마치 자기 것인양 타인을 기만합니다. 주변 사람들에게 좋은 사람이라는 평을 들으며 그런 평판 관리에 모든 에너지가 집중되어 있습니다. 그러면 그럴수록 내적이 공허가 커지게 됩니다. 동시에 그렇게 외연을 확장하는 것은 권력과 힘의 확장이므로 타인의 마음을 잘 공감하지 못하며 자기 세계에 함몰되어 있습니다. 이것은 무엇의 반증일까요? 빈약한 자기상의 반동입니다. 이 빈약함 때문에 권력을 지향하고 권력을 지향하기 때문에 공감 능력이 낮다는 것입니다. 그럼에도 주변 사람에게는 좋은 사람이라 소리를 들으며 권력지향적인 정치적 행위로서 배려와 섬김이 몸에 배어 있습니다.

때로 어떤 호색자들은 순교자 역할도 합니다. 그들은 자신을 나쁘다고 여기고 세상과 모든 사람들이 자신을 좋아하지 않으며 항상 나쁜 일만 일어날 것이라고 생각합니다. 그들이 얻을 수 있는 유일한 관심은 불쌍한 사람들에게 베풀어지는 동정뿐이라고 여깁니다. 그래서 그들은 도와주려는 성향이 강합니다. 그들은 결코 행복해 하지 않고 충고를 받아들이지도 않으며 문제를 회피하며 권력을 지향하기 때문에 가족들이나 주위 사람들에게 심각한 좌절을 안겨줍니다. 그러나 이는 동전의 양면으로 겉보기에는 달라 보이지만 사실은 같은 에너지의 반복입니다. 예컨대, 과잉성취를 보이는 경우도 있는데 무슨 성취를 하든지 간에 자신이 좋은 사람이라는 것을 보여주기에 충분치 않다고 여깁니다. 아무도 자신을 있는 그대로는 사랑하지 않을 것이라고 믿습니다. 그래서 특별히 자신을 꾸며야 한다고 믿는 것입니다.

이런 모든 증상과 특징들의 배후에는 낮고 보잘 것 없는 자기상이 있고, 그 자기상에 대한 처리 방식에 차이가 있을 뿐입니다. 공통점은 이런 고통스런 감정을 다루는 유일한 해결책이 성적 만족이라는 것입니다. 자기상을 억누르는 힘은 긴장을 계속해서 만들어내고 이 긴장을 해소하는 방식으로 자위를 체득했을 확률이 높습니다. 여기에서부터 보상을 얻는 것입니다. 자위와 성행위는 자기상이 눌림과 그 긴장에 대한 보상 기제로 서로 엄격하게 자동화되어 있습니다. 긴장이 증가하면 성으로 이완하고 이완은 수치감을 부르고 다시 긴장을 반복하면서 중독에서 보이는 체계가 형성됩니다. 그래서 호색과 식탐은 비슷한 체계를 가지고 있습니다. 반대로 종교적 이유를 들어 부부 생활을 거부하는 부인도 역시 호색일 수 있습니다. 왜냐하면 음란(*luxuria*)의 화려함은 명품에만 고착하지 않고 종교적인 고착으로도 나타납니다.

호색의 죄와 성화를 위한 기도

몸을 지으신 성삼위일체이시여! 그리스도께서 몸을 취하신 것처럼 우리도 그리스도를 취함으로 그의 몸이 되게 하소서. 이 성전으로 호색의 터로 삼지 않게 하시며 절제의 덕을 허락하시기 위한 경륜인 줄 알게 하소서. 몸에 내재한 성욕을 잘 다스리게 하시며 정욕과 싸우는 자로 서지 않고 욥처럼 눈과 언약을 맺어 호화로움을 넘보지 않으며 정욕을 피하는 지혜를 얻게 하소서. 우리 몸을 사용해서 진실하게 남자와 여자가 하나 되게 하신 의미를 깨닫게 하소서. 성 삼위하나님께서 영이 유여하실지라도 하나만 지으심은 경건한 자손을 얻고자 하심을 기억하여 우리가 삼위 하나님의 서로 사랑하시며 교제하심을 배우게 하소서. 우리가 서로를 대상이 아니라 인격으로 서로를 경험케 하소서. 그 관계의 풍성함을 누리게 하소서.

토론을 위한 질문
(토론을 위한 질문들은 미리 작성해오셔도 좋습니다)

1. 어거스틴은 성경 해석의 목적을 무엇이라고 밝혔나요? 이 사실이 우리에게
   왜 중요할까요? 서로 나누어 봅시다.

2. 믿음은 어떤 방식에 의해서 사랑의 덕으로 자라갈까요? 우리가 성경을 읽는
   방식은 어떻게 달라져야 할까요?

3. 우리 몸에 초자연적인 덕인 믿음과 소망과 사랑이 말씀을 통해서 어떤 방식으로 구체화될 수 있을지 나누어 봅시다.

4. 호색의 정의를 나름 내려 봅시다. 어떤 식으로 정의할 수 있을까요? 서로 나누어 봅시다.

5. 호색은 단지 몸의 문제만 아니라 하나님과의 관계 문제이기도 합니다. 우리 몸을 성령의 전이라고 하는 이유에 대해서 서로 설명해 봅시다.

6. 호색은 주관자를 멸시하는 일이며 우상숭배와 밀접한 관계가 있습니다. 이를 설명해 봅시다.

7. 호색하는 사람의 성격적인 특성을 설명해 봅시다. 그들은 왜 공격적이 되고 타인의 마음을 공감하지 못할까요?

8. 호색과 건강한 성욕은 어떻게 다른지 설명해 봅시다.

9. 남자와 여자의 성욕은 어떤 차이점이 있는지 나누어 봅시다.

10. 성경은 몸에 대해서 악하다고 말하지 않습니다. 몸을 건강하게 이해하는 것이 중요한 이유와 몸에 대해서 부정적인 생각이 있다면 무엇이 있는지 나누어 봅시다.

CHAPTER 06
분노와 핵심감정

남을 미워하므로 자신을 죽이는 죄

분노는 사랑의 거부될 때 흐르는 진액이다.

_C. S. 루이스

위로부터 오는 습관과 그 구조

종교개혁 이전의 신학은 의화라 표현했고 이 개념은 내재주의 관점을 취하고 있습니다. 즉, "의의 주입"이라고 설명함으로써 그리스도 이루신 의가 신자 개인 안에 내재해 있는 것으로 설명한 것입니다. 그런데 종교개혁자들은 칭의와 성화를 구분했는데, 단지 의화를 칭의와 성화로 구분한 것이 아니라 이 내재주의적인 의화의 개념을 초월주의로 전환한 것입니다. 부연하자면, 이 의가 하늘에 계신 그리스도 안에만 있다고 말하는 것입니다. 그리고 이 의에 연결되는 단말로서 믿음을 우리에게 주입하시고, 믿음은 율법을 통과하면서 회개를 경험하고 다시 그리스도께로 인도하는 율법의 기능을 따라 하늘 성전에 접붙이는 은혜의 수단으로 나아가서 실제로 하늘의 그리스도와 연합하는 구조입니다. 은혜의 수단이 베풀어지는 지상의 모형적인 교회는 하늘의 원형적인 교회에 향한 상승과 교회의 머리이신 그리스도와의 연합을 기본 구조로 합니다. 그것은 다시 우리 마음에 사랑을 부으심으로서 하나님 나라 공동체인 교회를 지상에 구현하십니다. 그렇게 교회를 통해서 하나님 사랑이 중재되고 공의가 구현되며 자비가 분배되고 용서가 실천됩니다.

우리는 계속해서 신학적인 덕과 우리 심연의 죄를 대비하고 있습니다. 이는 예배를 통해서 더 극명하게 대비됩니다. 요한은 하늘에 끌려 올라가 천상에서의 예배를 목격하게 됩니다(계 4:1). 바울은 우리의 신분이 이미 하늘에 앉은 바 되었다고 말합니다(엡 2:6). 자연적인 존재인 우리가 초자연적인 영역과 연결되는 단말(port)이 우리 안에 생기게 되는 것이 믿음입니다. 이는 칼뱅의 개인적인 엠블럼에도 표현되었습니다. 한번쯤 보셨을 텐데 칼뱅은 심장을 손으로 들어 올리는 그림을 개인적인 엠블럼으로 사용했습니다. 칼뱅은 성찬 전에 사용되던 오래된 고대 교회의 권면을 이렇게 소개합니다.

> "예부터 성찬의 떡과 포도주를 거룩히 구별하기에 앞서서 '마음을 높이 들어 올리라(*sursum corda*)'[249]고 사람들에게 큰 목소리로 당부하는 관례가 세워진 것도 이와 똑같은 이유 때문이었다."[250]

이 성찬 예전의 부름은 예배의 원리이고 설교의 근간이며 우리 믿음의 본질입니다. 우리 믿음은 초자연적인 실체인 하늘에 가닿는 것입니다. 성령께서 우리를 그리스도의 몸이 되게 하십니다. 우리는 들리는 말씀과 보이는 말씀을 통해서 이 말씀의 본질이신 그리스도를 들으며 먹습니다. 고대 교회에는 성찬 기도인 아나포라(*Anaphora*)가 히폴리투스(Hippolytus)의 『사도전승』에 남아 있습니다. 그 구조는 다음과 같습니다.[251]

마음을 드높이(*Sursum corda*)

시작 기도(Preface)

제정사(Institution Narrative)

기억의 기도(*Anamnesis*)

성령 임재의 기도(*Epiclesis*)

영광송(Doxology)

신자에게 예배란 우리 마음을 들어올리는 일이며 하나님께서 그 마음을 그리스도께 연합시키는 일입니다. 또한 이를 위하여 성령께서 임재하시기를 구하는 기도이기도 하며, 이는 장로교회 예배의 핵심이기도 합니다.[252] 그 과정에서 길러지는 덕이 사랑이며, 이 사랑은 믿음에서 출발합니다. 이 믿음을 일으키시는 분도 성령이십니다. 우리 내면의 성소에서 믿음이 자라서 하늘의 성소에 가닿는 구조를 하고 있습니다. 고대 교회의 예전은 이런 지점을 잘 보여주시고 있으며 이는 지성소와 성소의 구조가 하늘과 땅을 서로 연결시켜 주는 것과 같습니다. 이 구조는 어거스틴의 기도 이해와 같습니다. 그는 "오 하나님, 언제나 같으니, 나로 내 자신을 알게 하시고, 내가 당신을 알게 하옵소서. 이것이 기도입니다"(*Deus semper idem, noverim me, noverim te. Oratum est*)라고 말합니다.[253] 동시에 이 구조는 칼뱅의『기독교강요』의 인식론,[254] 곧 하나님을 아는 지식과 자신을 아는 지식입니다.[255] 그 기도가 지향하는 곳이 성례전이자 은혜의 수단입니다. 웨스트민스터 대소요리문답이 믿음에서 출발해서 하늘의 성소의 지상적인 상징인 교회와 그로부터 베풀어지는 은혜의 수단들로 마무리되는 것도 이런 이유 때문입니다. 98-148문의 율법의 우리를 정죄해서 우리 비참을 경험토록 합니다. 우리가 제2부 제1장 교만에서 배운 대로 그리스도의 비하를 통해서 우리는 영적 자유에 닿게 됩니다. "너의 마음을 들어 올려"의 전제는 비하하신 그리스도와의 연합입니다. 우리는 이 연합을 바탕으로 하늘의 성소로 상승을 경험하는 것입니다. 예배는 우리 부패를 드러내고 씻으며 삼위하나님께로 나가게 하는 단말입니다. 무한이 유한으로 자기제한을 하심 그 자체가 성전입니다. 대요리문답 98-148문의 율법을 통해서 죄를 깨달은 자는 그 죄의 형벌과 경중을 깨닫고 153문을 따라 믿고 회개하는 마음으로 은혜의 수단으로 나아오는데, 1-148문이 믿음으로 성전으로 인도되는 내적인 단말이라면 149-196문은 성전에서 초자연적인 하나님을 대면하는 외적 단말입니다. 그 접점이 수르숨 코르다(*sursum corda*)이며 이것이 칼뱅 신학의 핵심입니다.

분노의 정의

우리는 분노 일반이 아니라 죄가 되는 분노를 다루어야 한다는 사실을 기억해야 합니다. 여기서 주제는 악의에 찬 분노입니다. 헬라어 오르게(ὁ ργή)는 인간의 감정 중 하나인 "격노, 분노"를 가리킵니다. 우리 주님께서 "형제에게 노하는 자마다 심판을 받게 되고"(마 5:22)라고 하셨을 때, 심판받는 분노는 감정적인 반사작용이 아니라 명백한 복수에 대한 의지로 이해해야 합니다. 분노는 "내가 독을 마시고 남이 죽기를 기다리는 것"[256]이며 "한 개인이 세상에 대한 지각된 감정으로 세상에 대해서 하는 반응"입니다.[257] 이 분노가 적개심을 품고 원한을 키우는 의지를 악의적으로 조장합니다. 분노를 긍정적으로 이해한다면 개인의 가치나 본능적인 욕구, 기본 신념을 보존하려는 의지로 이해할 수 있습니다.[258] 이처럼 의지와 밀접한 관련이 있고 의지나 의욕이 높을수록, 그리고 그것이 좌절되었을 때 분노하게 됩니다. 우리가 제2부 제2장에서 탐욕이 경계를 넘어선 욕망과 의지라는 점을 살폈는데, 분노란 바로 이 탐욕과 밀접한 관련이 있습니다. 즉 탐욕이 클수록 그 좌절에 따른 분노가 큽니다. 또 분노는 일정 부분 억압하는 활동을 포함합니다. 이 억압은 화병(火病)이 되는데 DSM-IV 진단체계의 부록에 문화 관련 증후군으로 등재되기도 했었습니다.[259] 분노를 참는 것이 어울리지 않아 보이는, 그리고 자주 분노하는 사람은 사실 평소에 상식적인 범위에서 이웃들에게 자기감정을 표현하는 법을 잘 모릅니다. 그래서 통제 범위를 넘을 때만 표현되는 것이죠. 그 참고 눌러둔 정서가 내면에 가득하고 도저히 더 어떻게 처리할 방편이 없을 때 등장하는 질병이 분노조절장애라고 할 수 있습니다. 분노조절장애는 두 가지로 나눌 수 있는데, 충동적인 폭발형과 습관적인 폭발형이 있습니다. 충동적인 폭발형은 다혈질 스타일을 가리킵니다. 습관적인 폭발형은 목소리 크면 이긴다는 스타일입니다. 이는 그와 같은 의사표현이 효과적이었던 경험의 누적으로 점점 분노 표출 빈도가 높아지는 경우라고 할 수 있습니다. 이 경우 『핵심감정 탐구』에서 살핀 "핵심감정 분노"에 해당하는 사람의 양육자의 양육태도가 방치인 경우가 많습니다.[260] 그중 DSM-V의 간헐적 폭발 장애 진단 기준을 보면 다음과 같습니다.

> 재산손괴나 신체 손상을 동반하지 않은 육체 폭력, 또는 언어폭력이 최근 3개월 동안 1주일에 2일 이상 발생, 재산손괴나 신체 손상을 동반하는 감정폭발이 1년 이내에 3번 이상 발생, 공격성 및 감정 폭발의 정도가 계기가 되는 심리적 상황이나 스트레스의 정도에 비례하지 않는다.

공격성 및 감정 폭발이 계획된 것이 아니고 목적 없이 일어난다. 공격성 및 감정 폭발로 경제적 법적 문제를 겪는다. 환자의 나이가 최소 만 6세 이상이어야 한다. 이런 증상이 다른 정신장애나 일반적인 의학적 상태로 인해 나타나는 것이 아니어야 한다.

이를 단지 현대 심리학은 질병으로만 보지만 초서의 『캔터베리 이야기』는 분노를 "마귀의 용광로"라고 부릅니다. 이 DSM-V의 진단 기준은 사실 증상을 중심으로 한 진단 기준입니다. 이것은 미국 의료보험사의 힘이 크기 때문에 DSM-Ⅳ부터 바뀐 것입니다. 의사에 따라 달라지는 진단과 보험 수과 때문에 생긴 현상입니다. 그러나 죄 문제는 단지 외형적인 증상이 문제가 아니라 우리 행위와 말과 마음에 이르기까지 그 중심을 보기 때문에 진단 기준과는 다른 지점이 있습니다.

분노의 정신역동

우리나라 2011-2015년의 우발범죄 증가와 공포장애 증가 추이가 비슷한 그래프를 그리고 있습니다. 예컨대, 경찰청 범죄 통계 자료에 의하면, 2011년 기준 우발적 범죄 비율은 29.7%에서 2014년 33.4%로 지속적인 증가 추세를 보였습니다. 건강보험심사평가원의 의료통계정보시스템에 따르면, 공포장애(F41)로 병원을 찾은 사람은 2011년에 비해 2015년에는 17.4%나 증가했습니다.[261] 이처럼 분노는 단지 당사자만의 문제가 아니라 사회적 문제가 될 수 있습니다. 그러면 이런 분노는 도대체 왜 생기며 언제부터 이러는 걸까요? 분노는 생후 2개월이면 생기며 유아의 가장 주요한 분노 대상은 45.3%가 부모입니다. 다음이 26.2%로 형제며 분노의 원인으로는 49.1%로 심리적 요인을 꼽았습니다.[262] 분노는 프로이트 심리학에서 타나토스(*Thanatos*)로 비유되는 욕동의 두 힘 중 하나입니다.[263] 그러나 타나토스, 곧 공격(aggression)은 단지 적개(hostility)가 아니라 지배력(mastery)을 의미할 수도 있고 주장하고 통제하는 정신 작용을 의미하기도 합니다.[264] 이 분노는 자기 삶에 대한 통제력을 의미할 수 있습니다. 분노는 내 삶의 범위를 넘어서 타자와 상황까지 통제력을 발휘하려는 데서 발생하는 감정입니다. 분노는 다양한 병증으로 나타납니다. 예컨대, 분노발작(anger attack)[265], 분노-증오-공격 증후군(AHA syndrome)[266], 역기능적 분노(dysfunctional anger)[267], 간헐적 폭발장애(intermittent explosive disorder)[268] 등이 있습니다.

　그러나 죄로서 악의적인 분노란 근본적인 동기 및 의지와 관계된 것입니다. 7가지 죄로서 분노는 행위로 표현되는 여러 분노와는 달리, 근본적으로 마음의 죄(*Peccata cordis*)에 해당합니다. 몸과 마음의 추동이 대상을 애착할 때 그 애착이 클수록, 그리고 그 애착에 대한 좌절이 클수록 분노는 커집니다. 정신 에너지인 이 추동의 힘에도 에너지 보존의 법칙을 그대로 적용할 수 있습니다. 예컨대, 오래된 막 그릇을 하나 깼다고 화를 내지는 않지만 애지중지 아끼고 아끼던 그릇을 아이가 깨면 화를 냅니다. 이는 그것에 실린 애착의 정도가 좌우하는 것입니다. 그러나 분노의 힘은 항상 우리가 아는 분노로만 표현되지 않습니다. 분노는 매우 본질적인 감정입니다. 가인의 죄에 등장하는 인간의 시원적인 감정입니다. 이 분노를 내적으로 억압하면 우울이란 증상으로 나타나고, 억압이 그렇게 효과적이지 않을 때 불안으로 경험되며, 이 분노를 적절히 다스릴 내적인 도구가 발달하지 못할 때 흔히 말하는 분노 관련 성격이 형성됩니다. 결국 분노를 어떤 식으로 다루느냐에 따라 분노의 정도가 달라지며 분노를 제대로 담아낼만한 내적인 그릇이 어느 정도 용량이냐에 따라 달라집니다.

성경에서 최초의 분노는 창세기 4:5에 나타난 가인의 분노로 성경은 하나님께서 가인의 제사를 받지 않은 것에 대해서 그 심사를 "몹시(ראם) 분하여(הָרָה)"로 표현하고 있습니다. "분하다"의 원어 "하라"(הָרָה)는 드물게 나오지만 불태우다(cause fire to burn)를 의미하는 아람어 어근과 관련되어 있습니다. 실제로 분노 감정은 불을 지르는 방화 범행과도 직접적인 연관이 있습니다.[269] 성경은 형제를 미워하는 자마다 이미 살인하는 자라고 말하는데, 성경이 말하는 죄로서의 분노는 바로 이 살의를 말하는 것이라고 할 수 있습니다. 정신역동 상담에서 의존적인 사랑의 욕구가 좌절되었을 때 일어나는 적개가 바로 이런 종류의 감정입니다.[270] 가인은 회개하고 하나님께서 받으실 만한 제사를 드릴 수 있었지만 그렇게 끓어오른 분노는 그런 생각을 할 수 없도록 했습니다.[271] 결국 그 분노 감정은 십계명의 제6계명인 살인죄를 범하는 데 이르고 맙니다. 이처럼 방화나 살인에 이르는 깊은 동기가 바로 분노인 것입니다. 이처럼 방치하게 되면 분노는 사탄으로 하여금 인간을 파괴할 수 있는 좋은 기회를 주게 됩니다.[272] 대요리문답 151문 3항이 설명하는 것처럼 죄는 마음에 품는 데서 출발하지만 결코 인간의 어느 일부분에만 영향을 미치는 것이 아니라 인간의 전 영역에 영향을 미칩니다. 탐욕이 클수록 분노는 커집니다. 어려서 방치된 아이들은 자신의 충동을 조절할 수 있는 타자상이 덜 발달되거나 더 사랑하고 애착해야 할 대상이 없거나 빈약해서 욕구 좌절에서 비롯되는 충동 조절 기제의 부재에서도 습관적이고 폭발적인 분노를 찾을 수 있습니다.

물론 분노 자체를 성경이 죄로 정죄하는 것은 아닙니다. 예컨대, "분을 내어도 죄를 짓지 말고 해가 지기까지 분을 품지 말라"는 말씀은 정당한 형태의 분노가 있을 수 있음을 암시적으로 보여줍니다(엡 4:26). 하나님께서도 죄에 대해서 진노하시므로 분노 자체가 부당하다고 볼 수는 없습니다. 그러나 분노는 때로 냉담, 증오, 무시, 타인의 허물을 용서하지 않으려는 마음, 오늘 우리 사회에서 자주 등장하는 혐오와 배제도 모두 이 분노의 죄입니다. 화가 날 수 있고 화가 나는 상황을 맞을 수 있지만 이 분노는 특정 형태로 우리 관계를 고착하고 타인을 존중하고 배려하며 함께하는 대상으로 보지 않고 내 적개와 살의의 대상으로 보는 일을 보르게 됩니다. 그 결과 분노는 살인으로 이어지게 됩니다. 오늘 수많은 분노 범죄도 이런 심리에서부터 시작합니다. 그래서 맥도날드(Lewis McDonald)는 우리 마음에서 용서를 거부하고 미워하는 사람의 이미지와 생각을 완전히 몰아내고 죽이려는 마음을 품는 것이야말로 가장 악한 영적 살인이라고 했습니다.[273] 그래서 주님께서 미워하는 자마다 살인하는 자라고 말씀하신 것입니다. 사실 어떤 면에서 이는 살인 못지않은 악함입니다.

분노와 핵심감정

몸과 마음의 추동의 가시적 형태의 핵심은 의존적인 사랑의 욕구와 그 좌절로 촉발되는 적개심입니다. 그런 점에서 분노는 추동과 가장 근접한 형태의 감정이며 죄의 근간이 되기도 하는 감정입니다. 추동의 힘은 대상을 자기와 동일대상에서 유사대상으로 분리합니다. 대상은 분화되지만 이 분리는 사랑과 미움의 추동을 통합하는 과정이기도 합니다. 이 과정을 통해서 동일대상을 유사대상으로 이해하게 되는 것입니다. 그런 점에서 미움과 적개는 우리 안에서 다스려져야 합니다. 그래서 하나님께서는 가인에게 "죄가 너를 원하나 너는 죄를 다스릴지니라"라고 말씀하시는 것입니다(창 4:7). 우리는 세상에 내던져진 존재이면서 동시에 미래를 향해 자신을 내 던지는 존재입니다.[274] 우리 삶에서 사랑과 미움은 내던져진 존재로서 피할 수 없는 운명입니다. 그러나 우리 미래를 향해 내 던질 우리 삶에서 사랑과 미움을 통합하는 힘은 우리가 선택해야 할 성장의 훈련입니다. 하나님께서 가인에게 요구하셨던 것도 그와 같은 것이었습니다. 우리 삶에서 사랑과 미움이 서로를 외면할 때, 분노는 통제 불능이 되고 각종 증상들이 우리 삶을 찾아옵니다. 그리고 그 분노들은 다시 우리 사회를 갈등과 공포로 몰아넣습니다. 그렇게 사회와 가정과 교회가 사랑과 미움을 분리시켜 놓음으로 혐오와 배제의 독버섯이 번식하는 환경을 만들고 맙니다. 공포는 분노가 나올지도 모른다는 감정이며, 우울은 그 분노가 자신을 향해 버린 것이며, 분노 장애들과 충동조절 장애들은 그 분노를 담을 그릇 자체가 없는 병입니다.

그래서 모든 핵심감정에는 밑바닥에 분노를 다루는 방식이 있습니다. 그리고 이 분노를 다루는 방식이 우리가 겪는 죄의 비참입니다. 가인이 하나님께 들었던 권면은 가인만을 위한 권면이 아니라 우리 모두를 위한 권면입니다. 우리 모두는 분노를 다스릴 내면의 그릇을 빚는 도공이어야 합니다. 그러나 역사상 그 누구도 이 그릇을 제대로 빚을 수 있는 사람은 없었습니다. 사랑과 미움이 만나는 유일한 곳, 심판과 구원이 문명의 충돌을 일으킨 그곳, 무한과 유한이 부딪혀 빅뱅이 일어난 창세의 순간이 십자가입니다. 제2위격이신 성자께서 사람의 본성을 품으시고 낮아지심으로 우리에게 자유를 주셨습니다. 그가 사람이 되신 방식을 따라 우리도 낮아지심에 처해 그리스도를 먹음으로 그리스도의 승귀를 따라 우리도 신의 성품에 참여할 수 있게 되었습니다. 우리는 그리스도의 살과 피를 먹음으로 비로소 그의 몸이 되었습니다. 이 구원의 여정이 걸림돌이 신학적으로 "죄"라면 심리학적인 실체는 사실 "분노"라 할 수 있습니다. 그 분노는 달리 말하자면 적대입니다. 그리고 이 적대는 최초의 죄에도 깔려 있습니다. 인간은 하나님과의 연대를 깨고 마귀의 말에 더 귀를 기울였습니다. 연대와 적대가 뒤바뀐 순간입니다. 이 범죄에도 불구하고 하나님께서는 우리에게 복음을 주셨습니다. 그것이 흔히 "원시 복음"이라고 불리는 창세기 3:15입니다. 하나님께서는 이런 상황을 바꾸어 뱀의 후손과 여자의 후손 사이를 적대하게 하셨습니다. 여기서는 선명히 드러나지 않지만 여자와 연대한 그 후손인 그리스도를 사람의 아들로 나게 하신 것입니다. 그렇게 자기 제한을 통해 우리를 사랑과 미움의 부조화로 인해 겪는 그 비참에서 우리를 건지셨습니다. 우리는 이 그리스도의 십자가의 우주적 구원을 그리스도가 자기 제한을 하신 것과 같은 방식으로 삶에 내재화해야 합니다. 그것을 다른 말로 성화라고 할 수 있습니다. 이 내재화 작업에는 개인적인 특이점이 있습니다. 모든 사람이 같지 않습니다. 핵심감정이 모든 사람에게서 다른 것처럼, 그리고 그것이 그들 삶의 특이점인 것처럼, 그리스도가 이루신 구원도 우리 삶에 내재화되면서 구원의 특이점을 만듭니다. 그 특이점은 결국 우리가 이 분노를 어떤 방식으로 십자가 아래에서 소화하느냐에 따라 달라질 수밖에 없습니다.

그러나 표면적으로는 분노는 대개 불공평하다는 인식에서부터 비롯됩니다. 이 적대는 곧잘 하나님을 향하기도 합니다. 시기로 어그러진 눈이 하나님을 악하게 보는 것처럼 분노의 어그러짐은 하나님에 대한 분노로 표현됩니다. 사람들은 삶의 불공평을 하나님의 탓으로 돌립니다. 그러나 삶은 공평하지 않을 뿐더러 삶은 하나님이 아닙니다. 사실 많은 분들이 이 지점을 이해하지 못합니다. 삶은 죄의 간섭이 있으므로 공평하지 않는 것이 사실입니다. 하나님은 공평하시지만 우리 삶은 하나님이 아니기 때문에 공평하지 않은 것이죠. 분노의 진액인 원한은 우리가 하나님의 사랑과 공의를 신뢰하지 못한다는 것을 드러내는 것입니다. 분노가 치명적인 이유는 자신을 정당화하고 모든 타자를 부당한 존재로 치부하는 것입니다. 거기에는 하나님도 포함됩니다. 원한에 사무친 분노는 원수 갚음을 하나님께 맡기기보다는 스스로가 재판관이 되게 합니다.

살인처럼 엄중한 죄는 아니지만 분노는 바로 그런 죄의 통로가 됩니다. 오늘 사회의 수많은 살인이 분노로부터 시작합니다. 분노의 위험성은 바로 마귀가 틈타는 기회를 제공하는 데 있습니다(엡 4:24-27). 분노가 끓어오르고 불평이 쌓일 때, 분노를 억제할 때, 분노를 인정하고 받아들이기를 거절할 때, 반사회적이지 않은 적절한 방법으로 분노를 표현하는 것에 실패할 때, 우리는 마귀가 개입할 빌미를 만드는 것입니다. 억압된 분노는 또한 중독의 원인이 되는 핵심적 감정 가운데 하나입니다. 알코올 중독자들을 비롯한 그들의 자녀들은 정서 자극에 대한 반응이 정상인에 비하여 적습니다(Finn, Ramsey, & Earleywine, 1999). 알코올을 섭취하지 않는 자녀들에게 이것이 정상적인 범위보다 낮게 나온다는 의미는 이것이 일종의 정서적인 대물림이라는 사실을 추론하게 해줍니다. 도킨스(Richard Dawkins)는 그의 책 『이기적 유전자』에서 모방자(밈, meme) 가설을 펼칩니다. 즉, 모방자 가설이란 인간의 사고와 문화도 마치 유전자처럼 복제되고 전파된다는 이론입니다.[275] 그는 블랙모어(Susan Blackmore)의 책, 『밈 머신』(*The Meme Machine*)의 추천사에서 "우리는 언어, 사상, 신념, 태도, 유행의 전달에서 유전자의 역할을 맡고 있을지도 모르는 그 개체라는 것에 이름을 붙여야 한다. 내가 1976

년에 '밈'이라는 단어를 처음 만든 뒤로, 점점 더 많은 사람들이 유전자에 상응하는 그 가설적 개체를 밈이라고 부르고 있다"라고 말합니다.[276] 이 이론은 인간의 문화, 태도의 유전과 같은 현상을 유전자가 설명할 수 없기 때문에 등장합니다. 진화생물학자들은 동의하지 않겠지만 이 이론이 오히려 인간이 영혼을 가진 존재라는 점을 웅변한다는 것입니다. 인간이 지닌 정신적이고 문화적인 요인이 후대에 같은 방식으로 나타나기 때문입니다. 『핵심감정 치유』에서 살펴본 대로 기호와 상징을 조작하고 만들어내는 능력은 영혼이 정신에 표상하는 능력입니다. 이 창조적 능력은 오히려 진화론자에 의해서 웅변적으로 주장되고 있습니다. 그 문화, 태도, 가풍의 유전 현상이 바로 핵심감정의 대물림입니다. 그러나 더 직접적으로는 원죄의 유전이라는 보편적 설명의 구체적인 버전이 핵심감정의 대물림이라 할 수 있습니다.

알코올 중독자들은 자신들의 각성을 증가시키기 위하여 음주를 하는 것으로 보입니다(Reigier et al. 1990). 이들은 기능적-자기공명촬영기법(functional magnetic resonance imaging)으로 한 촬영에서 내측전두이랑(gyrus frontalis medialis), 뇌섬엽(Insula), 아래마루소엽(inferior parietal lobule)의 활성화 정도가 정상보다 낮았는데 이는 낮은 정서적 각성과 관련이 있습니다.[277] 이중 뇌섬엽은 감각, 감정, 자율신경의 감각을 받아들이고 통하여 전두엽과 연결하는 역할을 합니다.[278] 이 연결의 의미는 첫째, 이성적 판단의 원활함, 둘째, 위험을 알아차리고 회피하는 판단, 셋째, 중독에 빠지지 않도록 하는 기능을 합니다. 뇌섬엽의 활성화도가 낮다는 것은 이런 능력의 제한을 불러오고 중독에 빠지게 되는 이유를 설명해 줍니다. 내측전두이랑은 계획, 반응 선택, 단기 기억에 관여하고, 자신과 다른 사람의 관점을 바꾸어 생각하는 것, 반응의 억제 등의 사회 인지에 관여합니다.[279] 이 경우는 분노 억압을 이유로 낮은 정서 반응을 하는 것으로 설명할 수 있습니다. 자녀들의 경우는 부모의 음주 후, 과잉된 정서반응으로 인한 위축과 억압을 반복하고 그것이 나중에 이 자녀들이 자라서 알코올중독자가 되는 심리적 소인이라는 점을 유추할 수 있습니다. 이렇게 보면 중독자들은 매우 불쌍한 사람들입니다. 이처럼 우리 내면의 분노는 그것을 통합하는 과정이 쉽지 않고, 분노를 누르는 과정이 중독의 이유가 된다는 점을 살폈습니다. 이는 하나님 없이 내적인 균형을 맞추려는 시도라는 점을 우리에게 시사해줍니다. 마귀의 목적이 우리의 판단과 의지를 지배하는 것이라면 분노와 중독의 상관관계는 중독이 판단과 의지를 마비시키는 결과를 낳는다는 점에서, 이는 마귀가 우리를 지배하는 결정적이며 영적인 방식입니다. 특히 분노는 뇌섬엽의 활성화 정도를 낮추고 정상적인 판단이 어려워지고 위험에 대한 적절한 판단을 못하게 됩니다. 이처럼 분노는 마귀가 다루기 쉬운 심리적 상태를 만듭니다. 아래마루소엽은 아인슈타인 때문에 유명세를 탔습니다. 신경과학자들은 아인슈타인의 아래마루소엽이 정상인에 비해 상당히 크고 모양 역시 아주 특이하다는 것을 발견했습니다. 이는 추상적인 수학적 사고 능력에 중요한 역할을 하는데 학자들은 수학적 활동을 해온 세월이 길면 길수록 아래마루소엽의 회백질(gray matter)이 정상인에 비해 많다는 사실을 발견했습니다. 이는 선천적 능력이 아니라 장기간의 수학적 사고의 산물이지 선천적 능력은 아니라는 점을 보여줍니다.[280] 동시에 알코올중독자가 아래마루소엽의 활성화도가 낮다는 것은 분노를 억압하려는 기제가 정서 전반을 억압하며 그에 따른 논리적 사고 저하를 불러온다는 사실을 유추할 수 있습니다. 이런 사실들은 결국 중독자들의 낮은 정서 반응과 관련이 있으며 낮은 정서반응은 결국 분노가 부르는 것이라는 점을 보여줍니다. 단테는 『신곡』에서 분노에 대한 형벌을 '질식시키는 연기로 뒤덮는 것'으로 묘사합니다. 이 은유는 분노가 우리 몸과 영혼의 추동을 질식시키고 있는 지점을 상징적으로 보여줍니다.

이런 지점을 고려한다면, 분노가 부르는 죄를 피하기 위해 훈련해야 할 영역이 있음을 보여줍니다. 첫째, 억압된 분노의 정서를 통제 가능한 의식적인 표현의 영역으로 불러와야 한다는 것입니다. 둘째, 폭발을 유발하는 과거 경험과 현재를 연결하지 않는 것입니다. 달리 말하면, 지금 여기를 살고 탓하지 않는 것입니다. 셋째, 이것은 조금 어려울 수 있습니다. 그것은 분노를 다른 사람들에게 드러내는 것입니다. 이 말은 악다구니를 쓰면서 화를 내라는 말이 아니라 내가 화가 났다는 사실을 분노의 신호가 있을 때 이성적으로 표현하라는 말입니다. 악의에 찬 생각들과 치밀어 오르는 분노를 가두어 두는 것은 누구나 할 수 있는 일입니다. 악의를 품고 복수하려는 생각을 정신적으로 환대하는 것은 암을 환영하는 것과 같습니다. 넷째, 용서를 선택하는 것입니다. 모든 용서는 자신에 대한 용서에서부터 출발합니다. 마치 고급 레스토랑에서 웨이터의 섬김을 자연스럽게 받는 것처럼 자신을 용서하는 유일한 방법은 그리스도께서 우리를 위해서 섬기시도록 허용하고 그것을 받아들이는 믿음의 연습을 매일 하는 것입니다.

분노의 죄와 성화를 위한 기도

성삼위일체시여! 우리 내면의 분노를 직면하여서 십자가 아래로 가져가게 하소서. 우리가 우리의 죄를 사하여 준 것처럼 우리 죄를 사하여 주옵소서. 우리 내면에 분노가 잠들지 않고 깨어나게 하시고 통제의 영역으로 가져 올 수 있게 하시고, 내일 일은 내일로 염려케 하며, 오늘을 족한 줄 알게 하소서. 우리를 어렵게 하는 자들에게 그러한 사실을 알리므로 진주를 돼지에게 던지는 어리석음을 범치 않게 하시고, 마침내 주께서 나를 보시듯이 자신을 보고 받아들이며, 현재의 나를 이해하고 받아들이는 치유의 자리에 서게 하소서. 우리 주 예수 그리스도의 이름으로 기도하옵나이다. 아멘.

토론을 위한 질문

(토론을 위한 질문들은 미리 작성해오셔도 좋습니다)

1. 믿음은 자라서 소망과 사랑으로 결실합니다. 이 단말을 통해서 우리는 비하하신 그리스도와 연합하고 그리스도를 따라 승귀의 자리에 이르게 됩니다(엡 2:6). 개혁신학의 "마음을 들어 올려"에 대해서 나누어 봅시다.

2. 어거스틴에 의하면 기도는 하나님을 아는 지식이며 나를 아는 지식의 접점입니다. 칼뱅의 수르숨 코르다(*sursum corda*)의 신학 역시 기독교강요의 1–2권의 인식론에 기초합니다. 대요리문답 역시 1–90문은 하나님을 아는 지식을 증진시키고 91–148문은 자기를 아는 지식을 증진시킵니다. 그리고 이 둘은 149–196문에서 맞닥뜨리게 됩니다. 특히 기도가 그렇습니다. 나는 기도를 통해 이 두 가지 사실을 날마다 깨닫고 있습니까? 서로 나누어 봅시다.

3. 분노의 정의를 요약해보고 내가 언제 분노하는지를 나누어 봅시다.

4. 『핵심감정 치유』 12장을 읽고 분노에 대해서 나누어 봅시다.

5. 성경은 분노가 어떤 면에서 죄가 될 수 있다고 말합니까? 가인의 예를 들어서 설명해 봅시다.

6. 영적 토양을 형성하는 데 있어서 분노를 어떻게 다루는지는 정말 중요합니다. 내 분노를 다루는 방식을 나누어 봅시다.

7. 영적 성장을 위해서는 분노를 어떻게 다루어야 하는지를 "분노와 핵심감정"을 읽고 나누어 봅시다.

8. 중독자들은 분노를 억압하고 있습니다. 분노가 중독을 유발하는 메커니즘을 설명해 봅시다.

9. 분노가 우리 삶을 어떻게 질식시키는지 나누어 봅시다.

10. 분노의 죄와 성화의 기도를 반복하면서 느꼈던 마음의 변화를 나누어 봅시다.

CHAPTER 07
나태와 핵심감정

하나님과 이웃을 위한 사랑을 다하지 않은 죄

사랑 없음의 본질은 게으름이다.

_스캇 펙

서론

한 개인이 믿음, 의도, 욕구, 거짓, 지식 등의 정신 상태를 자기와 타자에게 적용해 믿음, 욕구, 의도와 관점이 서로 다르다는 것을 이해할 수 있는 능력을 마음이론(Theory of Mind)이라고 합니다. 우리가 지난 장에서 살펴본 것처럼 알코올의 신경독성(神經毒性)에 의해 뇌에 손상을 입은 중독자들은 이런 능력의 현저히 낮음이 fMRI로 관찰되었고 알코올을 이 능력을 끌어 올리는 용도로 사용함을 확인할 수 있었습니다. 그런데 마음이론의 저하는 알코올 중독자의 자녀, 자폐증, 조현병, 주의력결핍과잉행동증후군(ADHD) 등에서도 확인됩니다. 여기서 말하는 마음이론을 달리 표현하자면, 핵심감정 시리즈를 통해서 계속 설명해왔던 자기상, 하나님표상, 타자상이라 할 수 있습니다. 그동안 학계에서는 마음이론을 인간의 전유물로 설명해왔습니다. 그러나 2016년 『사이언스』(Science)에 유인원들도 인간과 마찬가지로, 타자의 믿음을 추론하고, 그들의 실수를 예상할 수 있다는 연구 논문이 실렸습니다.[281] 『핵심감정 치유』 "환상을 다루는 영혼의 능력"에서 다루었듯이 성경은 동물에게도 혼(soul)이 있고 이 혼에 의한 마음이론은 예상할 수 있는 바입니다. 인간의 진짜 능력은 상징과 기호를 사용하는 능력이며 영혼(spirit)을 지닌 존재들의 독특한 능력이라고 말씀드린 바가 있습니다.[282] 사람만이 사회를 이루지 않고 동물이나 식물도 군락을 이루고 사회를 이룹니다. 그러면 인간의 차이점은 무엇일까요?

대요리문답이 이 지점에 대해서도 말해주는 바가 있습니다. 이것은 공공신학이라고 불리는데, "기독교 신앙과 가치를 가지고 사회의 공공선, 복지, 평등, 정의, 인간존엄성, 공적 대화와 정치 시스템 등을 발전시키고 향상시키기 위한 목적으로 구성한 신학"으로 정의됩니다.[283] 그런데 사회 질서의 공적 구성은 마음이론이 있어야 가능합니다. 앞서 알코올중독자나 자폐의 경우, 마음이론이 낮기 때문에 공적 구성에 기여하기 힘듭니다. 침팬지와 같은 영장류에게서도 사회 구성을 관찰할 수 있지만 신적인 원리, 곧 도덕에 따른 구성을 기대할 수는 없습니다. 그런 점에서 대요리문답은 공공신학적인 토대입니다. 예컨대, 신자들의 사회생활에 대해서 자주 언급하고 있다는 점, 개인보다는 교회 공동체의 삶에 대해 매우 자세히 다룬다는 점,[284] 십계명 해설은 그 자체로 공공신학의 교본(敎本)으로 사용될 수도 있게끔 작성되었다는 점이 공공신학적인 구성이라 할 수 있습니다.[285] 서구 사회에서는 공공신학의 형성에 어거스틴의 『신국론』이 큰 영향을 미쳤습니다.[286] 현대로 오면 공공신학을 이해하는 데 있어서 클라인(Meredith Kline)의 신학은 시사하는 바가 있습니다. 클라인은 모세 경륜을 두 겹의 케이크(two layer cake)와 같다고 보았습니다. 즉, 개인의 영원한 구원과 관계되는 아래층(the substratum)과 땅에서의 이스라엘의 존속과 관계되는 상층, 곧 유형적 나라(the typal kingdom)로 구성되어 있다고 본 것입니다. 아래층은 은혜의 지배를 받으며 상층은 공로의 지배를 받습니다. 아담이 행위 언약에서 실패한 것처럼 이스라엘도 국가로서 행위 언약 아래 있었고 여기서 실패했습니다. 그 증거가 무엇이냐면 이스라엘이 모세법을 지키는 데 실패하고 약속의 땅에서 추방되었고 국가적 선택을 상실했다는 것입니다. 따라서 이스라엘의 타락을 설명하기 위해서는 제한적인 통치 원리로서 은혜가 아닌 공로가 요구됩니다.[287] 이 상층의 새 하늘과 새 땅의 종말론적 나라의 윤리가 바로 공공신학적인 요구라 할 수 있습니다. 클라인은 이 두 겹 (layer) 비유의 근거를 갈라디아서 3:15-19에서 찾았습니다. 특히 18-19절이 중요한데, 그 이유는 율법은 행위의 유업이고 약속은 은혜의 유업임이 대비되고 있기 때문입니다. 그것은 모세 시대에 공존하지만 충돌하지 않았습니다. 즉, 아브라함의 약속을 제거하거나 변형하지 않는 방식으로 더해진 것이라는 사실입니다. 클라인의 이 두 겹의 비유는 칭의의 개인적인 성격과 성화의 공동체적인 성격과도 잘 들어맞습니다. 아담의 행위 언약에서 실패한 것과 마찬가지로 이스라엘도 공동체적인 행위 언약에서 실패했고, 그래서 언약은 두 겹을 지니는데 칭의에 있어서는 개인적인 결을, 성화에 있어서는 공동체적인 결을 지닌다는 것과도 그 맥을 같이합니다. 이것은 신약이 성인을 묘사할 때, 단수로 묘사하지 않고 항상 복수로서 "성도"라고 진술하는 것도 이 때문입니다. 개인과 국가가 실패했지만, 그리스도의 오심을 통해 그의 종말론적인 나라에서 언약이 완성될 것입니다.

그래서 그리스도께서는 모세처럼 "산에 올라가 앉으셔서"(마 5:1) 계시를 갱신하시며 새롭게 하십니다. 이렇게 그의 나라와 그 다스리는 법으로 이루어지는 공적인 윤리의 구성은 계시로부터 시작됩니다. 계시는 기호와 상징으로 이뤄진 언어 체계로 주어졌고 우리는 공적 사용법에 따라 마음이론에 반응함으로 자기와 하나님, 타자와 소통하며 관계를 맺습니다. 이것을 좀 더 이해하려면 비트겐슈타인의 『철학적 탐구』의 §243 이하에 나오는 "사적 언어 논변"이라 불리는 구절들을 이해할 필요가 있습니다. 그에 의하면, 우리는 진정한 의미에서 타인의 고통을 알 수 없습니다. 타인이 "아프다"라는 말을 할 때, 우리가 그의 아픔을 경험하는 것이 아니며 단지 우리는 이 말의 사용법을 알 뿐입니다. 그리고 그 사용법에서 내 경험을 떠올립니다.[288] 그러니 타인의 아픔에서 내가 떠올리는 것은 진정한 의미의 타인의 아픔이 아니라 내 아픔에 대한 과거의 경험인 셈입니다. 그럼에도 타자의 "아프다"는 말은 여전히 의미가 있습니다. 우리는 서로 이렇게 약속된 언어로 연결되어 있기 때문입니다. 사실 근대는 계시를 제거하고 직접 진리에 이르려 노력했습니다. 그러나 그 결과는 참혹했고 결국 그들은 다시 계시를 구성한 언어로 되돌아옵니다. 이것을 언어적인 전회(linguistic turn)라고 하며 신자의 입장에서는 계시로의 전회라고 부를 수 있습니다. 실제로 이 후기 언어 이론에서는 종교언어도 유의미하다고 말합니다. 그 이유는 이성이나 증명에 근거를 둔 것이 아니라 믿음에 근거를 두고 있으며, 종교언어는 그 언어를 사용하는 자의 삶의 형식과 깊게 연관을 맺고 있다고 보면서 이것을 신앙주의(fideism)이라고 불렀습니다.[289] 비트겐슈타인의 이 통찰은 일상 언어학파(Ordinary Language School)의 오스틴(John L. Austin)에 의해 처음으로 "언어의 사용법" 이론으로 체계화됩니다. 그리고 벤후저(Kevin Vanhoozer)는 이 해석으로 포스트모던적인 해석들에 대항하게 됩니다.[290] 이로 인해 우리는 성경해석에서 어원 중심의 해석을 탈피하게 됩니다.

공공신학은 마음이론(자기상, 하나님표상, 타자상)을 지닌 인격주체가 신앙주의의 방식으로 언어 게임의 체계를 만드는 것입니다. 공공신학은 신자 공동체 안에서 계시의 윤리적 문맥을 만들고 하나님 나라를 세상에 실현하는 시도이며 윤리적인 실천입니다. 이런 신앙주의는 계시언어의 사용법에 초점 맞추어 믿음, 소망, 사랑이라는 신학적인 습관을 형성하게 됩니다. 이 습관은 개인만이 아니라 공적 영역에 구현되게 되는 것입니다. 일반적으로 칭의와 성화는 개인의 내밀한 일로만 이해되었지만 이것이 이 문제를 극복하는 매우 중요한 원리가 됩니다. 대요리문답은 구원을 단지 우리 삶의 내밀한 문제로만 보지 않습니다. 그러나 실제로 상당수 교회에서는 이런 문제로 접근했습니다. 그러나 이 책의 지난 강의는 바로 이 지점, 곧 신학적인 습관인 믿음, 소망, 사랑은 단지 내적 자기 확신의 수단으로 주어진 것이 아니라 하나님, 이웃, 세계와의 소통 수단입니다. 영혼을 지닌 우리에게 마음이론이 말하는 타자와 관계가 성립한다면, 신자인 우리에게는 믿음이론이 있어서 하나님과의 관계가 계시의 언어들로 이뤄지게 되게 되며 그렇게 신자의 세계가 형성됩니다. 우리는 이것을 통해서 하나님 나라 공동체를 이루는 공동체 신학을 세울 수 있습니다.

나태의 정의

나태에 해당하는 헬라어 아탁토스(ἀτάκτως)는 문자적으로 "무질서하고 무책임하게", "의무에 태만하게"라는 의미로 "돌보지 않음"을 의미하는 아케디아(acedia)와 맥락을 같이 합니다. 프랑스어에서 유래한 영어 단어 권태(Ennui) 역시 싫증이나 불만족의 상태를 뜻합니다. 심리학에서 나태는 낮은 자존감, 낮은 자기 확신, 낮은 자기 통제, 높은 완벽주의와 관련되어 있습니다.[291] 낮은 자존감은 쉽게 과업에서의 회피를 보이는 이유가 됩니다. 낮은 자기 확신과 통제도 같은 이유에서 5가지 성격 특성(Big 5 Personality traits)에서 스트레스를 얼마나 쉽게 받는가에 관한 성향의 정도를 나타내는 신경성(Neuroticism) 척도가 높은 사람은 쉽게 감정적으로 지치고 정서적 소진을 경험하며, 자신이 해야 할 일에 쏟을 에너지가 없어지고, 작은 스트레스도 크게 느껴서 나태라는 생활태도가 형성됩니다. 그러나 세속적 관점에서는 자신에 대한 관용이나 창의성을 위한 선별적 나태로 여기기도 합니다. 실제로 현대인들은 지나치게 분주하며 이 때문에 느림의 미학이 주목받기도 합니다. 그런 점에서 균형 있는 이해가 필요합니다. 한국 사회의 중요 이슈의 하나는 우리 사회의 과도한 노동입니다. 그래서 워라밸(work and life balance)이라는 신조어가 등장하기도 했습니다. 그러나 나태는 노동의 강도나 노동의 시간에 관한 문제가 아니라 우리 마음의 태도에 대한 문제입니다. 하나님 나라의 백성으로서 이웃에 대한 책임을 다하지 않는 것이야말로 진정한 의미의 나태라 할 수 있습니다. 나태는 타인의 죄에 대한 공동정범(joint principal offender)입니다. 그들은 아무것도 믿지 않고 어떤 일에도 나서지 않으며 아무것도 알려고 하지 않고 무엇도 즐거워하지 않고 누구도 미워하지 않고 누구도 사랑하지 않으며, 어떤 목적도 찾지 않고 무엇을 위해서도 살려하지 않는 데 죽음을 불사하고라도 삶을 추동할 만한 것이 전혀 없으므로 단지 살아 있기 만한 죄입니다.[292] "핵심감정 무기력"이 지닌 문제이기도 합니다. 『핵심감정 탐구』에서도 밝혔듯이 두 가지 모델로 이 부분을 이해해야 합니다. 구도자와 중생자는 서로 구분해서 생각해야 할 필요가 있습니다. 병증이라면 목회적인 돌봄이 필요하고 정서적인 여력이 있음에도 책임과 의무를 방기하는 중이라면 교사로서 가르침을 통해서 믿음과 회개를 촉구해야 합니다.

어린이들이 훈련되지 않은 채로 자라게 되는 주요한 이유 중의 하나는 부모가 나태해서 어린이들이 책임 있는 삶을 살도록 가르치고 양육하는 데 시간과 정력을 투자할 수 없기 때문입니다. 스캇 펙은 "사랑 없음의 본질은 게으름"이라고 말합니다.[293] 나태를 극명하게 드러내 보여줄 수 있는 개념이 있다면 레비나스(Emmanuel Levinas)의 타자 개념이라 할 수 있습니다. 레비나스의 타인(autrui)은 사람을 뜻하는 반면 타자(autre)는 다 알 수 없다는 의미로 외적 인간뿐만 아니라 하나님에게까지 확장됩니다. 그의 타자는 타인으로 한정되지는 않습니다. 다만 윤리적 책임에서는 타자를 타인으로 읽을 수 있습니다.[294] 추동이 표상한 무한한 상상력의 잔여물로서 하나님표상으로부터 현실적인 타자상으로 발전해간다면 레비나스의 타자는 주체 내부의 이미지를 넘어 외부대상으로서 미지의 무한으로 확장됩니다. 레비나스의 타자 개념은 심리적 타자상을 넘어서는 타자이며 이 타자는 이웃과 하나님을 포함하는 개념입니다. 그는 이렇게 말합니다.

> 타자는 나의 일부일 수 없다. 타자는 사유될 수도 없다. 그는 무한이며 무한하게 인식된다. 이 인식은 사유로 재생되는 것이 아니라 도덕성으로 도출된다.[295]

이처럼 타자는 우리에게 외재적이며, 타자와의 관계는 신비와 관계 맺는 것입니다.[296] 우리 안의 하나님표상과 타자상의 단말을 통해 무한한 타자와 관계를 맺습니다. 외부적인 타자를 집중적으로 사유하는 이유는 그 궁극적 지향점이 주체성을 다시 세우는 데 있기 때문입니다.[297] 이 타자에 열려 있는 주체성은 타인과 맺는 책임의 관계, 이웃과 맺는 책임의 관계를 받아들일 수 있는 주체성입니다.[298] 이 주체가 윤리의 출발점입니다. 그래서 이성이 아니라 감성, 진리가 아니라 정의, 동일성이 아니라 타자성이 더 소중하고 그것이 선행합니다.[299] 타자상이 타자에 대한 내 안의 심상이라면 타자는 대상이며 그 대상은 내게 미지라는 점에서 무한입니다. 그 미지의 존재와 맺는 관계라는 점에서 신비이며 우리는 도덕적 반응을 통해서 그를 인식하며 그렇게 반응하는 주체인 내가 타자로 인해 발견됩니다. 다시 말해서 우리는 타자에 반응함으로서만이 우리 자신을 주체로 발견합니다. 주체를 성찰함으로 주체가 되는 것이 아니라 타자 앞에 반응함으로 주체가 되는 것입니다. 대상관계 이론의 관점으로는 대상을 추구함으로만 주체로 드러나는 것입니다. 이 주체가 언약적인 인격주체 세우기의 인격주체입니다. 이 주체는 타자상을 넘어선 타자를 "무한"으로 인식합니다. 사실 여기에 성장의 동인이 있습니다. 대부분 내 안의 타자상을 대상에 투여해서 현실이 아닌 자기 세계에 갇힌 경우가 많기 때문입니다. 그래서 진정한 영적 성장은 자기 무한의 상상력에 현실에 따른 자기 제한을 하고 타자는 미지와 무한으로 인식하고 거기에 반응합니다. 그 반응이 윤리며, 그 반대가 나태입니다. 반대로 무한이신 하나님의 자기 제한을 따라 자기상의 부풀리기의 "제한"을 가함으로서 무한과 교제하는 참된 주체를 만나는 것입니다. 그렇게 우리는 타자와 윤리적으로 묶여 있으며, 도덕적 관계 속에서 주체로 발견됩니다. 그러나 나태는 이런 사랑의 책임을 다하지 않는 것입니다.

많은 그리스도인에게 성화가 잘 일어나지 않아 보이는 까닭은 무엇일까요? 나태 때문입니다. 성화란 공동체적인 것입니다. 신약성경이 성인이란 개인적 표현을 사용하지 않고 거룩한 무리(성도)라는 표현을 사용하는 것도 이런 이유입니다. 거룩함은 개인의 내밀한 경험에서 그치는 것이 아니라 상식의 신학, 공공신학을 형성하는 것입니다. 말씀을 매개로 우리는 윤리적인 관계로 묶여 있고 거기서 일어나는 공동체적인 변화가 성화입니다. 현대인들은 치유를 원하고 대중적 심리학은 우리를 이런 공공성을 떠나는 태만에 빠져들게 합니다. "자신을 있는 그대로 받아들이라"는 구호는 바쁘고 분주한 삶에 마치 오아시스 같은 청량감을 주는 것도 사실입니다. 그러나 아무런 도전도 없는 안전지대에 안착하는 행위는 나태하고 위태로운 안일에 기만당하는 것입니다. 이것은 마치 달란트 비유에 나오는 악하고 게으른 종과 같은 모습입니다. 이 종의 결정적 문제점은 그 주인의 성품을 제대로 몰랐다는 데 있습니다. 우리는 자신을 있는 그대로 받아들일 필요가 있습니다. 그 있는 그대로란 우리의 비참한 처지입니다. 나태는 이처럼 무지에서부터 비롯됩니다. "주여 당신은 굳은 사람이라 심지 않은 데서 거두고 헤치지 않은 데서 모으는 줄을 내가 알았으므로"(마 25:24) 이런 무지는 어떤 식으로 발생할까요? 나태한 자일수록 혀는 분주합니다. 잠언 26:13을 보면, "게으른 자는 길에 사자가 있다 거리에 사자가 있다"라고 했습니다. 게으른 자는 빈둥거릴만한 마땅한 이유를 찾습니다. 여기에는 낮은 자존감, 낮은 자기 확신, 낮은 자기 통제, 높은 완벽주의가 작용하지만 이솝 우화의 여우처럼 이 내적 태도에 부딪혀 후퇴와 구실을 찾는 것이 나태입니다.

주님은 단순히 게으른 종이라 하시지 않고, 그 종을 악한 종이라 칭하십니다. 단순히 아무 일도 하지 않은데 어째서 악한 것일까요? 사랑에는 책임이 요구됩니다. 그런 책임을 다하지 않는 것이 나태입니다. 프로이트는 일하며 사랑하는 능력이 건강이라고 했습니다. 일과 사랑에는 책임이 따릅니다. 나태는 휴식과 재충전, 삶을 즐기는 것과 본질적으로 다릅니다. 나태의 뿌리에는 무기력과 책임의 방기가 있습니다. 나태는 사랑의 욕구를 병들게 하는 전염병과 같습니다. 나태는 단지 삶의 욕망을 무너뜨리는 데 그치지 않습니다. 그가 맺고 있는 모든 관계와 언약을 병들게 합니다. 이것이 혼인생활의 붕괴시키는 결정적 이유 중의 하나입니다. 서로가 서로에게 게을러지는 것, 그 의무를 다하지 않는 것을 흔히 "권태"라고 부릅니다. 최초의 타락은 교만뿐만 아니라 나태와도 관계에 있습니다. 아담과 하와는 모든 책임을 뱀에게 돌림으로서 책임지기를 거절했습니다. 교만이 하나님처럼 되려고 자기를 부풀리는 시도라면 나태는 인간으로서 마땅한 책임을 회피하려는 시도입니다. 교만은 하나님의 왕권을 탐하는 것이라면 나태는 인간의 책임을 저버리는 것입니다. 이처럼 교만과 나태는 이처럼 동전의 양면과 같습니다.

나태의 정신역동

나태의 정신역동은 다양합니다. 불안증의 일종인 강박증을 겪었던 승훈 씨의 집은 1층에서 어머니가 식당을 했고 3층은 주거 공간이었습니다. 그가 강박증이 발병하게 된 계기를 말하자면, 승훈 씨는 군대에서 동료의 오물 묻은 팬티를 보고 더럽다고 생각을 했고 그 더러움을 지우기 위해서 점점 샤워하는 시간이 늘어갔습니다. 그는 1층 식당에서 식사를 하고 3층 집에 올라오면 입었던 옷을 속옷까지 모두 빨래 통에 넣고 2시간 넘는 샤워의식을 치릅니다. 그는 더럽다는 생각을 떨쳐 버릴 수 없었고 점차 두문불출의 삶을 살았습니다. 그러나 그의 방은 엉망진창이었는데 널브러진 컵라면 용기, 재떨이 등이 전혀 정리되지 않은 채 쓰레기더미 같은 방을 하고 있었습니다. 그의 이런 모습이 전형적인 나태의 모습입니다. 그가 이런 상태에 이르게 된 것은 특정한 사고에 대한 억제 노력이 인지적인 과부하(cognitive loading)를 증가시켜 심신의 에너지를 고갈시킴으로 찾아온 나태였습니다. 그리고 이 특정 사고인 "더럽다"는 사고가 자신의 몸에 미칠지 모르는 질병에 대한 두려움을 불러일으켰습니다. 그는 이것을 계속 억압하려 했습니다. 하지만 이 질병으로부터 공격받을 것 같은 두려움은 공격에 대한 두려움의 투사라고 할 수 있습니다. 승훈 씨의 내적인 공격성은 잘 통제되지 않고 의식으로 계속 분출되었습니다. 이 분출의 압력은 너무 거세기 때문에 특정 사고를 억제하려는 노력은 효과를 보지 못하고, 인지적인 과부하로 소진으로 겪게 됩니다.

진우 씨는 커피로 관장을 해서 자기 몸에 독을 빼내어야 된다고 생각했습니다. 그런 이유로 혼자 살기를 부모에게 청해서 엄마가 방을 얻어 주었는데, 공격당할 것에 대한 환청으로 인해 이웃에게 상해를 입혀 상담실을 찾았습니다. 그는 제대로 먹지 않고 관장을 계속해서 저체중이었고, 누구의 말도 믿지 않고 관장만이 자신이 살 수 있는 길이라고 확신하며, 자기 몸이 독소로 인해서 어려움을 겪고 있다고 믿었습니다. 그는 역시 규모 있는 생활이 불가능했고, 결국 엄마가 강제로 집으로 데려갔지만 엄마한테 나가야 한다고 떼를 쓰는 상황이었습니다. 이처럼 나태는 사회적 관계에서 자신을 철수시켜 사회적 책임을 방기하는 데로 나아갑니다. 적게는 가족관계에 대한 책임의 후퇴로부터 사회적인 의무의 후퇴까지 보이기도 합니다. 이런 증상에는 낮은 자존감과 자기 확신뿐만 아니라 미움을 제대로 다스릴 내적 구조가 부재하기 때문에 발생합니다. 승훈 씨와 진우 씨의 공통적 특징은 질병의 공격, 독소의 공격에 대한 불안과 이 생각을 통제하기 위한 일종의 의식(liturgy)이 반복됩니다. 이 의식에도 불구하고 자기 안의 미움은 통제되지 않고 정신과 신체는 고갈을 겪으면서 나태로 발전합니다. 인지적인 관점에서 보면, "지금부터 붉은 코끼리는 절대로 생각하면 안 됩니다"라는 지시문을 들으면 붉은 코끼리 생각을 안 할 수 있을까요? 이는 불가능합니다. 같은 방식으로 이 의식들은 인지적으로 "더러움", "독소"와 연결되어 있어서 결코 지울 수가 없고 인지적인 고갈을 부릅니다. 정서적으로 핵심감정의 역동으로서 미움이 의식에 분출하려는 것에 대한 두려움을 대상과 타자에 투사한 것으로 이런 증상을 동원에서 미움을 억압하는 것으로 주로 양육자와의 관계에 그 원인이 있고 생애의 격변기에 주로 발병을 합니다.

심리학자 링겔만(Max Ringelmann)은 1920년대에 이와 관련한 실험을 했습니다. 근로자들에게 가능한 한 힘껏 줄을 당기라고 하고, 그들의 힘을 압력의 kg으로 측정했습니다. 참가자들의 수는 수시로 변했는데 때로는 혼자, 때로는 3인이나 8인 집단을 이루기도 했습니다. 상식적으로는 혼자일 때보다 팀의 일부일 때 더 열심히 할 것이라고 예측되었습니다. 그러나 결과는 정반대로 나타납니다. 혼자서 당겼을 때 사람들은 약 63kg이 평균 압력을 보였지만, 3인 집단일 때 전체 압력은 160kg으로 1인당 53kg에 불과했고, 8인 집단일 때 더 심해서 전체 압력은 248kg으로 증가했지만, 1인당 압력이 31kg으로 감소하여 혼자서 했을 때보다 절반 이하로 떨어졌습니다. 이처럼 혼자일 때보다 집단의 구성원일 때에 더 게을러지는 현상을 사회적 태만(social loading)이라고 합니다. 특히 이렇게 집단 상황에서의 사회적 일탈 현상을, 첫 연구자인 링겔만의 이름을 따서 "링겔만 효과"(Ringelmann effect)라고도 합니다. 타인이 할 것이라는 생각이 나태와 태만을 낳습니다. 이것은 일종의 공동체에 대한 무관심으로 나타납니다. 이것이 바로 공동체의 무관심 곧 나태의 다른 얼굴인 셈입니다. 2015년 개봉한 『스포트라이트』는 로마 가톨릭 사제들의 성추문과 이를 보도한 「보스톤 글로브」(The Boston Globe)의 기자들 이야기를 다루고 있습니다. 악한 일이 벌어졌을 때, 기자들의 무관심으로 이 일은 확대됩니다. 세상의 모든 악은 거대한 권력이 진실을 감춥니다. 그것은 피해자가 아닌 가해자가 보호하는 사회와 침묵하는 사람들 의해서 일어납니다. 나태의 죄는 이와 같은 것입니다. 이 영화의 명대사 하나가 성화의 공공적 요소를 우리에게 보여줍니다. 투치(Stanley Tucci)가 연기한 개러비디언(Mitchell Garadbedian)의 대사 중에 이런 대사가 있습니다. "아이를 키우는 것도 마을전체의 책임이고 학대하는 것도 마을 전체의 책임이에요"(If it takes a village to raise a child, it takes a village to abuse one). 나태는 이런 공동체와 우리 이웃에 대한 책임을 다하지 않는 죄이며 사랑 없음과 무관심의 죄입니다.

나태와 핵심감정

나태는 무엇도 할 수 없는 환경에서 아무 의욕이 없는 상태로부터 발생합니다. 우울증을 동반한 핵심감정에서 나태가 나타날 수 있습니다. 그래서 나태를 낙심(*pigritia*)으로 표현하기도 합니다. 그래서 아퀴나스는 나태를 "영적 선한 얼굴의 슬픔"(*tristitia de bono spirituali*)이라고 정의했습니다.[300] 조현병의 음성적인 증상을 동반한 핵심감정에서 나태가 나타날 수 있습니다. 조현병은 급성일 때는 환각이나 망상, 이상한 언행이 주로 나타나지만 이것이 만성화되면 사회적으로 위축되고 아무 일도 하지 않으려 하며, 대인관계를 회피하려는 증상이 두드러집니다. 『핵심감정 치유』156쪽에 나오는 연하 씨의 주요한 증상이 망상으로 인한 대인관계의 회피였습니다. 단순 조현병은 급성 증상이 나타나지 않고 처음부터 만성 증상으로 시작하기도 합니다.[301] 강박증과 같은 불안증을 동반한 핵심감정에서 나태가 나타날 수 있습니다. 부담감이나 열등감 같은 핵심감정도 정서적인 고갈과 소진을 겪으면서 나태가 나타날 수 있습니다. "핵심감정 두려움"은 회피하려는 태도를 보이며 그 상태가 악화된 증상으로, 그로 인해 은둔형 외톨이 형태의 나태가 나타날 수도 있습니다.

신학적인 관점에서 나태는 믿음과 정반대의 대척점에 서 있기도 합니다. 우리 주님께서 "항상 기도하고 낙심하지 말아야 할 것을 비유"로 가르치실 때, 낙심과 반대로 믿음을 제시하시는 것을 볼 수 있습니다(눅 18:1-8). 그래서 이 나태의 죄는 진정한 신학적인 죄라 할 수 있습니다. 나태는 다양한 핵심감정에서 나타나는 증상 중 하나라 할 수 있습니다. 나태는 언약적인 관계들에 대한 책임을 다하지 않는 것입니다. 나태는 사랑하지 않는 악덕입니다. 가족과 이웃에 대한 사랑의 의무를 등한히 하는 것입니다. 그러나 나태한 상태라고해서 모두 죄라고 할 수는 없습니다. 예컨대, 엘리야가 로뎀나무 아래서 영적으로 정서적으로 소진하였을 때, 우리는 그의 아무것도 할 수 없는 이 상태를 나태라고 하지 않습니다. 따라서 우리는 주변에 나태해 보이는 사람들에 대해서 더 온정적이고 따뜻한 시선으로 그들을 이해하고자 하는 사랑이 있어야 합니다. 어쩌면 그런 소진 중에 있는 사람들에 대해서 냉소적 시선을 보내며 섣불리 판단하는 우리 자신이야말로 진정한 의미의 나태에 빠져 있는 것일 수 있기 때문입니다. 나태가 우리 돌봄을 필요로 하는 이웃에 대한 사랑을 등한히 하는 것이라면 정서적으로 소외되고 영적으로 소진된 이웃을 제대로 돌보지 않는 우리야 말로 진정한 의미의 나태일 수 있습니다.

우리는 언제 소진을 경험할까요? 우리는 어떻게 이 정서적이며 영적인 소진을 피할 수 있을까요? 성격 특성, 완벽주의, 자기 확신 등에 의해서 우리는 정서적 소진을 겪습니다. 그 외에도 현대 직업 환경에서 발생하는 여러 소진의 요인이 있지만 여기서는 우리 심리적인 특성과 관련하여서만 다루도록 하겠습니다. 5가지 성격 특성(Big 5 Personality traits) 중 높은 신경성(Neuroticism)이 정서적인 소진을 부릅니다. "핵심감정 열등감"은 때로 완벽주의를 불러일으킵니다. 열등감이란 실제로 열등한 상태라기보다 자아 이상이 지나치게 높은 상태이므로, 높은 이상에 자신의 삶을 맞추는 것이 쉽지 않고, 우리는 많은 경우 신체적이며 정서적인 에너지를 사용할 수밖에 없습니다. 거기서 정서적인 고갈이 발생합니다. 그 배후에는 완벽주의가 작동하고 있습니다. 자기 확신이란 특정한 과업을 달성하는 데 필요한 능력에 대한 확신으로 실제 개인이 가지고 있는 능력이 아니라 개인의 지각에 의해 달라지는 주관적인 판단에 가깝습니다. 완벽주의가 내사된 타자상의 높은 기준이라면, 자기 확신은 자기상의 지나치게 낮은 인식에서 발생하는 정서적인 소진과 고갈입니다. 이 확신이 높을수록 자신의 업무에 대해서 유연하며 원활한 사회활동과 관계를 통해서 문제를 해결합니다. 반면에 갈등이나 문제 상황에 부딪혔을 때는 이를 회피하고 그 갈등으로 인해서 감정적인 소진을 겪기도 합니다.

나태의 죄와 성화를 위한 기도

성삼위일체 하나님이시여! 우리가 이웃에 대해 자신에 대해 나태하지 않게 하시며 교만의 부풀리기를 멈추듯이 나태의 책임 방기를 멈추게 하소서. 때로 우리가 겪는 정서적이며 영적인 고갈이 우리를 나태하게 만들 때 주께서 긍휼히 여기시며 우리를 도우소서. 내 형질을 아시는 주님, 우리 안에 나태를 일으키는 연약한 부분들로 인해 시험에 빠지지 않게 도우소서. 우리 주변에 무기력과 정서적인 소진으로 고통 받는 이웃들에 대해서 외면하지 않게 하소서. 이웃의 삶에 대해서 관심을 가지며 무한의 타자 앞에 거기에 반응함으로 우리 안에 주체가 세워지게 하시며 윤리적인 관계로 서로 연결되게 하소서. 하나님의 언약을 매개로 삼아서 이 땅 위에 하나님 나라가 세워지게 하소서. 때로 그 일이 지지부진하더라도 낙심에 빠지지 않게 하시고 마지막 때까지 믿음을 보이는 성도가 되게 하소서.

토론을 위한 질문

(토론을 위한 질문들은 미리 작성해오셔도 좋습니다)

1. 대요리문답은 어떤 점에서 공공신학적인 요소가 있습니까? 그리고 이것이 성화에 어떤 의미가 있습니까?

2. 계시가 어떻게 타자와 나를 묶어줄 수 있습니까? 이에 대해서 나누어 봅시다.

3. 주체는 현실적으로, 타자는 무한으로 인식해야 할 이유는 무엇입니까? 그리고 이것의 중요성과 이유를 설명해 봅시다.

4. 나태의 정의에 대해서 설명해 봅시다.

5. 나태를 부르는 정신적인 소진의 과정은 어떤 방식으로 진행되나요? 혹시 자신에게도 비슷한 요소가 있다면 나누어 봅시다.

6. 사회적인 태만과 공공신학을 연결해서 토론해 봅시다.

7. 나태와 영적 소진은 어떻게 다른가요? 설명해 봅시다.

8. 소진하기 쉬운 성격적인 특성이 어떤 것이 있는지 설명하고 내게 있는 특성
   에 대해서 나누어 봅시다.

9. 나태와 낙심이 신학적인 죄로 불리는 이유를 설명해 봅시다.

10. 나태의 죄와 성화의 기도를 반복하면서 느꼈던 마음의 변화를 나누어 봅시다.

biblography
참고문헌

강영안, 『타인의 얼굴』 서울: 문학과지성사, 2005.

강지선, "게으름에 대하여 : 선별적 게으름 집단의 적응적 특성을 중심으로", 서울
　　　대학교 심리학과 석사학위 청구논문, 2005.

김도형, "레비나스의 인권론 연구: 타인의 권리 그리고 타인의 인간주의에 관하
　　　여", 「대동철학」 60 (2012): 1-23.

김명용, "세상을 바꾼 신학", 『희망의 신학』 50년, 몰트만 신학의 공헌에 대한 연구,
　　　위르겐 몰트만 교수 초청 특별강연회 (2014. 5. 12.): 4-5.

김홍섭, "교수의 교회와 경영 : 성경에서의 분노"

노승수, "개혁신학으로 재구성한 정신분석적 인간이해모델 연구", 웨스트민스터신
　　　학대학원대학교, 신학과 Ph. D. 청구논문, 2018.

노승수, "용서프로그램이 대학생의 부모에 대한 태도에 미치는 효과", 교육학석사
　　　학위논문, 창원대학교, 1999.

노승수, 『핵심감정 탐구』 서울: 세움북스, 2018.

노승수, 『핵심감정 치유』 서울: 세움북스, 2018.

노지혜, "분노 자극에 의한 알코올 중독자의 중추 및 말초 신경계 반응 특성", 충남
　　　대학교 대학원, 기초심리학전공 석사학위논문, 2011.

매일경제(2013. 2. 22). "미셸 오바마, 나이키와 손잡고 비만 퇴치 운동 강화", 사회면.

맹자, 『맹자』

문시영, 『아우구스티누스의 덕의 윤리』 서울: 북코리아, 2014.

미국정신분석학회, 이재훈 외역, 『정신분석 용어사전』 서울: 한국심리치료연구소,
　　　2002.

박선영, "시기심과 감사-타자의 부정과 수용 : 멜라니 클라인을 중심으로." 「라깡
　　　과 현대정신분석」 8 (2006): 158-159.

박재은, "결정적 성화(definitive sanctification) 개념과 구원의 순서(the ordo salutis) 사이의 관계성 고찰", 「조직신학연구」 27 (2017): 256-281.

박재은, 『칭의, 균형있게 이해하기』 서울: 부흥과개혁사, 2016.

송기득, 『인간-그리스도교 인간관에 대한 인간학적 해석』 서울: 한국신학연구소, 1994.

소기석, "후기 비트겐슈타인의 종교언어관에 대한 연구", 「종교와 문화」 9 (2003): 179-207.

송길원, "가정생활에서 찾아오는 열등감의 검은 그림자", 「목회와 신학」 2 (1996): 63-64.

씨네 21(2018. 3. 5), "알고 봐도 놀라운 〈아이, 토냐〉 실제 사건"

시사저널(2012. 9. 25), "표창원의 사건 추적, 남자친구의 환심 사려 끔찍한 범행"

시사저널(2016. 7. 6), "연이은 분노범죄, 사람이 무섭다.", 제1394호.

신재은, 박준성, "유아의 분노관리를 위한 분노대상과 원인 및 표현방식에 관한 연구", Korean Review of Crisis & Emergency Management 11 (2015): 290, 295.

안연희, "섹스 앤 더 시티: 색슈얼리티, 몸, 쾌락에 대한 아우구스티누스의 관점 다시 읽기", 「종교문화비평」 23 (2013): 141-184.

오우성, 『성서주석, 데살로니가전후서』 서울: 대한기독교서회, 1995.

우병훈, "공공신학 교육을 위한 교본으로서 웨스트민스터 대교리문답", 「개혁논총」 39 (2016): 73-111.

유진소, "열등감과 열등의식," 「목회와 신학」 12 (2001): 180.

이관직, 『성경과 분노 심리』 서울 : 도서출판 대서, 2007.

이상준, et al. "방화와 분노조절 장애에 대한 연구(방화사건을 중심으로)", 「한국화재조사학회」 4 (2015): 73-84.

이천우, et al. "섭식장애에 의해 발생한 상장간막 동맥 증후군 1예", The Korean Journal of Gastroenterology 58 (2011): 280-283.

정도언, 『프로이트의 의자 : 숨겨진 나와 마주하는 정신분석 이야기』 서울 : 웅진지식하우스, 2009.

중앙 Sunday(2012. 11. 4), "정치적 뇌는 감정적…이성보다 정서를 자극하라", 295호 25면.

천운영, 『바늘』 서울: 창작과비평사, 2001.

최인희, "자기교시훈련이 Prader-Willi 증후군 아동의 식탐행동에 미치는 효과", 단국대학교 대학원 석사학위 청구논문, 2003.

편집부, 『한국 가톨릭 대사전』 제9권, 서울: 한국교회사연구소, 2002.

하지현, "클라인 理論에서 Paranoid Position과 Depressive Position", *Journal Korean Psychoanalytic Society* 16 (2005): 137−141.

한겨레신문(2005. 5. 27), "옛 일본군 2명, 종전 60돌 지나 필리핀서 발견", 국제면.

한겨레21(2012. 10. 30), "'그림의 떡'이 나를 위로한다." 제934호

한국일보(2016. 8. 4), 여성의 인권이 존재하지 않는 공간, 사회면.

한병수, "칼빈의 신학적 구조: Cognitio Dei et nostri in duplice cognitione Dei cum symbolo apostolico", 「한국조직신학논총」 41 (2015): 51−86.

헬스조선(2018. 2. 27), "'식탐' 유독 심한 우리 아이, 뇌 문제 의심해야".

Augustine, 김광채 역, 『신망애 편람』 서울: 에세이퍼블리싱, 2014.

Augustine, 조호연 외역, 『하나님의 도성』 고양: 크리스챤다이제스트 1989.

Barrows, Kate. 김숙진 역, 『시기심』 서울: 이제이북스, 2004.

Balswick, Jack O. & Judith K. Balswick, 홍병룡 역, 『진정한 성』 서울: IVP, 2002.

Bavinck, Herman. 박태현 역, 『개혁교의학 3,4』 서울: 부흥과개혁사, 2011.

Bavinck, Herman. 원광연 역, 『개혁교의학 개요』 서울: CH북스, 2017.

Berkhof, Louis. 권수경, 외역, 『벌코프 조직신학』 고양: 크리스챤다이제스트, 2001.

Bonhoeffer, Dietrich. 『나를 따르라』 서울: 좋은씨앗, 2004.

Buchanan, James. 신호섭 역, 『칭의 교리의 진수』 서울: 지평서원, 2002.

Bullough, Vern & Bonnie Bullough, 서석연 외 역, 『매춘의 역사』 서울: 까치글방, 1978.

Capps, Donald. 김진영 역, 『대죄와 구원의 덕』 서울: 한국장로교출판사, 2008.

Carter, Les. "분노란 무엇인가: 섹션특집− 분노", 「소금과 빛」 11 (1999): 51−52.

Dewald, Paul A. 이근후, 외역, 『정신치료의 역동요법』 서울: 하나의학사, 1985.

Dewald, Paul A. 『정신 치료의 이론과 실제』 2nd 서울: 고려대학교출판부, 2010.

Dostoyevsky, Fyodor. 김연경 역, 『카라마조프 가의 형제들 2』 서울: 민음사, 2007.

Ehrenreich, Barbara. 전미영 역, 『긍정의 배신: 긍정적 사고는 어떻게 우리의 발 등을 찍는가』 서울: 부키, 2011.

Ericson, Anders. Robert Pool, 강혜정 역, 『1만 시간의 재발견』 서울: 비즈니스북스, 2016.

Fairbairn, Ronald. 이재훈 역, 『성격에 대한 정신분석학적 연구』 서울: 한국심리치료연구소, 2003.

Farley, Melissa. "성구매 남성과 비구매 남성의 비교 : 성매매와 인신매매에 관한 새

로운 데이터", 「여성과 인권」 14 (2015): 142-176.

Fesko, John. V. 신윤수 역, 『역사적, 신학적 맥락으로 읽는 웨스트민스터 신앙고백서』서울: 부흥과개혁사, 2018.

Greedberg Jay R. & Stephen R. Mitchell, 이재훈 역, 『정신분석학적 대상관계이론』서울: 한국심리치료연구소, 1999.

Hart, Archibald D. 정성준 역, 『숨겨진 감정의 회복』서울: 두란노, 2005.

Hippolytus, 이형우 역, 『사도전승 교부문헌총서 6』왜관: 분도출판사, 1992.

Hoekema, Anthony. 류호준 역, 『개혁주의 인간론』서울: CLC, 2012.

Jean-Paul Sartre, 박정태 역, 『지식인을 위한 변명』이학사, 2007.

Jones, James W. 유영권 역, 『정신분석학과 종교』서울: 한국심리치료연구소, 1999.

Laplanche Jean & Jean B. Pontalis, 임진수 역, 『정신분석사전』서울: 열린책들, 2005.

Levinas, Emmanuel. 김도형 외 역, 『신, 죽음 그리고 시간』서울: 그린비, 2013.

Mitchell, S. & M. Black, 이재훈 외역, 『프로이트 이후: 현대정신분석학』서울: 한국심리치료연구소, 2002.

Moo, Douglas J. 손주철 역, 『NICNT 로마서』서울: 솔로몬, 2011.

Owen, John. 엄성옥 역, 『죄와 유혹』서울: 은성, 1991.

Prose, Francine. 김시현 역, 『탐식』서울: 민음인, 2007.

Reed, Gerand. 김병제 역, 『죄악과 도덕』서울: 누가, 2009.

Reisman, Kimberly D. 서대인 역, 『죽음에 이르는 죄』서울: 세복, 2000.

Saul, Leon J. 이근후 외역, 『정신역동적 정신치료』서울: 하나의학사, 1992.

Seeberg, Reinhold. 김영배 역, 『기독교교리사 : 중·근세편』서울: 엠마오, 1987.

Segal, Hanna. 이재훈 역, 『멜라니 클라인: 멜라니 클라인의 정신분석학』서울: 한국심리치료연구소, 1999.

Spinoza, Baruch. 강영계 역, 『에티카』서울: 서광사, 2007.

Stott, John. 정옥배 역, 『BST 로마서 강해』서울: IVP, 1996.

Stott, John. 정옥배 역, 『BST 에베소서 강해』서울: IVP, 2007.

Rizzuto, Ana-Maria. 이재훈 외역, 『살아있는 신의 탄생-정신분석학적 연구』서울: 한국심리치료연구소, 2000.

American Psychiatric Association, *Diagnostic and statistical manual of mental disorders*. 4th ed (text revision). Washington DC: American Psychiatric Association, 2000.

Anderson, S. M. "The Role Cultural Assumption sin Self–concept Development,"
K. Yardley, T. Honess ed. *Self and Identity: Psycho-social Perspectives*. NY:
Wiley, 1987.

Aquinas, *Summa Theologiae*.

Aristotle, *Metaphysics*.

Augustine, *De civitate Dei contra paganos*.

Augustine, *De Doctrina Christiana*.

Augustine, *Nature and Grace*, Roland J. Teske, trans., *The Works of Augustine: A
Translation for the 21st century* Vol. I, NY: New City Press, 1997.

Augustine, *On Baptism*, quoted in Federick W. Dillstone, "The Anti–Donatists
Writings", *A Companion to the Study of St. Augustine*, NY: Oxford
University Press, 1955.

Augustine, *Sermon on the Mount, Nicene and Post-nicene Fathers*, 1st Series, Vol. 6.
Peabody, Mass: Hendrickson Publisher, 1995.

Augustine, *Soliloquies*.

Augustine, *The Enchiridion*.

Augustine, *The City of God*.

Augustine, *The Confessions*.

Baumeister, Roy F. et al. "Is there a gender difference in strength of sex drive?
Theoretical views, conceptual distinctions, and a review of relevant
evidence." *Personality and social psychology review* 2001, 5(3): 242–273.

Bettelheim, Bruno. *Freud and man's soul*, Alfred a Knop fInc, 1983.

Blackmore, Susan. *The Meme Machine*, Oxford University Press, 1999.

Bray, Gerald. "Original Sin In Patristic Thought," *churchman* 1984, 108(1): 37.

Breuer & Freud, "Studies on Hysteria(1893–1895)," *In The Standard Edition of the
Complete Psychological Works of Sigmund Freud* vol. 2, trans. James Strachey,
London: The Hogarth Press, 1959.

Brunet–Gouet E, Decety J. "Social brain dysfunction in schizophrenia: a review of
neuroimaging studies," *Psychiatry Res.* 148 (2006): 75–92.

Calvin, John. *Commentaries*.

Calvin, John. *The Institutes of the Christian Religion*, GR: Christian Classics Ethereal
Library, 1845.

Chaucer, Geoffrey. *The Parson's Tale*,

Cited in Adolphe Tanquery, *The Spiritual Life: A Treatise an Ascetical and Mystical Theology*, trans. Herman Branderis, Tournai, Belgium; Society of St. John the Evangelist Press 1930.

Clienbell, Howard J. *Understanding and Counselling the Alcoholic*, NY: Abingdon, 1999.

Coles, Robert "Gluttony," *New Oxford Review* LXⅡ, 9 (1995): 27.

Dawkins, C. Richard. *The Selfish Gene* 2nd, New York: Oxford University Press, 1989.

Dawson, David "Sign Allegorical Reading and the Motions of the Soul," in De Doctrina Christiana: A Classic of Western Culture, Notre Dame: University of Notre Dame Press, 1995.

Deffenbacher, Jerry L. "Cognitive-behavioral conceptualization and treatment of anger," *Journal of Clinical Psychology*, 55 (1999): 295–309.

Fairlie, *Henry. The Seven Deadly Sins Today*. Washington D. C.: New Republic Books, 1978.

Fava, M., K. Anderson, & JF. Rosenbaum, "Anger attacks": possible variants of panic and major depressive disorders. *American Journal of Psychiatry*, 147 (1990): 867–870.

Fong GT, H. Markus "Self-schemas and judgements about others," Social *Cognition*. 1 (1982): 191–204.

Freud, Sigmund. "Instincts and their Vicissitudes(1915)," in *The Standard Edition of the Complete Psychological Works of Sigmund Freud*, vol. 14, trans. James Strachey, London: The Hogarth Press, 1957.

Freud, Sigmund "New Introductory Lectures on Psycho-Analysis(1932)," In *SE*. vol. 22. trans. James Strachey, London: The Hogarth Press, 1964.

Freud, Sigmund "On Narcissism: An Introduction," in *SE*. vol. 14, trans. James Strachey, London: The Hogarth Press, 1957.

Freud, Sigmund "The Dissolution of the Oedipus Complex(1924)," in *SE*. vol., 19, ed. James Strachey, London: The Hogarth Press, 1973.

Geist, Richard A. "Self Psychological Reflections on the Origins of Eating Disorder," *Journal of American Academy of Psychoanalysis*, 17 (1989): 5–27.

Godfrey, W. Robert. "The Westminster Larger Catechism," in *To Glorify and Enjoy God: A Commemoration of the Westminster Assembly*, eds. John L. Carson and David W. Hall (Edinburgh: Banner of Truth, 1994), 134–138; Van Dixhoorn, "The Making of the Westminster Larger Catechism,"

Goldstein RZ, Craig AD, Bechara A, Garavan H, Childress AR, Paulus MP, et al. "The neurocircuitry of impaired insight in drug addiction," *Trends Cogn Sci* 2009, (13): 372–380.

Goodsitt, Alan. "Self Psychology and the Treatment of Anorexia Nervosa," In D. M. Garner & P. E. Garfinkel eds., *Handbook of psychotherapy for anorexia nervosa and bulimia*, New York: Guilford, 1985.

Hatterer, Lawrence. J. *The Pleasure Addicts*, NY: A. S. Barnes & Co. 1980.

Hayes, J. H. "Covenant," *Mercer Dictionary of the Bible*, W. L. Mills ed. ; Macon: Mercer University, 1990.

John Oliver P. et al., Paradigm "Shift to the Integrative Big–Five Trait Taxonomy: History, Measurement, and Conceptual Issues(114–158)," In Oliver P. John et al., eds. *Handbook of personality: Theory and research*, NY: Guilford Press, 2008.

Johnson, Paul M. & Paul J Kenny, "Dopamine D2 receptors in addiction–like reward dysfunction and compulsive eating in obese rats," *Nature Neuroscience*. 13 (2010): 635 – 641.

Justin, *Apology*.

Kelly, John Norman Davidson. *A Commentary on the Epistles 01 Peter and 01 Jude* HNTC. New York: Harper and Row, 1969.

Kent, Bonnie. "Augustine's Ethics", *The Cambridge Companion to Augustine*, Eleonore Stump, St Louis University, Missouri, Norman Kretzmann ed. Cambridge: Cambridge University Press, 2001.

Kierkegaard, Seren. *Either/Or: A Fragment of Life*, vols. 1&2, trans. David F. swenson & Lillian M. swenson, NJ: Princeton University Press, 1949.

Klein, Melanie. "Envy and Gratitude(1957)," in *Envy and Gratitude and Other Works 1946–1963: The Writings of Melanie Klein Vol Ⅲ*. New York: The Free Press, 1984.

Kline, Meredith G. *Kingdom Prologue: Genesis Foundations for a Covenantal*

Worldview. Oregon: Wipf and Stock Publishers, 2006.

Krupenye, Christopher. et al. "Great apes anticipate that other individuals will act according to false beliefs", 2016, Oct. 7. *Science*, (354): 110－114.

Leeuw, Gerardus van der. *Religion in its Essence and Manifestation*. NY: Harper Torchbooks, 1963.

Levinas, Emmanuel. *Time and the Other*, trans. Richard A. Cohen, Pittsburgh: Duquesne University Press, 1995.

Levina, Emmanuel. *Totality and Infinity: An essay on exteriority*, trans. Alphonso Lingis, Pittsburgh: Duquesne University Press, 2001.

Lewis, C. S. *Mere Christianity*, NY: macmillian Company, 1953.

Lohfink, N. "Hate and love in Osee 9, 15," CBQ. 25 (1963): 417.

May, William E. *4 Catalogue of Sins: A Contemporary Examination of Christian Conscience*. NY: Holt, Rinehart & Wmston 1967.

McCrae Robert R. & Paul T. Costa Jr. "Personality trait structure as a human universal," *American Psychologist*. 52 (1997): 509－516.

Min, Sung Kil. "Clinical correlates of hwa－byung and proposal for a new anger," disorder. *Psychiatry Investigation*, 5 (2008): 125－141.

Moran, W. L. "The Ancient Near Eastern background of the love of God in Deuteronomy," *CBQ* 25(1963), 84; E. Göran, Grapes in the Desert Almqvist & Wiksell International, Stockholm, Studenlitteratur, Lund, 1996.

Muller, Richard A. "The Hermeneutics of Promise and Fulfillment in Calvin's Exegesis of the Old Testament Prophecies of the Kingdom," in David Steinmetz, ed., *The Bible in the Sixteenth Century*. Durham, NC: Duke University Press, 1990.

Muller, Richard A. *Dictionary of Latin and Greek Theological Term*, 2nd Grand Rapids: Baker Book House, 2017.

Niebuhr, Reinhold. *The Nature and Destiny of Man* I : Human Nature, NY: Charles Scribner's 1964.

Pascal, Blaise. *The Miscellaneous Writings of Pascal: Consisting of Letters, Essays, Conversations, and Miscellaneous Thoughts*. London: R. Needham, Printer, Paternoster－Row, 1879.

Ponticus, Evagrius. *The Praktikos*, Trans. with an introduction and notes, by John Eudes Bamberger OCSO, Kalamazoo, Mich: Cistercian Publication, 1981.

Ralph P. Martin, *James WBC* 48; Dallas: Word, 1998. Martin Dibelius, James: *A Commentary on the Epistle of James*. Hermeneia; Reissued by H. Greeven; Translated by M. A. Williams. Philadelphia: Fortress, 1976; *English Translation of Der Brief des Jakobus*; MeyerK 15; Göttingen: Vandenhoeck und Ruprecht, 1964.

Robert J. Wicks, et al. Ed., *clinical handbook of pastoral psychotherapy*, NY: Paulist Press, 1985.

Ruby, Perrine. & Jean Decety. "What you believe versus what you think they believe: A neuroimaging study of conceptual perspective–taking," *European Journal of Neuroscience*, 17 (2003): 2475–2480.

Scott Peck, Morgan. *The Road Less Traveled*. NY: Simon & Schuster, 1978.

Spielberger, Charles D., Reheiser EC, Sydeman SJ. "Measuring the experience, expression, and control of anger," Issues in *Comprehensive Pediatric Nursing*. 18 (1995): 207–232.

Houghton Mifflin Harcourt. *The American Heritage Dictionary* In website.

The New York Times, "Tonya Harding, Tragic Muse? More Works Explore a Skating Scandal." June 12, 2017.

The Telegraph, "Junk food 'may lead to eating addiction'," Jan 30, 2003.

Thompson, Christopher J. Christian Doctrine, *Christian Identity*. Lanham, MI: Uni. Press of America, 1999.

U. S. News and World Report, "The Business of Pornography," February 10, 1997, 42.

Vanhoozer, Kevin. *Is There a Meaning in This Text*, GR: Zondervan, 1998.

V, Peralta. Cuesta MJ. "Motor features in psychotic disorders. I. Factor structure and clinical correlates," *Schizophrenia Research*. 47 (2001): 107–116.

Warfield, Benjamin B. "The Emotional Life of Our Lord", in *The Person and Work of Christ*, ed. Samuel G. Craig, Presbyterian & Reformed, 1950.

Wilson, Angus. et al. *The Seven Daily Sins*, NY: William Morrow, 1962.

Woo, B. Hoon, "Pilgrim's Progress in Society: Augustine's Political Thought in the City of God," *Political Theology* 16. 5 (2015): 421 – 41.

EndNotes
미주

1 Gerald Bray, "Original Sin In Patristic Thought," *churchman*, 108 (1984): 37–47.

2 Louis Berkhof, 권수경 외역, 『벌코프 조직신학』(고양: 크리스챤다이제스트, 2001), 449.

3 Herman Bavinck, 박태현 역, 『개혁교의학 3』(서울: 부흥과개혁사, 2011), 208.

4 Aristotle, *Metaphysics*, Book 8.

5 John V. Fesko, 신윤수 역, 『역사적, 신학적 맥락으로 읽는 웨스트민스터 신앙고백서』 서울: 부흥과개혁사, 2018. 274.

6 Louis Berkhof, 『벌코프 조직신학』, 765.

7 한겨레신문(2005년 5. 27). "옛 일본군 2명, 종전 60돌 지나 필리핀서 발견", 국제면.

8 Louis Berkhof, 『벌코프 조직신학』, 785.

9 Louis Berkhof, 『벌코프 조직신학』, 435.

10 소요리문답 18문에는 원의라고 나온다.

11 Louis Berkhof, 『벌코프 조직신학』, 414.

12 Louis Berkhof, 『벌코프 조직신학』, 414.

13 원의는 Aquinas 이전 교부들에게도 주제가 되었다. 예컨대, Augustine은 "아담과 하와가 창조될 때부터 원의를 부여받았고 이 원의를 유지하기 위해서는 부가적 은사가 있어야 했고 이 부가적 은사는 표현 그대로 인간의 존재론적 구성요소(original constitution)가 아니라 창조 후에 하나님께서 덧붙여주신 것으로 생각했다. Richard A. Muller, *Dictionary of Latin and Greek Theological Term*, 2nd (Grand Rapids: Baker Book House, 2017), 50. "Auxilium sine quo non" 참조.

14 Aquinas는 인간은 "이성"과 "하등한 능력(inferiores vires)"로 창조되었다고 생각했다. 이때, 초자연적 은사(supernaluralis donum gratiae)가 주어지면 "이성"이 "하등한 능력"을 지배(suppress)하는 상태가 되는데, 이것이 "은혜 안에 창조"된 것이요. 이것을 이상적인 상태 또는 "조화"된 상태라고 생각했다.

15 Reinhold Seeberg, 김영배 역, 『기독교교리사 : 중 · 근세편』(서울: 엠마오, 1987), 164.

16 Augustine, On Nature and Grace, 3. 3; 19. 21; 20. 22.

17 Louis Berkhof, 『벌코프 조직신학』, 449.

18 Richard A. Muller, *Dictionary of Latin and Greek Theological Term*, 2nd, 269.

19 Louis Berkhof, 『벌코프 조직신학』, 435.

20 Louis Berkhof, 『벌코프 조직신학』, 436.

21 Louis Berkhof, 『벌코프 조직신학』, 435.

22 Louis Berkhof, 『벌코프 조직신학』, 766.

23 Louis Berkhof, 『벌코프 조직신학』, 784.

24 Aquinas, *Summa Theologiae*, Ⅰ, 78.

25 본문에 "목숨"으로 번역된 헬라어 "ψυχή"는 영혼을 뜻한다.

26 노승수, 『핵심감정 탐구』와 『핵심감정 치유』를 참고하라.

27 Louis Berkhof, 『벌코프 조직신학』, 440.

28 Herman Bavinck, 원광연 역, 『개혁교의학 개요』(서울: CH북스, 2017), 240.

29 Herman Bavinck, 『개혁교의학 개요』, 238-246

30 Herman Bavicnk, 『개혁교의학 개요』, 243.

31 Herman Bavinck, 『개혁교의학 개요』, 240.

32 Baruch Spinoza, 강영계 역, 『에티카』(서울: 서광사, 2007), Ⅲ부, 정리 3.

33 Jay R. Greedberg & Stephen R. Mitchell, 이재훈 역, 『정신분석학적 대상관계이론』(서울: 한국심리치료연구소, 1999), 48.

34 Paul A. Dewald, 이근후, 외역, 『정신치료의 역동요법』(서울: 하나의학사, 1985), 28.

35 Sigmund Freud, "Instincts and their Vicissitudes(1915)," in *The Standard Edition of the Complete Psychological Works of Sigmund Freud*(이하 SE로 표기함), vol. 14, trans. James Strachey, (London: The Hogarth Press, 1957), 118-121.

36 Jean Laplanche & Jean B. Pontalis, 임진수 역, 『정신분석사전』(서울: 열린책들, 2005), 167.

37 Bruno Bettelheim, *Freud and man's soul*, (Alfred a Knop fInc, 1983), 104-106.

38 Benjamin B. Warfield, "The Emotional Life of Our Lord", in *The Person and Work of Christ*, ed. Samuel G. Craig, (Presbyterian & Reformed.1950), 93-145

39 Leon J. Saul, 이근후 외역, 『정신역동적 정신치료』(서울: 하나의학사, 1992), 69.

40 James W. Jones, 유영권 역, 『정신분석학과 종교』(서울: 한국심리치료연구소, 1999) 52.

41 Ronald Fairbairn, 이재훈 역,『성격에 대한 정신분석학적 연구』(서울: 한국심리치료연구소, 2003), 112-113.

42 Herman Bavinck, 『개혁교의학 개요』, 240.

43 하지현, "클라인 理論에서 Paranoid Position과 Depressive Position", 『Journal Korean Psychoanalytic Society』, 2005, 16(2): 137-141.

44 Sigmund Freud, "On Narcissism: An Introduction," in *SE*. vol. 14, trans. James Strachey, (London: The Hogarth Press, 1957), 100.

45 Sigmund Freud, "New Introductory Lectures on Psycho-Analysis(1932)," In *SE*. vol. 22. trans. James Strachey, (London: The Hogarth Press, 1964), 62.

46 Augustine, 조호연 외역, 『하나님의 두성』(고양: 크리스찬다이제스트 1989), 14, 28.; 14. 13.

47 John Calvin, *Inst*. 2. 2. 17.

48 Sigmund Freud, "The Dissolution of the Oedipus Complex(1924)," in *SE*. vol., 19, ed. James Strachey, (London: The Hogarth Press, 1973), 173

49 박선영, "시기심과 감사-타자의 부정과 수용 : 멜라니 클라인을 중심으로" 『라깡과 현대정신분석』 2006, 8(1): 158-159.

50 Hanna Segal, 이재훈 역, 『멜라니 클라인: 멜라니 클라인의 정신분석학』(서울: 한국심리치료연구소, 1999), 187.

51 Ana-Maria Rizzuto, 이재훈 외역, 『살아있는 신의 탄생-정신분석학적 연구』(서울: 한국심리치료연구소,

2000), 65.

52 미국정신분석학회, 이재훈 외역, 『정신분석 용어사전』(서울: 한국심리치료연구소, 2002), 533.

53 James Buchanan, 신호섭 역, 『칭의 교리의 진수』(서울: 지평서원, 2002), 334-335.

54 Louis Berkhof, 『벌코프 조직신학』, 424.

55 Louis Berkhof, 『벌코프 조직신학』, 424.

56 Anthony Hoekema, 류호준 역, 『개혁주의 인간론』(서울: CLC, 2012), 203-209.

57 Louis Berkhof, 『벌코프 조직신학』, 425.

58 박재은, 『칭의, 균형 있게 이해하기』(서울: 부흥과개혁사, 2016), 68.

59 Louis Berkhof, 『벌코프 조직신학』, 776.

60 Louis Berkhof, 『벌코프 조직신학』, 426.

61 Louis Berkhof, 『벌코프 조직신학』, 464.

62 Richard A. Muller, *Dictionary of Latin and Greek Theological Term*, 2nd, 256.

63 peccatum mortale, per gravem Legis Dei infrantionem, in corde hominis destruit caritatem

64 Richard A. Muller, *Dictionary of Latin and Greek Theological Term*, 2nd, 256.

65 Peccatum veniale caritatem debilitae … Peccatum veniale deliberatum et sine poenitentia permanens nos ;aulatim disponit ad peccatum committendum mortale. Tamen peccatum veniale Foedus non disrumpit cum Deo.

66 Louis Berkhof, *Ibid*. 449.

67 Louis Berkhof, 『벌코프 조직신학』, 504.

68 Richard A. Muller, *Dictionary of Latin and Greek Theological Term*, 2nd, 256.

69 Louis Berkhof, 『벌코프 조직신학』, 504.

70 Richard A. Muller, *Dictionary of Latin and Greek Theological Term*, 2nd, 384-385.

71 노승수, "용서프로그램이 대학생의 부모에 대한 태도에 미치는 효과", (교육학석사학위논문, 창원대학교, 1999), 23-24. 재인용.

72 Louis Berkhof, 『벌코프 조직신학』, 786.

73 편집부, 『한국 가톨릭 대사전 제9권』(서울: 한국교회사연구소, 2002), 6691.

74 Richard A. Muller, *Ibid*. 143. gratia Infusa를 보라.

75 Richard A. Muller, *Ibid*. 98-99.

76 Reinhold Seeberg, 『기독교교리사 : 중 · 근세편』, 166.

77 Reinhold Seeberg, 『기독교교리사 : 중 · 근세편』, 164.

78 Aquinas, *Summa Theologiae*, I . q2. a2.

79 Augustine, *De civitate Dei contra paganos*, 14. 27.

80 Richard A. Muller, *Dictionary of Latin and Greek Theological Term*, 2nd, 233-234.

81 Herman Bavinck, 『개혁교의학 개요』, 238-246

82 Richard A. Muller, *Dictionary of Latin and Greek Theological Term*, 2nd, 234.

83 Louis Berkhof, 『벌코프 조직신학』, 786.

84 박재은, "결정적 성화(definitive sanctification) 개념과 구원의 순서(the ordo salutis) 사이의 관계성 고찰", 『조직신학연구』 2017, (27): 256-281. 각주 52번과 53번을 참고하라.

85 Louis Berkhof, 『벌코프 조직신학』, 786

86 Richard A. Muller, *Dictionary of Latin and Greek Theological Term*, 2nd, 336.

87 Augustine, 김광채 역, 『신망애 편람』(서울: 에세이퍼블리싱, 2014), 31. 118.

88 Richard A. Muller, *Dictionary of Latin and Greek Theological Term*, 2nd, 143. *gratia Infusa*를 보라.

89 Richard A. Muller, *Dictionary of Latin and Greek Theological Term*, 2nd,. 146.

90 노승수, 『핵심감정 치유』(서울: 세움북스, 2018), 53.

91 Breuer & Freud, "Studies on Hysteria(1893-1895)," In *SE*. vol. 2, trans. James Strachey, (London: The Hogarth Press, 1959), 7.

92 노승수, 『핵심감정 탐구』(서울: 세움북스, 2018), 29. 재인용.

93 John Stott, 정옥배 역, 『BST 에베소서 강해』(서울: IVP, 2007), 216.

94 John Stott, 정옥배 역, 『BST 로마서 강해』(서울: IVP, 1996), 94.

95 Herman Bavinck, 『개혁교의학 개요』, 240.

96 Herman Bavinck, 『개혁교의학 개요』, 240.

97 Herman Bavinck, 『개혁교의학 개요』, 238-246

98 Herman Bavicnk, 『개혁교의학 개요』, 243.

99 Herman Bavinck, 『개혁교의학 개요』, 240.

100 오우성, 『성서주석, 데살로니가전후서』(서울: 대한기독교서회, 1995), 236.

101 Douglas J. Moo, 손주철 역, 『NICNT 로마서』(서울: 솔로몬, 2011), 202.

102 노승수, 『핵심감정 치유』, 21-22.

103 Aquinas, *Summa Theologiae*, I-II, q.62, a.1.

104 Aquinas, *Summa Theologiae*, I-II, q.111, a.2.

105 Augustine, Ibid(2014). 참조.

106 노승수, "개혁신학으로 재구성한 정신분석적 인간이해모델 연구", (웨스트민스터신학대학원대학교, 신학과 Ph. D. 청구논문, 2018). 참고.

107 John Owen, 엄성옥 역, 『죄와 유혹』(서울: 은성, 1991), 44-45.

108 W. L. Moran, "The Ancient Near Eastern background of the love of God in Deuteronomy," *CBQ* 25(1963), 84; E. Göran, Grapes in the Desert (Almqvist & Wiksell International, Stockholm, Studenlitteratur, Lund, 1996), 62; J. H. Hayes, "Covenant," Mercer Dictionary of the Bible (W. L. Mills ed. ; Macon: Mercer University, 1990), 177-181.

109 N. Lohfink, "Hate and love in Osee 9. 15." CBQ 25(1963), 417.

110 Robert R. McCrae & Paul T. Costa Jr. "Personality trait structure as a human universal," *American Pychologist*, 1997, 52(2): 509-516.

111 Oliver P. John et al., *Paradigm Shift to the Integrative Big-Five Trait Taxonomy: History, Measurement, and Conceptual Issues*. In Oliver P. John et al. eds. Handbook of personality: Theory and research, (NY: Guilford Press, 2008), 114-158.

112 Aquinas, *Summa Theologiae*, I-II, q.56, a.3, 4, 5.

113 중앙 Sunday(2012. 11. 4). "정치적 뇌는 감정적…이성보다 정서를 자극하라", 295호 25면.

114 Herman Bavinck, 박태현 역, 『개혁교의학 4』(서울: 부흥과개혁사, 2011), 50. 443에서 바빙크는 이 성향적 은혜에 대해서 이것이 신비주의 전통에서부터 들어와 로마 가톨릭의 표준교리가 되었다고 밝힌다. 종교개혁기의 신학에서는 칭의에서는 의의 주입을 거부하고 성화에서는 은혜의 주입을 설명한다. 물론 칭의의 도

구적 원인인 믿음 역시 주입된다고 설명한다.

115 Aquinas, *Summa Theologiae*, I–II, q.62, a.1.

116 Aquinas, *Summa Theologiae*, I–II, q.62, a.3.

117 송기득, 『인간–그리스도교 인간관에 대한 인간학적 해석』(서울: 한국신학연구소, 1994), 140–141.

118 Reinhold Niebuhr, *The Nature and Destiny of Man* I : Human Nature, (NY: Charles Scribner's 1964), 186.

119 Kimberly dunnam Reisman, 서대인 역, 『죽음에 이르는 죄』(서울: 세복, 2000), 56–57.

120 C. S. Lewis, *Mere Christianity*, (NY: macmillian Company, 1953), 109.

121 유진소, "열등감과 열등의식," 『목회와 신학』 2001, (12): 180.

122 Dietrich Bonhoeffer, 『나를 따르라』(서울: 좋은씨앗, 2004), 333.

123 S. Mitchell & M. Black, 이재훈 외역, 『프로이트 이후: 현대정신분석학』(서울: 한국심리치료연구소, 2002), 229.

124 Lawrence J. Hatterer, *The Pleasure Addicts* (NY: A. S. Barnes & Co. 1980), 17.

125 Howard J. Clienbell, *Understanding and Counselling the Alcoholic* (NY: Abingdon, 1999), 49–42.

126 John Calvin, *Inst*. 2. 8. 44.

127 Paul A. Dewald, 『정신 치료의 이론과 실제』 2nd (서울: 고대출판부, 2010), 26.

128 Evagrius Ponticus, *The Praktikos*, Trans. with an introduction and notes, by John Eudes Bamberger OCSO (Kalamazoo, Mich: Cistercian Publication, 1981), 76.

129 5가지 척도는 첫째, 경험에 대한 개방성, 둘째, 성실성, 셋째, 외향성, 넷째, 친화성, 다섯째, 신경성인데, 경험에 대한 개방성(Openness to experience)은 새로운 것에 대한 수용성으로 상상력과 호기심의 성향의 정도를, 성실성(Conscientiousness)은 목표를 위해 노력하는 성향의 정도를, 외향성(Extraversion)은 타인과의 사귐이나 외부 자극을 추구하는 성향의 정도를, 친화성(Agreeableness)은 타인에게 동조적인 태도를 보이는 성향의 정도를, 마지막으로 신경성(Neuroticism)은 스트레스를 얼마나 쉽게 받는가 하는 성향의 정도를 나타내는 척도다.

130 John Calvin, *Inst*. 3. 2. 7.

131 John Calvin, *Inst*. 3. 2. 14.

132 Catolic Online, St. Augustine of Hippo, The #1 Catholic Online School. 2018년 12월 25일 접속. 해당싸이트: https://www.catholic.org/saints/saint.php?saint_id=418

133 Augustine, *The Confessions*, V. 10.

134 Augustine, *The City of God*, XIV. 13.

135 C. S. Lewis, *Mere Christianity*, 109.

136 Augustine, *The City of God*, XIV. 13.

137 Augustine, *Nature and Grace*, Roland J. Teske, trans. *The Works of Augustine: A Translation for the 21st century*, Vol. I (NY: New City Press, 1997), 29. 33.

138 Richard A. Muller, *Dictionary of Latin and Greek Theological Term*, 2nd. 23.

139 Augustine, *The City of God*, XIV. 13.

140 Augustine, *The City of God*, XIV. 13.

141 유진소, "열등감과 열등의식," 『목회와 신학』, 2001, (12): 180.

142 송길원, "가정생활에서 찾아오는 열등감의 검은 그림자", 『목회와 신학』 1996, (2): 63–64

143 Augustine, *The City of God*, XII. 6.

144 Augustine, *The Confessions*, II. 6. 13.

145 Augustine, On Baptism, II. 4, quoted in Federick W. Dillstone, "The Anti-Donatists Writings", *A Companion to the Study of St. Augustine*, (NY: Oxford University Press, 1955), 182–183.

146 Archibald D. Hart, 정성준 역, 『숨겨진 감정의 회복』(서울: 두란노, 2005), 214.

147 Augustine, *The Confessions*, II. 6. 13.

148 노승수 *Ibid*(2018b). 37–39. "환상을 다루는 영혼의 능력"을 참고하라.

149 The American Heritage Dictionary Online, 2018년 12월 27일 접속. 해당싸이트: https://ahdictionary.com/word/search.html?q=pride

150 Augustine, The Enchiridion. 28. 108.

151 David Dawson, "Sign Allegorical Reading and the Motions of the Soul," in *De Doctrina Christiana: A Classic of Western Culture* (Notre Dame: University of Notre Dame Press, 1995), 123

152 김명용, "세상을 바꾼 신학", 『희망의 신학』 50년, 몰트만 신학의 공헌에 대한 연구, 위르겐 몰트만 교수 초청 특별강연회(2014. 5. 12) 4–5.

153 Bonnie Kent, "Augustine's Ethics", *The Cambridge Companion to Augustine*, Eleonore Stump, St Louis University, Missouri, Norman Kretzmann ed. (Cambridge: Cambridge University Press, 2001), 205–233중, 226에서.

154 Richard A. Muller, *Dictionary of Latin and Greek Theological Term*, 2nd, 281, 176.

155 Aquinas, *Summa Theologiae*, Ia, IIae, 55, 1.

156 Aquinas, *Summa Theologiae*, Ia, IIae, 49, 2–3.

157 노승수, "개혁신학으로 재구성한 정신분석적 인간이해모델 연구", 74.

158 Richard A. Muller, *Dictionary of Latin and Greek Theological Term*, 2nd, 147.

159 Aquinas, *Summa Theologiae*, I–II, q.62, a.1.

160 Augustine, *The Confessions*, II. 6. 13.

161 Augustine, *The Confessions*, III. 5. 9.

162 Augustine, *The Confessions*, III. 8.16.

163 Augustine, *The Confessions*, IV. 15. 27.

164 Augustine, *The Confessions*, VII. 18. 24.

165 Richard A. Muller, *Dictionary of Latin and Greek Theological Term*, 2nd, 329.

166 Richard A. Muller, *Dictionary of Latin and Greek Theological Term*, 2nd, 146.

167 Richard A. Muller, *Dictionary of Latin and Greek Theological Term*, 2nd, 8–10.

168 문시영, 『아우구스티누스의 덕의 윤리』(서울: 북코리아, 2014), 참조.

169 Augustine, *The Confessions*, X. 31. 41.

170 Perrine Ruby & Jean Decety, "What you believe versus what you think they believe: A neuroimaging study of conceptual perspective-taking," *European Journal of Neuroscience*, 17 (2003): 2475–2480.

171 Fong GT, H. Markus "Self-schemas and judgements about others," *Social Cognition*. 3 (1982): 191–204.

172 안연희, "섹스 앤 더 시티: 색슈얼리티, 몸, 쾌락에 대한 아우구스티누스의 관점 다시 읽기", 『종교문화비평』(한국종교문화연구소, 2013), (23): 141–184.

173 『맹자』 만장 상 제1장 4.

174 Christopher J. Thompson, *Christian Doctrine, Christian Identity*, (Lanham, MI: Uni. Press of America,

1999), 76-92.

175 Augustine, *The Confessions*, X. 29. 40.

176 Dietrich Bonhoeffer, 『나를 따르라』, 333.

177 Fyodor Dostoyevsky, 김연경 역, 『카라마조프가의 형제들 2』(서울: 민음사, 2007), 423-24. 7편 "3. 양파 한 뿌리"에서 요약.

178 The Chronicle of Philanthropy 2018년 12월 27일 접속. 해당싸이트: https://www.philanthropy.com/article/Donations-Grew-14-to-390/240319

179 Augustine, *The Confessions*, Ⅱ. 2. 2.

180 Augustine, *The Confessions*, Ⅲ. 1-3, Ⅲ. 8, X. 30-39.

181 2018년 11월 10일 접속. 해당싸이트: http://ledesirattrapeparlaqueue.blogspot.kr/2008/03/synopsis-du-cours-du-130308-libido.html

182 Blaise Pascal, *The Miscellaneous Writings of Pascal: Consisting of Letters, Essays, Conversations, and Miscellaneous Thoughts*, (London: R. Needham, Printer, Paternoster-Row, 1879), 245.

183 Richard A. Muller, "The Hermeneutics of Promise and Fulfillment in Calvin's Exegesis of the Old Testament Prophecies of the Kingdom," in David Steinmetz, ed., *The Bible in the Sixteenth Century*, (Durham, NC: Duke University Press, 1990), 68-82의 요약 및 해제

184 Aquinas, *Summa Theologiae*, Ⅱ-Ⅱ, 36, 2.

185 Gerand Reed, 김병제 역, 『죄악과 도덕』(서울: 누가, 2009), 50.

186 노승수, 『핵심감정 치유』, 45-46.

187 Gerand Reed, 『죄악과 도덕』, 51.

188 Angus Wilson, et al. *The Seven Daily Sins*, (NY: William Morrow, 1962), 11.

189 개역개정역에는 "하나님이 우리 속에 거하게 하신 성령이 시기하기까지 사모한다."로 번역했으나 성령이 시기를 대적한다고 번역할 수 있다. 이에 대해서는 Ralph P. Martin, James (WBC 48; Dallas: Word, 1998), 149. 참고하라. 루터 역시, "성령의 욕구는 증오를 거스린다."로 번역했다. Martin Dibelius, *James: A Commentary on the Epistle of James* (Hermeneia; Reissued by H. Greeven; Translated by M. A. Williams (Philadelphia: Fortress, 1976; English Translation of *Der Brief des Jakobus*; MeyerK 15; Göttingen: Vandenhoeck und Ruprecht, 1964), 217. 참고.

190 Geoffrey Chaucer, *The Parson's Tale*, 516.

191 시사저널(2012. 9. 25). "표창원의 사건 추적, 남자친구의 환심 사려 끔찍한 범행"

192 MBC(1997. 11. 25). "경찰청 사람들"

193 The New York Times, "Tonya Harding, Tragic Muse? More Works Explore a Skating Scandal", June 12. 2017. 2018년 10월 21일 접속. 해당싸이트: https://nyti.ms/2sh5hc9

194 씨네 21(2018. 3. 5). "알고 봐도 놀라운 『아이, 토냐』 실제 사건".

195 Barbara Ehrenreich, 전미영 역, 『긍정의 배신: 긍정적 사고는 어떻게 우리의 발등을 찍는가』(서울: 부키, 2011), 참고.

196 Gerand Reed, 『죄악과 도덕』, 참고.

197 박선영, "시기심과 감사—타자의 부정과 수용: 멜라니 클라인을 중심으로," 『라깡과 현대정신분석』2006, (1): 158-159.

198 Melanie Klein, "Envy and Gratitude(1957)," in *Envy and Gratitude and Other Works 1946-1963: The Writings*

of Melanie Klein Vol Ⅲ, (New York: The Free Press, 1984), 181-191.

199 Kate Barrows, 김숙진 역, 『시기심』(서울: 이제이북스, 2004), 14-19.

200 Aquinas, *Summa Theologiae*, Ia, IIae, 55, 1.

201 천운영, 『바늘』(서울: 창작과 비평사, 2001), 43.

202 Seren Kierkegaard, *Either/Or: A Fragment of Life, vols.* 1&2, trans. David F. swenson & Lillian M. swenson (NJ: Princeton University Press, 1949). 참조

203 한겨레 21(2012. 10. 30). "그림의 떡'이 나를 위로한다." 제934호

204 Robert Coles, "Gluttony," *New Oxford Review* LXⅡ, 1995, (9): 27.

205 Cited in Adolphe Tanquery, *The Spiritual Life: A Treatise an Ascetical and Mystical Theology*, trans. Herman Branderis, (Tournai, Belgium; Society of St. John the Evangelist Press 1930), 44.

206 Paul M Johnson, Paul J Kenny, "Dopamine D2 receptors in addiction-like reward dysfunction and compulsive eating in obese rats," Nature Neuroscience, 13 (2010): 635-641.

207 The Telegraph, "Junk food 'may lead to eating addiction'," Jan 30, 2003. 2018년 10월 31일 접속, 해당 싸이트: https://www.telegraph.co.uk/news/worldnews/northamerica/usa/1420562/Junk-food-may-lead-to-eating-addiction.html

208 Richard A. Geist, "Self Psychological Reflections on the Origins of Eating Disorder," *Journal of American Academy of Psychoanalysis*, 17 (1989): 5-27.

209 Alan Goodsitt "Self Psychology and the Treatment of Anorexia Nervosa," In D. M. Garner & P. E. Garfinkel eds., *Handbook of psychotherapy for anorexia nervosa and bulimia*, (New York: Guilford, 1985), 62.

210 American Psychiatric Association. *Diagnostic and statistical manual of mental disorders*, 4th ed (text revision). Washington DC: American Psychiatric Association, 2000.

211 Richard A. Geist, "Self Psychological Reflections on the Origins of Eating Disorder", 25.

212 이천우, et al. "섭식장애에 의해 발생한 상장간막 동맥 증후군 1예", 『The Korean Journal of Gastroenterology』 2011, 58(5): 280-283 상장간막동맥 증후군은 상장간막동맥 사이에 있는 십이지장이 눌리면서 생기는 십이지장 폐색증상이다. 주로 체형이 마른 사람이나 급격한 다이어트로 살이 빠진 경우에 발병한다. 주요 증상은 음식을 먹으면 구토가 나고 심한 복통이 생기지만, 엎드리면 증상이 나아진다. 공복 동안은 괜찮다가 먹기만 하면 복통이 찾아와 잘 먹지 못한다. 체중은 줄고 기력은 쇠약해진다.

213 매일경제(2013. 2. 22). "미셸 오바마, 나이키와 손잡고 비만 퇴치 운동 강화", 사회면.

214 최인희, "자기교시훈련이 Prader-Willi 증후군 아동의 식탐행동에 미치는 효과", (단국대학교 대학원 석사학위 청구논문, 2003), 5. 재인용.

215 서울아산병원 홈페이지, 2018년 11월 2일 접속, 해당 싸이트: http://www.amc.seoul.kr/asan/healthinfo/disease/diseaseDetail.do?contentId=32404

216 헬스조선(2018. 2. 27). "'식탐' 유독 심한 우리 아이, 뇌 문제 의심해야", http://health.chosun.com/site/data/html_dir/2018/02/27/2018022701780.html

217 Donald Capps, 김진영 역, 『대죄와 구원의 덕』(서울: 한국장로교출판사, 2008), 참조.

218 Francine Prose, 김시현 역, 『탐식』(서울: 민음인, 2007), 42.

219 John Calvin, *Inst.* 4. 17. 10.

220 John Calvin, *Commentaries*. 20:379.

221 John Calvin, *Commentaries*, 17:250.

222 프로이트전집을 최초로 영어로 번역한 James Strachey가 Triebe를 instinct로 번역한 후 Triebe는 본능으로 번역되었지만 이는 격렬한 논쟁을 불러왔다. 왜냐하면 정신분석에서 욕동(Triebe)은 정신분석의 근본개념으로 무엇보다 프로이트는 욕동을 본능과 구분하고 있기 때문이다. 그의 본능개념은 동물을 포함한 모든 유기체의 고유한 조직화되고 선천적인 행동방식으로 행위의 목표와 대상은 한정적이다. 개체에 따라 행동 패턴에 편차가 거의 없다. 예컨대, 야행성이라는 하는 동물의 습성 같은 것이 본능이다. 이는 개별 야행성 동물에 따라 차이가 나지 않고 시간의 흐른다고 달라지지도 않는다.

223 Jay R. Greedberg & Stephen R. Mitchell, 『정신분석학적 대상관계이론』, 48.

224 Paul A. Dewald, 이근후 외역, 『정신치료의 역동요법』(서울: 하나의학사, 1985), 28.

225 Bruno Bettelheim, *Freud and man's soul*, 104-106.

226 John Calvin, *Inst*. 3. 11. 7.

227 Richard A. Muller, *Dictionary of Latin and Greek Theological Term*, 2nd, 350.

228 Augustine, *De Doctrina Christiana*, 1. 36. 40.

229 Augustine, *De Doctrina Christiana*, 1. 13.

230 Augustine, *De Doctrina Christiana*, 1. 40. 44.

231 Gerardus van der Leeuw, *Religion in its Essence and Manifestation* (NY: Harper Torchbooks, 1963), 230.

232 Justin, *Apology* 2. 5.

233 J. N. D. Kelly, *A Commentary on the Epistles 01 Peter and 01 Jude HNTC*, (New York: Harper and Row, 1969), 253.

234 Jack O. Balswick, Judith K. Balswick, 홍병룡 역, 『진정한 성』(서울: IVP, 2002), 21.

235 S. M. Anderson, "The Role Cultural Assumption sin Self-concept Development," K. Yardley, T. Honess ed. Self and Identity: *Psycho-social Perspectives* (NY: Wiley,1987), 231

236 "The Business of Pornography," U. S. News and World Report, February 10, 1997, 42.

237 Melissa Farley, "성구매 남성과 비구매 남성의 비교 : 성매매와 인신매매에 관한 새로운 데이터", 「여성과 인권」 2015, (14): 142-176.

238 '한국일보(2016. 8. 4). 여성의 인권이 존재하지 않는 공간 ② '성구매 남성' 편, 사회면.

239 노승수, *Ibid*(2018b), 233-234.

240 Vern Bullough, Bonnie Bullough, 서석연 외역, 『매춘의 역사』(서울: 까치글방, 1978) 32.

241 Sigmund Freud, "New Introductory Lectures on Psycho-Analysis(1932)," In Ibid. vol. 22, trans. James Strachey, (London: The Hogarth Press, 1964), 209-210.

242 Paul A. Dewald, *Ibid*(2010). 26-27.

243 Leon J. Saul, *Ibid*(1992)., 69.

244 Leon J. Saul, *Ibid*(1992)., 69.

245 Augustine, *Sermon on the Mount, Nicene and Post-nicene Fathers*, 1st Series, Vol. 6. (Peabody, Mass: Hendrickson Publisher, 1995), 53.

246 Roy F. Baumeister, et al. "Is there a gender difference in strength of sex drive? Theoretical views, conceptual distinctions, and a review of relevant evidence." *Personality and social psychology review*, 5 (2001): 242-273.

247 https://www.myhormonology.com/hormonology-road-map/

248 『맹자』 만장 상 1장 4.

249 sursum corda(lift up your heart)는 고대 교회에서 성례전 양식으로 Anaphora의 첫 번째 순서이다. 칼뱅의 엠블럼은 사실 이것의 구체적 표현이다.

250 John Calvin, *Inst.* 4. 17. 36.

251 Hippolytus, 이형우 역. 『사도전승 교부문헌총서 6』 (왜관: 분도출판사, 1992), 83.

252 최윤배, 주승중. 『교회를 섬기는 청지기의 길 I』 (파주: 성안당, 2008), 127.

253 Augustine, *Soliloquies*, 2.1.1.

254 한병수. "칼빈의 신학적 구조: Cognitio Dei et nostri in duplice cognitione Dei cum symbolo apostolico." 『한국조직신학논총』 2015. 41(6): 51–86.

255 노승수. "개혁신학으로 재구성한 정신분석적 인간이해모델 연구", 26.

256 정도언, 『프로이트의 의자 : 숨겨진 나와 마주하는 정신분석 이야기』(서울 : 웅진지식하우스, 2009), 129.

257 Robert J. Wicks, et al. Ed., *clinical handbook of pastoral psychotherapy* (NY: Paulist Press, 1985), 484.

258 Les Carter, "분노란 무엇인가: 섹션특집- 분노," 『소금과 빛』 1999. (11): 51–52.

259 American Psychiatric Association, *Diagnostic and Statistical Manual of Mental Disorders*. The 4th Edition. Washington DC: American Psychiatric Association; 1994. 현재는 삭제됨.

260 노승수, 『핵심감정 탐구』, 81.

261 시사저널(2016.07.06.). "연이은 분노범죄, 사람이 무섭다.", 1394호

262 신재은, 박준성, "유아의 분노관리를 위한 분노대상과 원인 및 표현방식에 관한 연구", 『Korean Review of Crisis & Emergency Management』 2015. 11(10): 290, 295.

263 Sigmund Freud, "New Introductory Lectures on Psycho-Analysis(1932)," In SE. vol. 22, trans. James Strachey (London: The Hogarth Press, 1964), 209–210.

264 Paul A. Dewald, 『정신 치료의 이론과 실제』 2nd, 26.

265 M. Fava, K. Anderson, & JF. Rosenbaum, "Anger attacks": possible variants of panic and major depressive disorders. *American Journal of Psychiatry*, 147 (1990): 867–870.

266 Charles D. Spielberger, Reheiser EC, Sydeman SJ. Measuring the experience, expression, and control of anger. Issues in *Comprehensive Pediatric Nursing*, 18 (1995): 207–232.

267 Jerry L. Deffenbacher, "Cognitive-behavioral conceptualization and treatment of anger," *Journal of Clinical Psychology*, 55 (1999): 295–309.

268 Sung Kil Min. "Clinical correlates of hwa-byung and proposal for a new anger disorder." *Psychiatry Investigation*, 5 (2008): 125–141.

269 이싱준, et al. "빙화와 분노조절 장애에 대한 연구(방화사건을 중심으로)", 『한국화재조사학회』 2015(4): 73–84.

270 Leon J. Saul, 이근후 외역, 『정신역동적 정신치료』(서울: 하나의학사, 1992), 69.

271 이관직, 『성경과 분노 심리』(서울 : 도서출판 대서, 2007), 138.

272 김홍섭, "교수의 교회와 경영 : 성경에서의 분노", 7.

273 Gerand Reed, 『죄악과 도덕』, 68–69. 재인용.

274 Jean-Paul Sartre, 박정태 역, 『지식인을 위한 변명』(이학사, 2007), 17. 역자 주에서

275 C. Richard Dawkins, *The Selfish Gene 2nd*, (New York: Oxford University Press, 1989), 192–199.

276 Susan Blackmore, The Meme Machine, (Oxford University Press, 1999). 추천사 중에서 이 책은 2010년 밈

이라는 제목으로 번역되었다. 수전 블랙모어, 『밈』 (바다출판사, 2010).

277 노지혜, "분노 자극에 의한 알코올 중독자의 중추 및 말초 신경계 반응 특성", (충남대학교 대학원 기초심리학전공 석사학위논문, 2011), 1, 37-38.

278 Goldstein RZ, Craig AD, Bechara A, Garavan H, Childress AR, Paulus MP, et al. "The neurocircuitry of impaired insight in drug addiction," *Trends Cogn Sci.* 13 (2009): 372-380.

279 Brunet-Gouet E, Decety J. "Social brain dysfunction in schizophrenia: a review of neuroimaging studies," *Psychiatry Res.* 148 (2006): 75-92.

280 Anders Ericson, Robert Pool, 강혜정 역, 『1만 시간의 재발견』(서울: 비즈니스 북스, 2016), 91-92.

281 Christopher Krupenye, et al. "Great apes anticipate that other individuals will act according to false beliefs", 2016, Oct. 7. *Science,* (354): 110-114.

282 노승수, 『핵심감정 치유』, 37-39. 참고.

283 우병훈, "공공신학 교육을 위한 교본으로서 웨스트민스터 대교리문답", 『개혁논총』 39 (2016): 73-111. 재인용.

284 W. Robert Godfrey, "The Westminster Larger Catechism," in *To Glorify and Enjoy God: A Commemoration of the Westminster Assembly,* eds. John L. Carson and David W. Hall (Edinburgh: Banner of Truth, 1994), 134-138; Van Dixhoorn, "The Making of the Westminster Larger Catechism," 6(The Church)에서 재인용.

285 우병훈, "공공신학 교육을 위한 교본으로서 웨스트민스터 대교리문답", (2016): 73-111.

286 B. Hoon, Woo, "Pilgrim's Progress in Society: Augustine's Political Thought in the City of God," *Political Theology* 16, 5 (2015): 421-41.

287 Meredith G. Kline, *Kingdom Prologue: Genesis Foundations for a Covenantal Worldview* (Oregon: Wipf and Stock Publishers, 2006), 109f.

288 여기서 마음이론에서 말하는 오류가 자주 발생하게 됩니다.

289 소기석, "후기 비트겐슈타인의 종교언어관에 대한 연구", 『종교와 문화』 9 (2003); 179-207.

290 Kevin Vanhoozer, *Is There a Meaning in This Text,* (GR: Zondervan, 1998), 332.

291 강지선, "게으름에 대하여 : 선별적 게으름 집단의 적응적 특성을 중심으로", (서울대학교 심리학과 석사학위 청구논문, 2005), 2.

292 Henry Fairlie, *The Seven Deadly Sins Today* (Washington D. C.: New Republic Books, 1978), 114.

293 Morgan Scott Peck, *The Road Less Traveled* (NY: Simon & Schuster, 1978), 131.

294 김도형, "레비나스의 인권론 연구: 타인의 권리 그리고 타인의 인간주의에 관하여", 『대동철학』 60 (2012): 1-23

295 Emmanuel Levina, *Totality and Infinity: An essay on exteriority,* trans. Alphonso Lingis, (Pittsburgh: Duquesne University Press, 2001), 230.

296 Emmanuel Levinas, *Time and the Other,* trans. Richard A. Cohen, (Pittsburgh: Duquesne University Press, 1995), 75.

297 강영안, 『타인의 얼굴』(서울: 문학과지성사, 2005), 32.

298 Emmanuel Levinas, 김도형 외 역, 『신, 죽음 그리고 시간』(서울: 그린비, 2013), 356-357.

299 Emmanuel Levina, *Totality and Infinity: An essay on exteriority,* trans. Alphonso Lingis, (Pittsburgh: Duquesne University Press, 2001), 302-304 참조

300 William E. May, *4 Catalogue of Sins: A Contemporary Examination of Christian Conscience* (NY: Holt,

Rinehart & Wmston 1967), 195.

301 Peralta V, Cuesta MJ. "Motor features in psychotic disorders. I. Factor structure and clinical correlates," *Schizophrenia Research*, 47 (2001):107–116.